政治理論のパラダイム転換

平等の政治理論

――〈品位ある平等〉にむけて

木部尚志 *Kibe Takashi*

風行社

平等の政治理論——〈品位ある平等〉にむけて／目次

序論　なぜ平等の政治理論か？

本書は、平等をめぐる諸問題を政治理論の重要な課題として取り上げ、また社会の諸問題を平等の観点から考察するものである。本書が目指すところは、平等をめぐる政治理論の議論に寄与することと、広く平等について考えるきっかけとなることにある。序論では、本書の基本的な性格を明らかにしたい。まずは、本書を支える問題意識を、社会的文脈（第一節）、日本の文脈（第二節）、政治理論の文脈（第三節）に即して説明する。つぎに、平等の理念が有する複雑性を確認したのち、平等を〈道徳的世界像〉として位置づける本書の基本的なアプローチを提示し（第四節）、最後に本書全体の構成と概要を示すことにしたい（第五節）。

一　社会的文脈

平等の問題を考える際の社会的な文脈として、三つの文脈を指摘することができるだろう。それは日常的文脈、不平等の現実性の文脈、現代政治思潮の文脈である。第一の日常的文脈は、平等（およびその対語である不平等）が日常生活において普通に使われる言葉であり、しかも同時に政治社会制度の評価や特徴づけに頻繁に使われてきた理念である点に関わる。平等は、日常生活において使用されるとともに、フランス革命の際の「自由・平等・博愛」のスローガンや社会主義の中心的イデオロギーのように政治的理念としても定着している点で、まさにお馴染みの言葉であろう。

しかしこの自明性こそが、この概念の再検討を必要とする理由となる。だれもが当然視する平等の意味内容には、多くの場合、固定観念が付着しており、平等の問題を深刻に受け止めることを妨げている。大学生ですらも、平等論をテーマとする政治理論を、「平等、平等と言い過ぎる政治イデオロギー」の授業だとみなし、自分はすでに平等の問題については卒業していると思うといったケースもみられる。また、「完全に平等な社会は実現不可能である」という主張も、よく耳にするものではある。だが、どのような「平等」を念頭に置いた言明であるかが明確でないならば、実現可能性を問うことはできない。あとでみるように、分節化しない平等の概念使用は、日常のレベルのみならず公的議論においても看取されるもので、平等をめぐる問題の十分な理解を妨げる主たる要因といえる。

第二の文脈である不平等の現実性とは、いうまでもなく、種々の不平等が世界的にも、また日本国内においても歴然と存在することを指す。世界の現状は、A・カリニコスによれば端的に「不平等の世界」（a world of inequality）であり（Callinicos 2000: ch. 1）、アメリカ国内の文脈を念頭に置いているであろうT・ネーゲルの言葉を使っていえば、「精神的に吐き気をもよおす経済的および社会的不平等の世界」である（Nagel 1991: 5）。経済学者T・ピケティによれば、世界の富裕層トップ〇・一％の人びとが、富の約二〇％を保有し、トップ一％が富の五〇％を保有する（Piketty 2014: 438）。一時期注目を浴びた『世界がもし一〇〇人の村だったら』という小著は、「不平等の世界」という現実の直視を迫るものであった。全世界の人口を一〇〇人の村びととして想像した場合（つまりその人口を百分率に換算してみると）、村びとの六人が村全体の富の五九％を所有し、その六人ともがアメリカ国籍である。八〇人は標準以下の住居で暮らしている。七〇人は文字が読めない、つまり初等教育を受けておらず、大学で学ぶ機会をもつのはたったの一人であり、コンピューターを所有している者も、これまた一人のみである（池田二〇〇二）。また国連開発計画の『人間開発報告書』によれば、統計値を算出できた一〇四カ国で暮らす人の三分の一にあたる一七・五億人が、健康、教育、生活水準の三つの側面のうち少なくとも一つ以上で深刻な貧困状態にあることを示す多次元貧困状態にある（国連開発計画二〇一〇：一九）。

近年の日本でも、不平等の問題が論じられるようになってきた。橘木俊詔『日本の経済格差』（一九九八年）や佐藤俊樹『不平等社会日本』（二〇〇〇年）が不平等化の傾向を指摘した際には、日本の社会がはたして不平等な社会の度合いを強めつつあるか否かという問題が取り上げられ、賛否両論の議論が提示された[1]。その後は、おもに格差問題として、日本でも社会経済的な不平等が存在することの認識が一般に広まり、様々な視点から議論されるようになった[2]。二〇〇八年九月一〇日付けの東京新聞では、厚生労働省の「二〇〇七年国民生活基礎調査（概況）」で、「生活が苦しい」と感じている世帯の割合が五七・二％で過去最多となり、また二〇〇六年では、所得が平均を下回った世帯の割合が六一・二％で、一九九九年と二〇〇一年に並んで過去最多となったことが報じられている。格差問題の認識の広がりは、二〇〇九年に文科省が、全国学力調査のデータを使って、テストの得点と児童生徒の家庭収入との関連性を指摘して、白書で論じるようになったことに端的に示される（苅谷二〇一四：三三四）。二〇一四年では、子供の貧困率が過去最悪になったことが報じられている（東京新聞、二〇一四年七月一六日）。

国際的な比較でも、日本の格差問題が深刻なものであることは明らかである。二〇一一年のOECDによる統計では、日本の貧困率は一五・七％で、OECD加盟国のなかで貧困率がきわめて高い国に属する。日本よりも貧困率が高いのは、アメリカの一七・三％、チリの一八・九％、イスラエルの一九・九％、メキシコの二一％に限られる（OECD 2011）。このように世界的な観点からしても、また日本国内をみても、不平等が歴然として存在する。不平等の現実性は、平等の問題にあらためて目を向けるべき必要性を指し示すものである。

平等を考えることの第三の文脈となるのは、現代の政治思潮である。現代政治において平等概念は、D・ドゥオーキンがいみじくも「絶滅に瀕した種」（Dworkin 2000b: 1: 邦訳七）とすら形容したほどに、その政治理念としての魅力を失ったものとしてみなされている。七〇年代末から八〇年代にかけて英米の政権による「小さな政府」を目指す新自由主義が台頭し、平等のイデオロギーを体現すると自他ともに認めてきた社会主義政権が、八〇年代末から相次いで崩壊した事実は、平等主義の失墜につながった。ラディカルな平等主義は、S・ボールズとH・ギンタスにいわせるならば、「死亡した社会主義の孤児」となったのである（Bowles and Gintis 1998: 361）。

九〇年代後半からは、新自由主義からの批判や福祉国家の財政的破綻の問題を深刻に受け止めつつも、平等の可能性を経済的効率性との整合性のなかで追求しようとする、いわゆる「第三の道」がイギリスのブレア政権を中心に唱道された。なるほど確かにこうした政治思潮は、ある意味では政治理念としての平等の生命力を証しするものかもしれない。しかしながら、「第三の道」が市場経済のメカニズムを所与の前提としながら、いかに就労の機会を拡大するかに主たる関心を抱いた点に、平等主義が置かれた困難な状況が示されている。また、カリニコスが主張するように（Callinicos 2000: ch. 3）、「第三の道」が不平等や貧困を解決するどころか、むしろ増大させるものであったとするならば、「第三の道」は、実質的には平等主義の後退であったともいえよう(3)。不平等の現実を考えるならば、はたして平等主義的な政策方針を採用するか否か、という問いは、依然として政治思潮における立場を位置づけるうえで重要な観点であるといえる。

以上、日常生活における平等概念の定着ないしは陳腐化、不平等の現実性、現在の政治思潮を一瞥した。この考察が示すように、平等を政治的原理としてどのように考えるべきかという問いは、いまだ解決をみていない重要な課題である。このことの認識こそが、本書の出発点となる問題意識の構成要素となっている。(4) つぎに、日本の文脈に目を向けることにしたい。

二　日本の文脈

平等を政治理論の主題とする試みは、日本の文脈に即して考えるならば、現代日本の自己理解をめぐる錯綜した議論に関わることを意味する。すでに触れたように、近年の日本では、社会経済的な不平等が格差問題として認識されるようになったが、そもそも格差問題が衝撃をもって受けとめられたのは、現代日本の特徴を平等にみる自己理解が広まっていたからである。平等の観念を含んだ日本の自画像のもつ問題性や複雑な様相をみることで、本書の問題関心がさらに明らかとなろう。

平等な国という日本の自画像は様々な仕方で主張されてきたが、有力な根拠となったのは、中流意識の圧倒的な比率であった。総理府の「国民生活に関する世論調査」では、自分が中流（中の上、中の中、中の下）に属するとの回答は、一九五八年で七二％であったのが、一九八〇年には九〇％を越した（苅谷一九九五：三〇；石田一九八九：二三四、注の15）。意識調査のやり方の問題性や、主観的な自己理解の集積が社会的実態の正確な像にかならずしも直結しないという難点にもかかわらず、この「中流意識」の高さが「日本＝平等社会」という自画像の根拠となってきたことは、現在から考えると奇妙な感じを与えるとともに、自画像の客観的妥当性についての検討をあらためて要請していよう。(5)

平等は、「日本＝平等社会」という自画像に組み込まれることで、日本の自己批判において主要な標的となってきた。別言すれば、この自画像は、平等主義が過度に支配する社会という負の自画像に転化したのである。例えば、小渕政権が委嘱した「二一世紀日本の構想」懇談会は、最終報告書である『日本のフロンティアは日本の中にある』（二〇〇〇年）のなかで、「結果の平等」が支配し、それゆえ「機会の平等」が損なわれた社会として、日本社会を描いている。

日本人のもつ絶対的とも言える平等感と深く関わるが、「結果の平等」ばかりを問い、縦割り組織、横並び意識の中で、〝出る杭〟は打たれ続けてきた。「結果の平等」を求めすぎた挙句、「機会の不平等」を生んできた。二一世紀の日本では、先駆性を持ち創造的なアイデアを持った人々をもっと正当に評価するようにしたい。そうした人たちの挑戦と活躍で未来が開けるからである。その過程では、リスクを負って先駆性を発揮した人々の努力が、十分に報われるようにすることが肝心である。「結果の平等」に別れを告げ、「新しい公平」を導入するべきである。個人の能力や才能には差異と格差があることを前提とした上で、業績や将来性を評価する「公正な格差」ともいうべき考え方である。（「二一世紀日本の構想」懇談会二〇〇〇：一八—一九）

悪しき平等の支配する社会という自己理解は、小泉政権時に発足した「『日本21世紀ビジョン』に関する専門調査会」による二〇〇五年の報告書にも受け継がれている。この報告書は、「過去の貧しい時代につくられ、専ら画一と均質を重視した政策や制度」が日本を覆っており、この「画一的な平等主義」の見直しがなければ、多様化する国民生活のニーズが放置され、地域の自主的な取り組みが阻害されて、不必要な分野に人手や資金を投入する「ミスマッチ（無駄）」が拡大すると警告する（『日本21世紀ビジョン』に関する専門調査会二〇〇五：六）。

ここで注意すべきは、社会的理想としての平等そのものが失墜したわけではない点である。「二一世紀日本の構想」懇談会では、負の価値たる「結果の平等」に対置された「機会の平等」は、追求すべき価値として位置づけられるとともに、公平性の観念に関連づけられている。このことが示唆するように、規制緩和を推進する立場であっても、平等の規範に訴えることがある。事実、経済学者の八代尚宏は、正規社員と非正規社員の「身分格差」を雇用機会の平等や公平性という観点から批判し、労働市場の規制緩和を推し進める議論を展開している（八代一九九九：第七章）。このように平等に依拠する立論は、新自由主義的立場であれ、これに反対する立場であれ、いずれの立場からも採用されうるものである。

一般的な物の見方では、平等の重視を社会主義や社会民主主義といった「左」の専有物であるかのように考えがちであろう。しかし右の考察は、こうした物の見方が公的議論の実態に即していないことを示している。むしろ、平等をめぐる公的議論において、平等のどのような観念をどの局面で、またいかなる政策の方向づけに論拠として用いているか、という点をあらためて吟味する必要がある。さらには、「日本＝平等社会」という自画像そのものが再検討されるべきである。

社会学者の高原基彰は、日本の戦後社会の政治経済を特徴づけるイデオロギー上の対立が「自由と平等」ではなく、むしろ「自由と安定」であることを指摘している。

日本における「新自由主義批判」は、過去の自画像、「安定した良き日本」のイメージをめでるノスタルジーと容易に結合する。しかし三種の「安定」の維持装置〔＝自民党型分配システム、終身雇用の日本的経営、日本型福祉社会――引用者〕がいずれも、欧米で新自由主義への対抗軸を形成してきた「社会民主主義」（「平等」の理念）と似て非なるものであることは、忘れられるべきではない。本書が「自由」の対義語として、「平等」ではなく「安定」という言葉を選んだのも、この違いを意識してのことである。「安定」の理念は、「平等」とはまったく異なり、メンバーシップの固定された「身分制」を前提としたものであり、メンバーの「安定」の維持のために、他の誰かを安価で「調達」しようとする思考と密接不可分であり続けてきた。それがうまく行っているように、調達される側にも利益をもたらすように見えたのは、当時の国際環境などを背景にした一種の偶然だったのであり、今ではもう「安定」の理念に含まれる不平等性を隠蔽し続けることはできないだろう。（高原二〇〇九：二〇―二一）

この指摘に即して考えると、たとえ特定の産業部門や就業形態でのメンバーシップ内の安定した状態を「平等」として捉えることが可能であるとしても、はたして平等が日本社会全体を特徴づける概念として適切であるのか、という疑問が生じる。高原にいわせるならば、「日本＝安定社会」こそが適切な自己理解であり、これにたいして「日本＝平等社会」という自己理解は、不平等な構造の無視ないし隠蔽のうえに成立する自己欺瞞に等しい。高原の主張は、一般に膾炙している自己理解の再検討の必要性を明確に指し示していよう。

ところで、日本社会の自画像に組み込んだ平等を自由と対置させて、日本社会がかかえる根本的な問題の主たる要因として提示する物の見方は、新自由主義的な政策論議に限られず、リベラルな陣営にも共有されている。評論家の加藤周一は、日本社会の特質が「自由なき平等」にあり、この問題状況から脱して、「自由と平等」に移行すべきであるとの議論を、一九八五年の論考「自由と・または・平等」のなかで展開している。加藤によれば、「今日の日本は、徹底した平等主義と同時に、少数派の権利と個人の自由の尊重において極めて不徹底な社会である」（加藤一九九九［一九八五］：三三五）。平等が実現されていることの証拠として挙げられているのは、①経済的平等（所得格差の小ささ）、②高等教育の機会の均等（大学進学率の高さ）、③文化的平等（文化的「エリート」と大衆の格差の小ささ）の三点である（同上、三三七―三三八）。

加藤のみるところ、平等が達成された現状において、自由は実現されていない。この主張を支えるのは、「少数集団（あるいは個人）の権利、殊にその自由の尊重は、タテマエとして憲法に明記されているにも拘らず、実際に日本社会に徹底されているとはいえない」という判断である（同上、三三八）。この判断を支える例となるのは、①強行採決を典型例とする、国会における少数派の意見を無視する多数派たる与党、②学校と会社での大勢順応主義、③被差別部落出身者や在留外国人への差別に表われた社会全体での少数者の抑圧（同上、三三九―三四一）の三点である。加藤は、平等の成立の仕方そのものに、少数者の抑圧と不自由の支配の根があるとみている。「今日の日本社会をかくあらしめたところの主要条件」は、加藤にいわせるならば、「競争的集団主義」と「その内部に平等主義と大勢順応主義を組みこみながら集団の能率を追求する意志」である（同上、三四六）。加藤は、こうした認識に基づいて、「今日の日本社会の課題は、少数者の（あるいは個人の）「自由なき平等」から、「自由と平等」への道を見出すことだろう、と私は考えている」（同上、三三三）と言明する。加藤が指摘する「自由なき平等」という問題提起は、政治学者の石田雄によって好意的に参照されていることからうかがえるように（石田一九八九：二〇三―二〇四）、一定の支持を得たであろうと推測される。

加藤の議論には、いくつかの点で吟味が必要であるように思われる。まず第一に、大学進学率の高さや階層間の文化的違いの小ささという、加藤が挙げる論拠の妥当性の問題がある。教育社会学者の苅谷剛彦によると、なるほど確かに教育機会が量的拡充を遂げたとはいえ、社会階層の違いは歴然とあり、高等教育も含めた教育達成の階層差を生み出してきた（苅谷一九九五：第三章）。したがって高等教育の機会均等という加藤の主張には、実質的な観点から考えると疑問をもたざるをえない。

加藤が右の論文を発表した年と同じ一九八五年の臨時教育審議会以降、教育改革を方向づける主張のひとつが、「教育における個性重視」や「教育の自由化」とならんで、「学校教育の画一性」や「形式的平等主義」の打破であったとの苅谷の指摘は、思想的立場の違いをこえた形で、教育と平等主義を結びつける認識が社会的に共有されていたことを示唆していよう（苅谷一九九五：二〇五―二〇六）。しかしこうした社会認識には、種々の集団間の差異を平等の問題として捉える視点が欠落していた。苅谷は、この問題をつぎのように指摘する。

グループ間の差異という視点、いいかえればカテゴリカルな問題把握が欠如している。そのために、すべての個人が能力や実績にかかわりなく同じ処遇を受けることを「結果の平等」として理解してしまう。そしてそのことが、結果の平等が機会の平等を阻害しているといった見方を許す根拠となっている。その結果、日本版「結果の平等」は、事実としての不平等に目を向けることもなく、形式的な処遇の均一性を気にかけることに横滑りしている。そして、「結果の平等」のこのようなとらえ方の反転が、日本的な「機会の平等」のとらえ方に反映する。（苅谷二〇一四：三一四）

このような「結果の平等」と「機会の平等」の特殊な理解は、「質的な面での差異を含めて、だれもが同じスタートラインに立っているかどうかはチェックされない」（同上、三一五）という事態、つまり厳密な意味での機会均等が検討されないという事態をもたらす。教育における「機会の平等」がなにを意味し、実際に実現されているのかという問いは、平等に自由や個性を対比させる問題提起のまえに、まずもって検討されるべきであったといえる。しかも、親の経済力や職業に大きな影響を受ける家庭環境の違いが、学習意欲の違いを生み出しているという苅谷の主張を考慮するならば（苅谷二〇〇一）、この種の再検討の必要性はさらに明らかであろう。このことは、平等をめぐる政治理論にも、グループ間の差異に目を向ける「カテゴリカルな問題把握」が必要であることを示唆していよう。

第二に問題となるのは、「自由なき平等」という問題把握の妥当性である。確かに、日本社会の問題として競争的集団主義や大勢順応主義を鋭く衝く点で、加藤の議論は的確であるようにみえる。だがここで問題にしたいのは、加藤の議論が、「平等」そのものの中身を十分に吟味するのではなく、むしろそれを暗黙のうちに所与としている点である。高原や苅谷の指摘にもあるように、はたして現代日本の特徴として平等が相応しいかどうかの議論には、適用される平等概念の明確化が不可欠である。加藤の議論は、平等を社会全体に適用させる一方で、他方では集団内部にも適用している。マクロ的な次元と集団の次元の区別を問わない概念使用には、疑問を抱かざるをえない。それは、すでに高原の議論が示唆するように、集団的次元の平等性はマクロ的次元での平等性を含意しないからである。

「自由なき平等」をめぐる加藤の議論のさらなる問題は、平等と自由という二分法的な発想に関わる。マイノリティにたいする差別を温存させた平等という加藤の指摘は、確かに自由を許さない大勢順応主義や同調主義の問題を捉えている。しかしこれは、差異と平等をめぐる問題でもあり、かならずしも自由のカテゴリーでのみ考えるべきものとはいえない。むしろ、多文化主義やジェンダーの問題に関する政治理論の取り組みが示すように、平等の問題と差異の問題は密接に関連する問題群を構成している。(6)別言すれば、この問題は、「自由と平等」という問題設定ではなく、T・モドゥードが指摘するように、「画一性ないし同一性としての平等」と「差異としての平等」の対比として考えることが可能である

(Modood 2005: 167)。その場合には、問題の立て方と基本的指針は、「自由なき平等」から「自由と平等」への移行ではなく、「差異なき平等」から「差異と平等」への移行として表現されることになる。

このように日本の文脈に即して考えるならば、平等を社会の特性を示す用語として用いる場合であれ、また政策や制度の基本的性質を表わす概念として用いる場合であれ、平等についての一面的で固定的な考え方を脱して、より吟味された多面的な平等の理解が必要であるように思われる。とりわけ個人や集団のもつ差異と平等の関係について、われわれは理解を深める必要があろう。また同時にここに、政治理論的な考察の必要性と貢献の可能性がある、と筆者は考える。

三　政治理論の文脈

右の考察では、本書の問題意識を説明するために、社会的文脈や現代日本の文脈に焦点を当ててきた。本節では、かかる問題意識を政治理論の文脈に即して明らかにしたい。まず政治理論における平等をめぐる議論の現状を一瞥したのち、なにを問題として本書がこの議論に参加するかを説明することにしたい。

政治理論の分野において平等は、活発に議論が展開されているトピックに属する。三つの要因がこの状況に関係しているように思われる。第一の要因として、政治理論そのものの活性化をもたらしたJ・ロールズの『正義論』(*A Theory of Justice*, 1971) に代表されるリベラリズムが、再分配政策を支持するという意味で、平等主義の性質を帯びていることが挙げられる。むろんこの要因は、ロールズの正義論がもつ影響力の大きさを反映している。例えば、自己の選択ではなく偶然性に由来する不平等の是正を要請する〈運の平等主義〉は、本書の第二章で考察するように、平等をめぐる議論の活性化に寄与してきたが、ロールズの問題意識のある側面を先鋭化させた立場であるという点で、ロールズの正義論ぬきには考えられない。

第二の要因として、「平等と差異」という問題設定のもと、平等が政治理論の重要なテーマとなってきたことが指摘される。すでに触れたように、フェミニズムやジェンダーの視点から発せられた重要な問題提起は、平等の問題に深く関わっており、平等化は差異を超越ないし捨象するのか、それとも差異を強調することで平等の実現を図るのか、といった点を問うてきた。くわえて、W・キムリッカの『多文化主義的シティズンシップ』(*Multicultural Citizenship*, 1995)を筆頭とする、一九九〇年代半ばから活発となった多文化主義をめぐる議論も、「平等と差異」の問いに連なるものであった。多文化主義の政治理論は、いかなる論理に基づいて民族文化的《エスノカルチュラル》な差異を承認し、またそこから生じる不利益をどのような政策と制度によって是正することを要求できるのか、といった問いに取り組んできた。

第三の要因となるのは、「平等主義の土台《プラトー》」とキムリッカが呼んだように(Kymlicka 2002: 4; 邦訳七)、現代政治理論の多くが、なにがしかの平等主義に立脚しているという事実である。A・センが指摘するように(Sen 1995: 3, 13)、再分配政策に反対するR・ノージック流のリバタリアニズムですら、個人の自由権や自己所有権の不可侵性という意味での平等を要請する点で、平等の原理を受け入れているといえる。だが、ロールズの格差原理にたいするリバタリアニズムの批判が如実に物語るように（cf. Kymlicka 2002: ch. 4）、「平等主義の土台」の存在は、再分配の是非をめぐる対立と矛盾しない。このことは、「平等主義の土台」のうえで、再分配政策の是非についての論争のように、より特定化された意味での平等主義をめぐる議論が、政治理論において繰り広げられてきたことを示している。

このように平等をめぐる議論が政治理論において活発になされ、すでに議論の蓄積があり、しかも平等の原理が多くの政治理論の基盤であるとするならば、平等を主題とする研究をさらにひとつ付け加えることの意味はどこにあるのか、という問いは避けられない。

この問いにたいして、つぎのように答えることは可能であろう。平等をめぐる政治理論の議論は、他の重要なトピックと同様に、最終的な決着をみることなく論争を継続しているし、そもそもつねに吟味に開かれているといわなければならない。さきに触れたように、「平等主義の土台」の共有は、配分問題における特定の立場とは截然と区別されるべきものであり、それゆえいかなる平等を追求し保障すべきであるのかという点に関して、特定の平等主義を選択する基盤を自動的に提供するものではない（Swift 2006: 130）。センにいわせるならば、「平等主義の土台」が存在する以上、重要な問いは、平等の実質的な意味内容を問う「なんの平等か」（equality of what）という問題――例えば総効用の平等か、限界効用の平等か、資源の平等か、潜在能力の平等か――が決定的な比重をもつ（Sen 1995: 4, 15）。「なんの平等か」をめぐる議論がそうであるように、平等をめぐる政治理論は論争のなかにあり、平等を主題とする本書もまた、この継続中の論争への参加を企図するものである、と。

だが、この種の議論は、あまりに漠然としているかもしれない。そこで、平等をめぐる政治理論の現状がかかえていると本書が考え、なおかつ対応しようと試みる三つの問題を説明することで、平等をめぐる政治理論の議論に参加することの意味を明らかにしたい。

第一の問題は、センが重視する「なんの平等か」という問いが、平等に関する問題群のひとつにすぎず、他に重要で、なおかつ十分に議論されていない問いが数多くあることに関わる。[7]「なんの平等か」という問いは、平等化されるべき対象や尺度についての問いであり、ロールズの正義論が第一の主題としたように、基本的に配分的平等の問題に関わる。だが、こうした配分的問題への集中には批判がある。S・ボールズとH・ギンタスの見解によれば、平等主義は、資本主義を労働者や恵まれない者にとっても生きることができる制度にするという課題に取り組んできたが、この過程で「平等な自由と尊厳の世界へのユートピア的な希求」を捨て去り、財の配分の平等化を追求することにみずからを狭めてきた（Bowles and Gintis 1998: 361）。同種の批判は、E・アンダーソンからも発せられている。アンダーソンにいわせるならば、配分的平等への集中は、平等な者同士の関係を意味する「社会関係としての平等」という――ボールズとギンタスのいう「平等な自由と尊厳の世界」への希求にも共鳴する――いまひとつの重要な課題を看過するものにほかならない（Anderson 1999: 313-314）。このようにみるならば、これまで中心的な関心であった配分的平等に汲み尽くされない平等の問題は、政治理論が取り組むべき課題であるといえる。本書も、配分問題への平等の狭隘化にたいする批判に共鳴し、平等の多面的な様相を捉える立場を志向するものである。

第二の問題は、M・ウェーバーが現代の不可避な傾向としてみた専門分化の圧力が、平等をめぐる政治理論にもおよび、平等を多面的に考えることの阻害要因となっている点に関わる。専門分化の圧力は、議論の範囲を狭めることで、議論を深く掘り下げ、それによって専門性を高めようとする研究者の動機づけと結びついている。これにくわえて、分析哲学の影響を受けた英米圏の政治理論では、論理的な仕方での――テクニカルな要素を多分に含み、ある程度までは定型化された――議論の構成方法が主流となっている。むろん、テクニカルな手法を用いて論理的な論証の確実性を高めようとすること自体には、問題はない。問題は、そうした方法が、自己目的化や研究対象の限定につながり易く、専門分化に拍車をかける要因となる点にある（また研究業績の発表への圧力も、同様の方向に作用するであろう）。専門分化は、平等について多面的に考える作業を抑制することに連動しかねないというだけでなく、先行する議論をもっぱらみずからの議論の舞台背景として利用することで、議論の背景にある大きな文脈や問題を捨象する傾向にもつながりうる。それゆえ本書は、できるだけ幅広い観点から平等に関わる諸問題を取り上げることを目指すものである。

第三の問題は、平等をめぐる問題において、現実世界がどうあるかという経験的《イムピリカル》観点と、世界はどうあるべきかという規範的《ノーマティヴ》観点を連関させる作業が不足している点に関わる。T・クリスチアーノが主張するように、良き政治理論は経験的な構成要素と道徳的な構成要素の混合物であろう（Christiano 2008: 7）。だが、右で触れた専門分化は、この連関を希薄なものにする方向で作用する。また、抽象的原理の次元で議論が終始する傾向や、学説紹介を中心とする研究活動も、同様の作用をもたらす。それゆえに二つの構成要素を結びつける作業は、より自覚的に取り組まれるべき課題とならざるをえない。オランダの政治理論家であるV・バーダーは、道徳的多元主義、原理の非確定性、道徳的判断の複雑性ゆえに、具体的事例の考察を含んだ文脈的な手法による理論化が、もっと志向されるべきであると主張する(Bader 2007: 89-92)。平等を主題とする政治理論は、不平等の実態や発生プロセスについての知識を必要とする点で、バーダーの主張に一定の妥当性を認めざるをえないであろう(8)。それゆえ本書は、経験的な観点と規範的な観点を結びつけること、さらには具体的事例の考察をとおしての理論化を重視する立場をとる(9)。

このように、政治理論において平等についての議論は活発であるが、種々の問題の未決着と論争の継続という政治理論の一般的性質にくわえて、平等をめぐる問題の多様性と従来の議論の限定性、専門分化の影響、経験的観点と規範的観点の媒介の必要性という三つの問題がある。本書は、これらの問題に応えようとするものであり、ここに議論への参加の意味を見いだすものである。

四　基本的なアプローチ

以上、平等をめぐる社会的文脈、日本の文脈、政治理論の文脈のなかで、平等を主題とする政治理論の課題を考察してきた。この考察から、平等の政治理論に求められる五つの要件を引き出すことができる。

第一の要件は、平等を多面的に捉えることを主眼に置くことである。第二の要件は、第一の要件から派生する帰結として、配分的平等では汲み尽くせない平等の問題にも目を向けることである。第三の要件は、実証研究を参照しながら、経験的観点と規範的観点を結びつけ、できるだけ具体的事例の考察を経由しての理論化を目指すことである。第四の要件は、第三の要件から生じる、さらなる要件として、平等／不平等の性質や発生のメカニズムを理解するために、社会の構造と行為主体性の関係に注意することである。第五の要件は、平等と差異の問題に取り組むことである。これらの要件は、本書の課題となるだけでなく、本書のアプローチの特徴をなすものでもある。

さてここで、つぎのような問いが提起されるかもしれない。すなわち、どのような課題を設定しようとしているのかは分かったが、そもそも平等を論じる本書は、平等についていかなる立場を採用しているのか、と。この問いにたいして、これを二つの問いに分けることで応えたい。第一は、平等の概念をどのような視点から理解しているかという問いであり、第二は、いかなる社会的理想や政治原理として平等を思い描いているのかという問いである。

(1) 複雑性

平等の概念をどのような視点から理解しているかという第一の問いに簡潔に応えるならば、本書は複雑な性質をもつ概念として平等をみる視点を採用する。平等概念の複雑性は、四つの事柄を意味している。それは、①意味内容の多面性、②概念内部の緊張関係、③ダイナミックな性質、④価値多元主義である。

①意味内容の多面性

一瞥したところ、平等はシンプルな政治的理想であるように思えるし、それがこの概念の魅力の一部となっているかもしれない（Holtug and Lippert-Rasmussen 2007: 2）。すでにセンが指摘したように、「平等主義の土台」のうえに展開される理論は多様であり、かつ競合する部分も少なくない。なるほど、複数の概念から構築される理論が複雑な性質をもつのは当然といえるが、平等の概念そのものも多様な意味をもつ点で複雑で多面的な性質を帯びている。すでに触れた例でいえば、「結果の平等」と「機会の平等」の区別や、平等が関わる社会制度の違いから分類される法的平等、政治的平等、経済的平等といった区別は、平等の多面的な意味を例証する。D・レイによる平等の分類学的研究が示すように、複数の区別の組み合わせによって作られる平等の種類は、膨大な数に上る[10]。平等の対象者の範囲を例にとっていえば、複数の種類——あらゆる個人の平等か、集団間の平等か、集団内部の平等か——がありうるのであって、配分的平等の対象と範囲、平等化の目標設定などについても、同様の区別が可能である。

憲法学者の木村草太が主張するように、平等が「多様な規範的要請を包摂する濃密な概念」であるがゆえに、この言葉を用いた論証は、「多様な概念を混同した不明確な論証」になりやすいともいえよう（木村二〇〇八：二一二）。むろん、平等概念の多義性は、この概念の無内容や無意味を含意しない。J・ウォルドロンが指摘するように、平等の概念使用が様々な道徳的考察や議論を喚起するとしても、それは意味の多義性にのみ由来する事態ではなく、政治理論に関わる文献や教説とその解釈が構成する論証の伝統が存在し、それが平等の概念を使用することで喚起されるという政治理論の特徴ですらある（Waldron 1991: 1352）。ウォルドロンにいわせるならば、時として規範原理の精確な定義が重要となることは否定できないが、政治理論においては、そうした定義よりも、理想や理念の終わりなき探求のほうが重要であり、多くの場合、議論の続行を可能とする範囲での精確さで事足りるのである（ibid., 1353）。

平等概念が複雑な多面性をもつのは、概念自身の内在的な問題性というよりも、われわれが平等の概念を用いて、社会の多様な問題を考えてきたからであろう。古代ギリシアに目を向けてみよう。籤による無差別的な平等と徳に応じた比例的な平等を区別するプラトンの『法律』での議論（プラトン一九九三：三三九―三四〇）や、平等という概念でなにを意味するのかを明確にすべきであるとのアリストテレスの『政治学』での主張（アリストテレス二〇〇九：八三）は、複雑性を伴った平等をめぐる思索の伝統を物語っている。この意味において平等の多面性は、なんら嘆かわしい事態ではなく、社会現実の多面性に即した人間の懸命な思索の結果と考えるべきである。(11)

②概念内部の緊張関係

平等の概念は、多面的な意味をもつがゆえに、内部に緊張関係を含む。S・ホワイトが指摘するように、平等への要求は複雑であり、かつ論争的たらざるをえない（White 2007: 1）。たとえ二つの議論がともに平等に基づく主張であったとしても、両者が対立する事態は容易に生じる。レイがいみじくも表現したように、平等が必死になって争う相手の理念も、これまた平等かもしれない（Rae *et al.* 1981: 5）。

こうした緊張関係の例を二つ挙げよう。第一の例は、すでに触れた「機会の平等」と「結果の平等」のあいだの緊張関係である。「機会の平等」は、帰結のいかんを問わないがゆえに、「結果の平等」を保障しない。これにたいして「結果の平等」は、「機会の不平等」と共存可能である。この種の緊張関係は、道徳的直観によってただちに理解されるものであり、しばしば公的議論で援用されるので、よく知られていよう。

第二の例として、「機会の平等」と「社会的平等」の対立を挙げたい。「社会的平等」は、価値の上下関係を意味する社会的序列の不在や、スティグマを伴う劣った社会的地位の不在を意味する。この種の平等は、「機会の平等」の貫徹により損なわれる可能性がある。(12) 人種差別や性差別の制度が完全に撤廃され、「機会の平等」が実質的な仕方で完全に実現して、能力と業績本位の制度（メリトクラシー）が実現したとしよう。帰結として生まれた差異は、手続きにおいてフェアであり異論の余地はない。だが、メリトクラシーの確立は、ある人びとから自尊の感情を奪いかねない。なぜならば、「機会の平等」が十分に確立された状況では、そこから生じた不平等な帰結は、もはや偏見や差別、不遇な環境のせいではなく、自己自身の能力や努力に帰することになるからである。メリトクラシーの制度が、偏見や差別、いわれのない不平等を克服して確立されることは、この制度をとおして獲得される報酬や業績の価値を高めるとともに、成功しなかった者の生の価値を劣ったものとみなす烙印《スティグマ》につながりうる。こうした帰結は、「社会的平等」の理念に対立するものであり、それゆえ「機会の平等」と「社会的平等」の内在的な緊張関係を示唆するものである。

右の二つの例は、いずれも平等概念の内部において緊張関係が本質的に含まれることを示している。むろん正確を期していえば、平等概念の構成要素のあいだには、緊張とともに——本書の考察が示すように——相互補完的な関係も含まれる。しかしながら一般的にみて、平等の観念が単調で陰影に欠けがちであることを考えると、平等についてのわれわれの理解を深め、豊かにするためには、緊張関係にもっと目を向けることが必要であろう。

③ダイナミックな性質

平等の概念は、静的なものではなく、ダイナミックな性質をもつ。ダイナミックな性質とは、時間の推移にしたがって新たな事態が生じることを意味する。例えば「機会の平等」は、平等のダイナミックな性質の分かり易い例証となる。というのも、「機会の平等」から帰結する「結果の不平等」が、人生のつぎの段階での「機会の不平等」(Chambers 2009) になり、次世代にとっての「機会の不平等」(Miliband 2005: 47) にもなるからである。さらにいえばダイナミックな性質は、新たな不平等の発生や発見を契機として生じる場合もある。M・ウォルツアーは、この点を捉えて、「政治の歴史は、不平等の確立にくわえて、確立された不平等の部分的な解体の物語 (the story of the establishment and partial disestablishment of inequality) でもある。私は、この物語を永遠に繰り返すのを避ける方法を見出せない」(Walzer 2004: 105; 邦訳一七四) と述べている。この発言が示唆するのは、まさにレイが「シジフォス的平等」（Rae *et al.* 1981: 141）と呼んだように、平等化の課題が際限なく続く状況である。だが同時にウォルツァーの言葉は、平等のもつダイナミックな性質が平等化の運動との連関から生じることを示唆する。法哲学者の嶋津格は、こうした事情をつぎのように簡潔に表現している。

> 平等は、格差と対になって一つの運動を形成するダイナミズムの一部を表現する語であって、格差のない静的状態をさすというより、運動の一局面をさす語であるから、常に「より平等に」という形で問題になり続けるものなのである。（嶋津二〇一一：一二八）

嶋津の言葉が的確に指摘するとおり、平等はダイナミックな概念として捉える必要があり、それは本書の基本的な考え方である。

④価値多元主義

本書は、基本的に価値多元主義の立場をとる（ただし、当然のことながら、それは価値相対主義を意味しない）。ここでは価値多元主義は、二つの意味をもつ。ひとつは、平等概念の内部に複数の価値が含まれることを意味する内的な価値多元主義である。この種の価値多元主義は、すでにこれまでの考察から明らかであろう。いまひとつは、平等以外の価値を認める価値多元主義である。I・バーリンがかつて述べたように、「平等は多くの価値のなかの一つである」（Berlin 1999［1955-56］: 96）。それゆえ、「平等を優先させることは、社会的選択の理論、すなわち多くの人々に影響を及ぼす選択の理論における、たかだか一つの構成要素にすぎない。平等を擁護することは、それが衝突する可能性のある他の諸価値を否定することを要求するわけではない」（Nagel 1979: 109; 邦訳一七一）とのT・ネーゲルの主張に、本書は同意する。平等は、政治道徳にとって重要な価値であり、平等を取り巻く社会的文脈や日本の文脈について の先の考察からも明らかなように、アクチュアリティをもつ社会的価値である。しかしまた同時に、平等以外にも重要な政治道徳上の価値——例えば、正義、自由、権利、民主主義——が存在することも事実である。この意味において本書は、価値多元主義を前提としながらも平等を主題とする点で、それゆえ問題設定の仕方と問題意識のあり方からして、平等を一群の政治的価値のなかでいわば「同輩中の首席」（primus inter pares）として扱う立場を採用する。

平等の価値を政治的理想として理論化するのは、大変な作業であり、複雑なものとならざるをえない、というのがネーゲルの主張であるが（Nagel 1991: 71-72）、この種の困難は、価値多元主義の立場によって一層増すように思われる。だが、緊張をはらむ複合的な政治理念ゆえの困難は、B・ウィリアムズが指摘するように、ことさら平等について生じるわけではなく、自由や他の理念でも同じである（Williams 1973: 249）。複数の価値や原理のあいだの緊張関係を受け容れることこそ、政治哲学者にとって最も重要なことであるとする主張（Bader and Engelen 2003: 396）には、一定の妥当性があるように思われる。

さて、緊張をはらんだ要素をもつ平等内部の多元主義に関して、ウィリアムズは、そこから生じる困難に直面した場合、競合する諸価値のあるものを放棄する誘惑にかられるとしても、できる限り多くの価値を保持し追求すべきであると主張する（Williams 1973: 248-249）。この勧告にしたがう場合、問題となるのは、多面的で複雑な平等の政治理念はどのようなものとして構築され、またイメージされるのか、という点である。平等の政治理念は断片的なもので、個々の要素がバラバラなのであろうか？　それとも、緊張をはらみつつも統合された形象をもつのであろうか？

この点に関して本書は、後者の立場にたつ。より具体的にいえば、「調和《ハルモニア》」という音響的なイメージを随所にちりばめながら、正しい国家――かつ正しい人間――の範型《パラディグマ》を描いたプラトンの『国家』の顰《ひそ》みに倣って、[13] 音の類比を使って緊張と統合の両側面をもつ平等の政治理念を表象したい。突飛な考えに響くであろうが、平等を一個の音として理解するのである。ここで、ピアノで単一の音を弾いてみたと仮定しよう。それがドの音であったとする。実はこのドの音には、鍵盤上のドの音――これを〈基音〉（fundamental tone）という――以外に、複数の音、すなわち〈倍音〉（overtone）が含まれている。単一の音は豊かな〈倍音〉を含んでおり、〈倍音〉の響き方は〈基音〉を変化させることなく、音色を変化させる。興味深いことに、〈倍音〉には、緊張感をもたらす不協和音を奏でる音が複数含まれる。[14] 実は、そうした緊張関係にある〈倍音〉を含むことで、音は豊かで深みのある音色を響かせるのである。

このように一個の音は、〈基音〉と緊張関係を含む〈倍音〉から構成される。本書がこの点に着目することの意図は、読者の目にはすでに明白であろう。つまり、一個の音の構成のされ方と同じように、複雑で緊張をはらむ豊かな構成要素をもつ政治理念として、平等を理解しようというのである（プラトンとの違いをいえば、プラトンが、音階を構成する複数の音の調和に着目するのにたいして、本書は一個の音が含む複数の〈倍音〉の——緊張をはらんだ——調和に着目する）。こうした平等の形象化は、ウィリアムズの勧告にしたがう方向での理論化作業の一助となろう。

だが、ここで重要な問いが提起されるかもしれない。最も重要な〈基音〉に相当するものはなにか、と。レイが「平等それ自体としては、平等の複数の意味から選択するための基盤を提供できない」（Rae *et al.* 1981: 150）と述べるように、平等概念には複数の意味内容がある以上、どれを中心にすえるかの選択のための基盤は、平等概念の内部から自動的に提供されるわけではない。ここで第二の問い、すなわち、本書では、いかなる社会的理想や政治原理として平等を思い描いているのかという問いに向かうことにしたい。

(2) 道徳的世界像としての平等

冷静に考えるならば、不平等の存在自体はただちに問題の存在を意味しない。不平等が問題視されるためには、不平等そのものを望ましくないものとして捉える規範的な観点か、あるいは不平等がもたらす負の影響を指摘する観点が必要であろう。前者の規範的な観点を提供するのが、社会的理想や政治原理としての平等の観念である。いかなる平等の社会的理想や政治原理を思い描いているのかという問いに答えるまえに、平等を規範的観点の中心にすえることの意味を、本書がどのように理解しているかという点を、簡潔ながら説明しておきたい[15]。

本書は、平等を規範的観点の中心にすえることの意味を、哲学者のH・パットナムが〈世界の道徳的イメージ〉（a moral image of the world）と呼ぶところの規範的なヴィジョンの提示として理解する。〈世界の道徳的イメージ〉ないし〈道徳的世界像〉とは、パットナムにしたがえば、「われわれが抱く徳や理想が、どのように互いに整合し、またわれわれの現状にどう関わるべきものであるかについての心的像《ピクチャー》」（Putnam 1987: 51）を指す。別の表現をするならば、それは「種々の価値の複合的な体系を含み、かつこれを組織するヴィジョン」である（ibid., 62）。パットナムにいわせると、概して道徳哲学者らは、特定の徳、義務、権利について語ることを好むが、なによりもまず道徳哲学に——政治理論にも同様に、と筆者は考える——求められるのは、〈世界の道徳的イメージ〉である。

パットナムによれば、この道徳的イメージないし規範的ヴィジョンは、これまで道徳の諸伝統のなかで様々な形態——例えば「神の似像」といった宗教的な形象、人類の「家族」や「四海同胞」（universal sisterhood and brotherhood）などのメタファー、カントの「目的の王国」に代表される哲学的な理念——を取りながら、道徳に意味を与え、道徳的生を形づくってきた（ibid., 51, 62）。パットナムは、こうした歴史的洞察にたって、〈道徳的世界像〉が「人間の創出物」（human creations）であると明言する。このことは、道徳的イメージが、人為の産物であるがゆえに破棄、融合、合成という——N・グッドマンが「世界制作」について指摘した[16]——もろもろの操作を受けることを意味する。しかしこのことは、いかなる道徳的イメージも、究極的な基盤や根拠をもたない恣意的な言明であり、それゆえ複数の道徳的イメージのあいだでの正しさや良さを問うことができない、という事態を意味しない。人間が作った物についての良し悪しの評価や比較を、われわれが日常的におこなっているという事実が示唆するように、道徳的なイメージについての評価や比較は可能である。また人間が作り出すものは、物質的条件、自然法則、社会環境、歴史性、経路依存性から一定の制約を受ける点で、無制約という意味での恣意性をもちえない（ibid., 78）[17]。

では、本書が平等に関して採用する〈道徳的世界像〉は、いかなるものであろうか？　簡潔にいえば、それは〈平等な者たちの社会〉（a society of equals）として表現することができる。「平等な者たち」とは、なんらかの特性の同一性ゆえではなく、むしろ端的に人間であるがゆえに価値において等しく、また抽象的な人間性という観点のみならず、種々の差異を帯びた存在様態においても、尊厳と権利の点で平等な尊重を受けるべき存在者を指す。平等の道徳的世界像は、〈平等な者たちの社会〉の理念に適合する社会的価値の総体から構成される[18]。

ここで、なぜ〈平等な社会〉（equal society）ではなく〈平等な者たちの社会〉なのか、という疑問が提示されるかもしれない。両者のあいだには重要な違いがある。〈平等な社会〉は、格差の有無や程度を問う観点から判断された社会の評価を指す。よって〈平等な社会〉は、「平等な者たち」を欠いても成立しうる（例えば、専制君主と一握りの権力者を除いて、十分な権利保障をだれもが平等に欠如させており、だれもが貧困に喘いでいる社会）。「平等な処遇」と「平等な者としての処遇」というR・ドゥオーキンの有名な区別を使っていえば、〈平等な社会〉は「平等な処遇」を含意するが、「平等な者としての処遇」を必ずしも含意しない（Dworkin 1985: 190, 205）。また自由の観点からみても、両者には違いがある。「平等な者たち」の関係は、支配と隷属の関係を含まない。自由の重要な条件が支配と隷属の関係の不在であるとの理解にたつならば、自由の契機が〈平等な者たちの社会〉のヴィジョンに必然的に含まれる。これにたいして専制君主下の〈平等な社会〉は、支配と隷属の関係によって成立するがゆえに、〈平等な者たちの社会〉ではありえない。このように〈平等な者たちの社会〉と〈平等な社会〉のあいだには重要な違いがあり、この違いが、前者を平等の道徳的世界像として選択することのひとつの重要な根拠となる（支配や従属を個人の自尊と社会の品位を損なう屈辱の契機として捉えるならば、本書の第七章で論じる〈品位ある平等〉の理念を含むものとして、〈平等な者たちの社会〉のヴィジョンを理解することができよう）。

さらに〈平等な者たちの社会〉のヴィジョンを、さきに論じた豊かな倍音を含む音との類比と関係づけるならば、〈平等な者たちの社会〉は〈基音〉である。この〈基音〉は、〈倍音〉たる構成要素を要請する。〈倍音〉には、配分的平等、機会の平等、社会的平等などが含まれる。〈基音〉は、他の構成要素を要請し、それらの基盤となる点で、全体の構成原理として機能する。また〈基音〉は、それらの構成要素にたいして制約を課し、自己目的化を防ぐ統制原理として機能する。具体的な例でいえば、公的扶助システムが受給者のスティグマ化を制度的にもたらす場合、これは、生の保障をおこなう配分的平等が、社会的平等を損なう仕方で追求される事態であり、最終的には〈平等な者たちの社会〉のヴィジョンに反する事態である。それゆえ〈平等な者たちの社会〉は、統制原理として機能して、この事態を問題化し制約を課す。もしこのヴィジョンがこうした制約を課さない場合には、このヴィジョンがもはや〈基音〉ではなく、他の〈基音〉の構成要素に転化している可能性がある。このように音の類比を使って、〈平等な者たちの社会〉と他の平等の観念を関係づけ、なおかつ前者の構成原理と統制原理としての機能を明らかにすることができるであろう。

ところで、これまでの議論にたいして、つぎのような疑問や反論があるかもしれない。すなわち、社会的理想としての平等は、完全に実現することは不可能であり、それゆえ規範的ヴィジョンとして相応しくないのではないか、という疑問である。「完全に平等な社会」は不可能であるとする批判的意見は、しばしば大学で講じる政治理論の授業において学生からのコメントとして——とくに最初の数回において——表明されるもので、筆者が何度も経験してきたものである。この種の疑問が提起されることが十分に予期されるので、ここで簡潔に応えておく必要があろう。右の疑問や反論にたいして、二つの点を指摘したい。

まず第一に、そもそも「完全に平等な社会」で目指される「平等」がいかなる「平等」であるかを明確にすることなしには、実現可能性の有無や程度を論じることはできない。実現不可能性の主張の多くは、平等概念の未分節化された使用に基づくものであるように思われる。また、平等概念の特定化がなされたとしても、実現可能性の実質的議論は、制度構想の具体化があってはじめて可能となる。なるほど〈平等な者たちの社会〉の理念は、道徳的ヴィジョンであるがゆえに、現実の条件下での具体化や制度構想に向けた思考による補完を必要とする。だが、この必要性は、理念の致命的欠陥とはならない。

なぜならば、制約条件のない理想的な観点での規範としての望ましさは、実現可能性の議論とは別の次元に属する――しかも意味のある――事柄だからである。

第二点として、たとえ社会的価値の完全な実現が不可能であると判断できる場合ですら、その判断は、必ずしもかかる価値の無効を意味しない。理想的状態の到達不可能性が、理想そのものの放棄とこの理想に基づく制度の廃止を必然化するのであれば、廃止を強いられる公的制度は少なくないであろう（交通事故による死亡者数がゼロにならず、毎年多くの人間が交通事故で死亡しているという事実は、死亡者数ゼロという究極的な理想の放棄を必然化し、交通に関わる諸制度を無意味なものにするのであろうか？）。さらにいえば、現実には存在しえない、あるいは実現がきわめて困難であるといわざるをえない理想や理念にも、固有の機能と存在理由がある。社会的理想の場合、そうした存在理由のひとつに、現実の状態を診断したり、見逃されている問題を発見したりするための視点を提供するという機能がある（ちょうどスポーツにおいて理想的なフォームやチームについて考えるのと同じく）。この論点は、木村草太によって明確な表現を与えられている。若干長くなるが、これを引用したい。

〈平等〉は不可能である。とすれば、〈平等〉の実現について語ることは無意味であり、我々は〈平等〉から目を背けることしかできないのか。この問題に対しては、三種類の対応がある。〈その通りである。だから、無視しよう。〉これが第一の対応である。平等概念の空虚さを強調し、その使用を排除すべきだと主張した Kelsen や Westen の主張は、このような対応を狙いとしたものであると解することが可能である。第二の対応は、何らかの規範的要請の実現により、〈平等〉の要請に妥協しよう、とするものである。〈平等とは何か?〉という問いを立て、〈平等とはXである〉と解答し、〈平等〉の要請を何か別の規範に置き換えようとする主張は、この見解に属する。しかし、筆者は、この二つの対応が、妥当なものとは思われない。両者は、ともに、強固な魅力を有する〈平等〉概念から、目を背け逃亡を図る対応である。逃亡という対応以外に、〈平等〉という概念をこの世界の不完全性を自覚する契機として積極的に位置づける、という第三の対応がある。我々の世界には、不当な差異が満ち満ちている。それは、必ずしも人間やその生産物たる社会が作出したものに限られない。〈平等〉の概念は、それを指摘し、我々がそれを認識することを可能にする。それが、〈平等〉概念の存在意義である。(木村二〇〇八:二五八)

右の主張は、問題状況を認識し、現状についての吟味と省察を可能にする理念の存在意義という観点から、平等理念の不完全性という論難にたいするひとつの回答を与えるものである。プラトンが『国家』で描いた「正しい国家」の範型《パラディグマ》がそうであるように、理念のこうした機能は、政治哲学の伝統を構成する要素であり、〈平等な者たちの社会〉というヴィジョンにとっても本質的な部分を構成するものである。

五　構成と概要

本書は、序論を除くと七章から構成される。概要を簡単に説明しておきたい。第一章では、多元的な平等論について考えるために、M・ウォルツァーが『正義の領分』（*Spheres of Justice*, 1983）で展開した複合的平等論を批判的に考察する。この考察をとおして、複合的平等論が、配分領域間の相互作用に着目する多元的な視点を提供するものであるが、〈遮断の論理〉に基づく領域分離論が、そうした多元的視点を著しく狭めている点を明らかにする。

第二章では、平等主義的な政治理論のひとつである〈運の平等主義〉を批判的に吟味する。この理論が依拠する〈運／選択〉の区別の根底にある二分法的思考が、主体的行為と構造が密接に結びついた社会関係——社会ネットワークや非自発的アソシエーション——の適切な理解を妨げており、この種の困難を解決するためには、〈関係論的〉なアプローチが必要とされることを論じる。

第三章では、平等と公共性という二つの理念のあいだの関係を分析する。①両者が〈平等の根本規範〉を結節点として連関していること、②平等原理の進展が公共性を必要とすること、③両者がいずれにも還元できないがゆえに循環的な関係をもつこと、④多元性の維持と喪失が互いに影響を及ぼし合うことを分析して、両者のあいだの〈相互連関〉と〈相互作用〉の関係を指摘する。

第四章では、市民社会論を平等／不平等の視点から再検討し、市民社会がもつ多面性や市民社会に内在する〈平等と不平等の力学〉に目を向ける。この考察から、しばしば市民社会論にみられる肯定論やＮＰＯ・ＮＧＯ重視論の理解が一面的であり、平等／不平等に関して市民社会は両義的な性質をもつこと、またこうした性質を理解するうえで相互作用モデルの視点が有効であることを論じる。

第五章では、差異とシティズンシップをめぐる問題を取り上げ、日本における代表的なエスニック・マイノリティであるアイヌと在日コリアンに関わる政策や制度を分析する。この分析から、制度的実践としての〈差異化されたシティズンシップ〉を析出することで、「日本＝同質的な国」という自己理解とこれに依拠する政策論議を、経験的および規範的な次元の双方から批判する。

第六章では、ドイツにおけるトルコ系移民を具体的事例として取り上げて、〈再分配と承認〉という平等主義の二つのアプローチの関係を考察する。この考察の結論として、トルコ系移民がかかえる問題の解決には、〈再分配と承認〉の双方を統合する視点が求められており、くわえて〈承認の政治〉が、文化的差異の肯定を超える複雑で多様な課題を担う必要があることを論じる。

最終章となる第七章では、A・マーガリットとJ・ガルトゥングのそれぞれの理論の批判的考察をつうじて、両者の重要な要素を統合する〈品位ある平和〉の構想を提示する。人びとを屈辱的でない仕方で平等に扱うことを要請するこの構想が、持続性のある平和のための必要条件となり、マイノリティ集団に屈辱を与える多様な社会経済的および文化的な問題に対応しうることを論じる。

最後に序論の結びとして、本書が「政治理論のパラダイム転換」シリーズの一環として出版されることについて、一言述べておきたい。端的にいって、本書がなにか新しいパラダイムを提示しているわけではない。本書は、平等主義が「過去のもの」（passé）になったとの考え方には与しない。だが、平等主義のプロジェクトを練り直し、目標と手段についての根本的《ラディカル》な再考が必要である、とのS・ボールズとH・ギンタスの主張（Bowles and Gintis 1998: 361）に照らしていえば、残念ながら本書は、そのようなラディカルな提案や革新的なアイディアの書ではないといわざるをえない。もし本書の貢献がささやかながらも存在するのであれば、それは、政治理論のなかで議論され深められてきた平等をめぐる考え方を、平等の複雑性という観点から捉え直して、今後の課題を提示する試みのうちにあろう。

（1）こうした状況のなか、マルクス主義的社会科学の中心概念として用いられ、それゆえマルクス主義の凋落と運命を共にしたと考えられて来た階級概念の有効性を主張する議論もでてきた（橋本二〇〇一；二〇〇六；二〇〇七；渡辺二〇〇四）。政治理論では、主として日本ではなく欧米の文脈を対象にしたものであるが、早い段階で社会経済的不平等の問題を社会的分断という観点から論じた文献として齋藤（二〇〇一）を、また経済学の観点から社会的分断を論じた文献として松原（二〇〇五）を参照。

（2）例えば、山田（二〇〇四；二〇〇六）を参照。

（3）「第三の道」の詳しい分析については、近藤康史（二〇〇一）を参照。

（4）N・ボッビオは、グローバルな次元での不平等の現実を突きつけながら、平等主義がいまだ未完の課題であることを強調する。「この現実に直面するかぎり、右派と左派を分かつ明確な区別が存在する。この区別にとって、平等の理想はつねに導きの北極星となってきた。一九世紀に社会主義を生み出した個々の国々での社会問題から転じて、国際的な社会問題に目を向けさえするならば、左派がみずからの課題を完了していないだけでなく、課題に手をつけてすらいないことが理解される」（Bobbio

1996: 82)。だが、なるほど平等問題が「左」の未完の課題であるとしても、のちに論じるように、平等が直面するひとつの困難は、「左」の中心的価値でありつづけた平等原理が、「右」も依拠する原理であるという点にある。

(5) 中流社会論の批判的考察として、橋本（二〇〇一：第二章）、渡辺（二〇〇四：九二―一〇〇）を参照。日本で「中流意識」の高さを示す調査の問題性として、調査結果がそもそも設問の仕方によって左右されるものであり、同様の設問の仕方を採用すると、世界の多くの国でも「中」が九割以上になることが指摘されている（橋本二〇〇一：五〇）。

(6) 「平等と差異」をめぐる問題に関して、多文化主義についてはParekh（2000）とModood（2005）を、ジェンダーについては、Phillips（1987）、吉澤（一九九三：第一章）、Bock and James（1992）、Frazer（1997: 175-177; 邦訳二六四―二六八）を参照。

(7) 平等をめぐる論点として、「なんの平等か」という問いにくわえて、「誰のあいだの平等か」、「どの時点での平等か」、「平等の尺度はなにか」、「平等主義の論拠はなにか」、「平等と責任はどのような関係にあるか」、「平等はどのような価値をもつのか」、「平等、優先順位、十分性といった複数の配分原理の関係はどのようなものか」、「いかなる平等主義批判があるか」といった問いが存在する（cf. Holtug and Lippert-Rasmussen 2007）。

(8) キムリッカを嚆矢とする多文化主義の政治理論は、具体的な事例研究を議論の展開に組み込むという政治理論の方法論上の転換をもたらしたといえる。

(9) 政治理論における経験的観点と規範的観点の結合という課題は、政治理論が実践的諸問題に応答し、解決案を提示するという課題と関連する面もあるが、両者は区別すべき事柄である。解決案の提示という課題への取り組みが政治理論に求められているとの主張は、十分に理解できる（この種の重要な試みとして、宇野・井上・山崎（二〇一二）を参照。また公共政策にたいする政治哲学の貢献に求められる経験的かつ実践的な観点については、Wolff（2011）を参照）。この種の試みの重要性は、学説の紹介と整理に重点が置かれがちな日本の政治理論の文脈では、もっと強調されてもよいだろう。ただし本書の力点は、かかる問題にたいする具体的処方箋の提示という政治理論の実践的側面よりも、むしろ現実的な問題の考察をとおしての理論化という方法論的側面にある。

(10) レイは、こうした組み合わせが、少なくとも一〇八通り、さらに細かい区別を入れると七二〇通りもあるという（Rae *et al.* 1981: 133, 189, n. 3; cf. 竹内二〇〇一：二九九—三四三；寺嶋二〇一一：三三—三八）。

(11) 平等概念の多面性について考えることには、おそらく副次的な——実践的かつ教育的な——効果がある。「人間は平等だ」、「平等社会が必要だ」といった単純明快な命題だけでは、複雑な社会問題に取り組むことはできない。単純な命題を題目のように唱えているだけでは根深い不平等の現実に直面した時に——早熟で性急な知性にありがちなように——脆くも崩れ去るかもしれない。粘り強さのない、忍耐力のない「物わかりの良さ」は、脆弱性をはらんだ単純さを生み出してしまうのにたいして、単純にみえるが、複雑なものをしっかりと見据えたうえで、重要な点に集約させ明確化する思索は、これとは異なる帰結に導く、と筆者は考える。平等の多面性を認識することは、そうした思索の第一歩となる。

(12) この議論は、Scanlon（2003: sec. 3）に依拠している。

(13) 例えば、プラトン（一九七九：三二九）を参照。

(14) 具体的にいえば、四オクターヴにわたる倍音のなかには、複数のオクターヴのドのほかに、長三度と完全五度（つまりミとソ）が含まれ、さらには短七度、長二度、増四度、長六度、長七度までも含まれる。ピアノでこれらの音を一度に弾けばわかるように、多くの耳には不協和音として響くであろう。

(15) 厳密な意味での平等主義の基礎づけ問題は、重要な課題ではあるが（Kelly 2010）、本書での考察の中心的な課題ではない。端的にいって、この問題は本書の範囲――かつ現在のところ筆者の能力――を越えている。すべての人間が価値や尊厳において平等な存在であるとする道徳的平等を究極的に基礎づけるものがなんであるか、という問いは、道徳哲学のもっとも根本的な問いであるが、それにたいする完全な答えが見出されているわけではない（Christiano 2007: 54）。すべての人間に道徳的平等や平等な価値を付与する根拠となる、あらゆる人間に共通する属性――例えばカントやロールズの場合は道徳的能力――を見出す手法は、程度や範囲の線引きという問題を引き起こす点で、ある人びとを排除するか、劣位に置くという難点をもつ（Margalit 1996: ch. 4; Pojman 1997; Arneson 1999）。平等主義へのコミットメントにユダヤ・キリスト教的背景をみる立場（Pojman 1997; Waldron 2002）もあるが、受苦的存在者としての人間の平等をみる仏教的な立場も、同様のコミットメントの土台となりうるとの議論もあろう（Horkheimer 1985 [1967]: 193; 1985 [1971]: 252）。政治理論や哲学以外の領域での平等の基礎づけは、管見するかぎり多くはない。興味深い議論として、人類学、ひいては霊長学の知見をもとに平等の基礎を論じる寺嶋秀明の試みや、〈地位のヒエラルヒー〉と〈権力の中心性〉に対抗する、自他にたいする尊重と配慮の倫理的基盤としての〈存在の平等性〉を、インド社会でのサバルタンの政治参加をとおして析出しようとする田辺明生の研究がある（寺嶋二〇一一：田辺二〇一〇）。

（16）ただし正確にいえば、グッドマンが「世界制作の方法」として列挙するのは、合成、分解、重みづけ、順序づけ、削除、補充、変形である（Goodman 1978: 7-17; 邦訳二七—四二）。

（17）ここで、もろもろの道徳的イメージの評価や比較のための基準は、どこから手に入れるのか、という問いが生じよう。これにたいして、パットナムと同様に、やはりそうした基準も人間の創作物であると答えざるをえないかもしれない（Putnam 1987: 79）。しかし、道徳的イメージが人間の創作物であり、それゆえ破棄、融合、合成という操作を受けるという認識は、道徳的イメージの改善や進歩について語ることを妨げない、と筆者は考える。

（18）本書の平等観は、平等の関係論的な理解に依拠している。関係論的な平等論については、Anderson（1999）、Schemmel（2011）、および本書の第二章を参照。

第一章　プリズムのなかの平等

はじめに

「二〇八一年、人びとはとうとう平等になった。神と法のまえだけの平等ではない。ありとあらゆる意味で平等になったのだ。」この文句で始まるヴォネガットの短編「ハリスン・バージロン」は、ラディカルな平等化政策の愚を、彼特有のグロテスクで悲喜劇的な筆致で描いた近未来小説として知られる。この社会では、人間の身体および精神の能力が平等な状態に維持されているが、それは秀でた性質や能力にハンディキャップを課す一連の政策のお陰である。その政策が美貌にはマスク、優れた知性には思考妨害用のイヤフォンや小型ラジオ、卓越した運動能力には重しの入った帆布袋の装着を義務づける点で、不条理極まりない政策であることは明らかであろう（Vonnegut 1997［1961］）。[1] むろん、そのようにして達成された平等は、低い水準での平準化であり、善き生の様々な可能性を著しく損なう画一化が支配する逆ユートピアの悪夢であるといえる。

この逆ユートピアは、政治理論ではお馴染みのテーマである平等と多様性の対立を示している。[2] この対立を鋭く指摘した政治思想家のひとりが、バークである。バークは、有名なフランス革命批判論のなかで、「市民の多様な階層から成り立つ社会では、必ずや一部の人間が高い地位を占めるはずであり、それゆえ水平化をおこなう人間は、事物の自然的秩序を改変し歪曲するだけである」と述べて、フランス革命の中核に水平化原理としての平等主義を見いだした（Burke 2004［1790］: 138; 邦訳九二）。平等主義による多様性の破壊は、単純な原理によるラディカルな社会変革の無謀さと結びついている。

これらの形而上学的な権利は、日常生活に入る際には、濃密な媒体を通過する光線と同じく、自然法則にもとづいて本来の直線的な進路から屈折する。実際に人間の感情や関心の粗大で複雑な集合体の中では、人間の原初的な諸権利がこれと同様の多様な屈折や反射を蒙るがゆえに、それらが当初の方向のまま単純に存続するかのように語ることは、馬鹿げている。（ibid., 152; 邦訳一一四）

バークの光学的批判によれば、ちょうど光線がプリズムを通過する際に反射や屈折を示すのと同じく、抽象的な平等権に基づく制度設計は、実際の政治社会のなかでは「多様な屈折や反射」を生み出し、「本来の直線的な進路」から逸脱せざるをえず、その結果として、フランス革命期の政治は「奇怪な悲喜劇の舞台」と化した(ibid., 92; 邦訳二五)。バークがフランス革命批判に用いた光学的比喩は、平等論への多元的なアプローチにとって示唆に富むイメージを喚起する。それは、平等論を分析するプリズムのイメージである。

暗闇に差し込む一条の光は、明暗を分かつ純粋で無色の明るさであるように見えるが、プリズムを通過すると屈折して分散し、多彩なスペクトルを示す。同様に、プリズムを通過する平等の理念は、多元的な性質を露わにするように思われる。この場合、三種類のプリズムが考えられる。第一のプリズムは理論内部を分析するプリズムであり、平等主義を一元的な原理としてではなく、むしろ多元的な要素から構成される、いわばスペクトルの合成物として扱い、それらの「多様な屈折や反射」を分析する。[3] 第二のプリズムは規範原理の関係を分析するもので、平等主義を数ある規範原理のひとつとしてみなし、しかもそれらの相互作用がもたらす屈折と反射を明らかにする。第三のプリズムは、バークのフランス革命批判がその好例であるように、社会分析のプリズムであり、平等主義が現実の社会においてどのような屈折と反射を経て、いかなる帰結をもたらすかを分析する。

この三種のプリズムは、平等主義に多元主義を組み込むうえで、重要な視点となるであろう。では、このようなプリズムの多元的視点を内在させた平等論、すなわち多元的な平等論とは、どのようなものであろうか? 平等主義を単一の原理とみなす硬直したイメージから脱却するとともに、平等論にダイナミックな観点を導入することは、はたして可能であろうか？

本章の目的は、そのような多元的な平等論の試みとして、ウォルツァーの『正義の領分』（*Spheres of Justice*, 1983）を考察し、そこで展開された複合的平等論を批判的に吟味することにある。しかし、出版からすでに四半世紀が経過した現在、平等をめぐる活発な議論を展開させている政治理論の現状にもかかわらず、複合的平等論との取り組みが少なく[4]、しかも近年のウォルツァーの思索が複合的平等論の枠内にあるとは言い難いという事情を考えるならば[5]、『正義の領分』を考察することの意味にも疑問が生じるだろう。

この疑問への応答として、二つの点を指摘したい。本章が複合的平等論に注目するのは、ひとつには、配分領域の相互作用に着目する多元的な平等論の有用性が示されているからであり、いまひとつには、複合的平等論が依拠する〈遮断の論理〉の問題性の考察が、多元的平等論のさらなる課題の明確化に寄与するからである。本章の基本的主張を簡潔にいえば、つぎのように表現できる。すなわち、ウォルツァーの複合的平等論の積極的意義は、配分領域間の相互作用に着目する多元的な視点を平等論に組み込んだことにあるが、そうした多元的視点の可能性は、〈遮断の論理〉に基づく領域分離論によって著しく狭められている。したがって多元的平等論の構想は、複合的平等論から多元的視点を受け継ぎながらも、〈遮断の論理〉の制約を克服して、多元的視点をより複合的なものにする必要がある、というものである。

右の主張を説得的に展開するために、本章は以下のように構成される。第一節では、単純な平等原理の特徴を明らかにしたのち、この立場の無制約的な追求から不条理な帰結が生じる点を指摘することで、多元的な平等論の必要性を明確にする。第二節では、平等と多元主義を結びつけるウォルツァーの複合的平等論を再構成したのち、核となる領域分離論を医療の配分問題に適用してその有効性を確認する。第三節では、ウォルツァーの領域分離論が、配分領域のあいだの相互作用の関係を適切に理論化できていないことを指摘する。最後に、複合的平等論も含めた多元的平等論の構想にとって重要と思われる、本章の考察から導き出される含意を簡潔に論じて、この小論を閉じることにしたい。

一　単純平等の難問

本節の目的は、平等主義の多元的な構想の必要性を示すことにある。この目的のために、平等を単一の要素から構成され、無制約な原理として捉える見方が、どのような不条理な帰結をもたらすかを、明らかにすることにしたい。さらには、こうした不条理の指摘が、平等主義の破産宣告ではなく、むしろ平等主義の多元的な理論化を促すことを論じる。

さて、本章の冒頭で触れたように、バークがフランス革命に看て取ったのは、多様性を廃棄して、水平化する平等主義の危険な原理であった。〈水平化としての平等〉という見方は、ドイツ語の「なんでも平等屋」(Gleichmacher)という、平等主義を揶揄する言葉に反映している。この言葉が示唆する平等主義は、不平等を是正して平等にする単純至極な主義主張といったものであろう。本章では、このような単純な原理としての平等を〈単純平等〉と呼ぶことにする。

〈単純平等〉が懐疑の目に晒されてきたのは、そこにある種の無制約性が伴っているからである。この無制約性は分けて考えることができる。すなわち（a）条件の無制約性（＝いかなる状況であろうとも平等化を要請すること）、（b）範囲の無制約性（＝あらゆる面での平等化を要請すること）、（c）時間の無制約性（＝平等の永続的状態を要請すること）の三つである。平等主義の批判論のひとつの典型は、これらの無制約性の不条理な帰結を指摘することであった。ここでは〈条件の無制約性〉に焦点を絞って、〈単純平等〉の問題を確認することにしたい。

大まかにいえば〈条件の無制約性〉の問題性は、格差の平等化を要請する際に、①不平等発生の背景や事情を問わないことと、②平等化の水準を問わないことにある。例えば、集団Aの平均寿命が集団Bのそれよりも長い場合、人生の長さが道徳的観点からみて大きな意義をもつとみなされる場合には、〈単純平等〉は両集団のそれぞれの平均寿命が等しくなることを要請するであろう。

ここで、統計的事実に合致する想定として、[6] 集団Aが米国の白人男性であり、集団Bが同じく米国の黒人男性であるとしよう。このような平均寿命の差は、生活環境や社会環境の違い、および社会経済的諸条件に起因すると考えられよう。〈単純平等〉は格差の解消を求めるが、格差の解消が黒人男性の平均寿命を白人男性の水準に引き上げる方向であれば、望ましい改善であり、なんら問題はない。しかし、もし黒人男性の水準に白人男性の平均寿命を下げることで、平等化がはかられるならば、その帰結はいわゆる「低位の平準化」（leveling down）であり、道徳的にみて大いに問題がある。なぜならば、ある集団の寿命を短くしておきながら、より短命な人生を送る集団を放置することになるからである。ところが〈単純平等〉は、もっぱら平等であることに価値を置き、平等化の水準には関心をもたないので、道徳的にみて許容し難い政策を支持することになる（cf. Temkin 1993: 247-248; Parfit 1998: 9-11）。

さらに別の例を考えてみたい。集団Aと集団Bのそれぞれの平均寿命が同じで、集団Aが女性、集団Bが男性であるとしよう。〈単純平等〉は、両性が同じ長さの寿命を享受できることを高く評価することであろう。しかし、一般的にみて女性が――生物学的理由から――男性よりも死亡率が低く、それゆえ平均寿命が長いという事実を考慮すると、平均寿命に関する両性の平等は、むしろ平等な結果を生みだす社会的問題や不正義の存在を暗示する。男女の平均寿命が同じであることは、戦争や内乱などの影響も考えられる（例えば、九〇年代中葉のアフガニスタンでの平均寿命は、統計によると男女ともに四〇歳であり、苛酷な生活状況が推測される）。さらには、A・センが指摘するように、女性が置かれた低い社会的地位と差別的待遇――劣悪な栄養摂取と保健医療、暴力など――を考慮する必要がある（Sen 1999: 104-107: 邦訳一一七―一二〇）。けれども〈単純平等〉は、不平等や平等をもたらす社会的条件を顧慮しないので、道徳的にみて問題のある背景から生じた「平等な」状態を正当化してしまうことになり、明らかに不条理をはらんでいる。

最後に、右の例に修正を加えて、女性の平均寿命が男性のそれよりも長い場合について考えたい。〈単純平等〉は、条件の無制約性を堅持するかぎり、生物学的条件を度外視して、両性間の平均寿命の違いを是正することを要請するであろう。反平等主義論者のJ・ケクスが平等化の要請から導き出す再分配と補償の政策は、まさに不条理の極みである。ケクスが提唱する政策は、男性を優遇する保健医療制度から始まり、より少ない男性とより多くの女性を苛酷で危険な職業に従事させ、女性にのみ長い労働時間を強いる労働政策、男性よりも余命の長い女性に重い負担を課す年金と医療の社会保障制度、平均寿命の格差分に相当する楽しみを男性に補償する政府支援の娯楽施設にまでいたる。こうした一連の「不条理な政策」(absurd policies)は、ケクスにいわせるならば、平等な配分に固執する平等主義の基本的信念から派生するものであり、これらの政策を否定しようとするならば、平等主義そのものの否定を甘受しなければならない(Kekes 1997: 661-662)。むろん、悪趣味ともいえる過度の誇張と戯画化に富むケクス流の議論を展開するまでもなく、(7) センが指摘するように、女性に劣悪な保健医療サービスを供給することによって、健康と寿命の点での男女間の平等化を図ることは、道徳的に受け容れ難い(Sen 2004: 24)。

右の三つの事例は、〈単純平等〉の特徴である〈条件の無制約性〉からいかに不条理な帰結が生じるかということを、明瞭に例示している。〈単純平等〉の貫徹から生じる不条理の指摘は、平等主義の批判論ではお馴染みのものであり、〈条件の無制約性〉だけでなく、他の二つの無制約性についても展開されている。(8) 筆者は、こうした批判がときに平等主義の「悲喜劇」を誇張する過度の戯画化を付随させており、しかも「他の条件が等しいならば」という強力な制約条件なしには成立しないことを認めつつも、この種の指摘が〈単純平等〉への批判としては、一定の妥当性をもつと考える。しかし、平等主義の批判者がそこから導き出す結論、すなわち「平等主義は、道徳的かつ実際的観点からみて政治理念として相応しくない」との主張については、論理的および現実的妥当性を欠く結論であると判断する。右の結論が論理的に成立するのは、平等主義がつねに〈単純平等〉を志向するという前提にたつ場合にかぎられる。けれども、逆説的な事態ではあるが、〈単純平等〉のはらむ不条理の指摘そのものが、結果として右の前提の不成立を促す。というのも、もし平等主義が〈単純平等〉の不条理を指摘する批判にたいして反論をおこなうとすると、〈単純平等〉の前提から離れる議論を展開せざるをえないからである。

この点を理解するために、先ほどの男女間の平均寿命の例をふたたび用いることにしよう。平均寿命に関しての両性間の平等を無条件に是認する不条理に平等主義の破綻をみる批判にたいして、おそらく平等主義者はつぎのように反論するであろう。すなわち、そうした平等の裏には、栄養摂取や保健医療の点でのジェンダー間の不平等が厳然としてあり、さらにその背後には、社会的地位や文化的価値表象の点での女性の低い位置づけが推測されるのだから、平均寿命の平等は不当な不平等の産物であり、したがってこれを支持することはできない、と。この反論は、至極まっとうであるように思われる。決定的に重要なことは、この反論が実質的にみて〈条件の無制約性〉を支持しておらず、したがって〈単純平等〉の立場を脱却している点である。つまり、〈単純平等〉がはらむ不条理の指摘にたいする応答は、平等／不平等の発生要因を分節化して考察せざるをえない。明らかに、栄養摂取や社会的地位などの複数の要因を考慮することは、平等主義に多元的な視点を導入することを意味する。

かくして、もし平等主義の批判者が〈単純平等〉の不条理の指摘でもって、平等主義一般の政治理念としての生命に終止符を打つことに成功したと考えるならば、端的に誤った判断であるといわざるをえない。〈単純平等〉に還元された平等主義は、いうなればワラ人形としての平等主義であり、いとも簡単に打ち倒せるであろう。これにたいして現実の平等主義は、多元的な視点の導入によって〈単純平等〉の問題性を克服し、反平等主義が突きつける破産宣告を無効にし、みずからの政治理念としての命脈を保とうとするであろう。同時にこのことは、平等を単一の構成要素からなる原理としてではなく、ちょうどプリズムを通過する光と同じように、多様な構成要素をもつ原理として捉えるという理論的課題が、平等主義に突き付けられることを意味する。以下の考察では、この課題に挑んだウォルツァーの多元的平等論を、批判的に吟味することにしたい。

二　ウォルツァーの複合的平等論

前節では、平等主義が単純な原理に還元された場合に発生する不条理を考察することで、平等論が多元的視点を組み込む必要性を指摘した。本節と次節では、多元的平等論の代表的理論家としてのウォルツァーの所論を取り上げる。本節では、(1)財の多元主義と(2)領域分離論という二つの構成要素を考察することで、ウォルツァーの複合的平等論の特質を明らかにしたうえで、(3)複合的平等論を医療の配分問題に適用して、その有効性を確認する。

(1) 複合的平等と財の多元主義

ウォルツァーの目的は、多元主義と平等主義を結合させる配分的正義論の構想にあり、この構想の主軸をなすのが〈複合的平等〉(complex equality)の観念である。複合的平等論の多元的主義は、二つの位相から成り立っている。第一の位相は、道徳原理の歴史的および地理的多様性である。具体的にいえば、この多様性は、「あらゆる道徳的および物質的世界をつうじて構想可能な基本財もしくは基礎的財の単一の集合というものは、存在しない」という命題を含意する(Walzer 1983: 8; 邦訳二六)[9]。この命題は、抽象的かつ普遍的な道徳原理にきわめて限定的な役割しか認めないウォルツァーの「歴史的および文化的個別主義」の立場を如実に体現する(ibid., 6; 邦訳二三; cf. Walzer 1987; 1994)。第二の位相は財の多元主義であり、配分対象となる財と配分方法の多様性を意味する。この多元性の根拠は、「十分に発達した人間社会では多様性は避けられない」との認識に看取されるように、社会の分化という歴史的な社会認識に基づく(ibid., 4; 邦訳二〇)。第二の位相の根底には価値の多元主義があり、全価値をランクづける一般に認められた尺度の存在は否定される[10]。それゆえ社会的価値としての平等は、唯一の原理ではなく複数ある原理のひとつにすぎない。

二つの多元性の組み合わせによって、複合的平等論の基盤である「財の社会的意味」論が成立する。ちょうど一個のパンが異なる文脈のなかで異なる意味(生命の糧、キリストの体、安息日の象徴、歓待の手段)をもつように(ibid., 8; 邦訳二七)、ある特定の社会の文脈において、個々の財には特定の「社会的意味」が付与されている。この「意味」こそが、配分方法を決定するものであり、それゆえパンを配分する仕方も、栄養摂取の目的と宗教的目的では異なる。つまり、「財とはなんであり、なんのための財であるかについての共有された観念に合致する形で、配分はパターン化されている」(ibid., 7; 邦訳二四)。特定の財と配分方法の組み合わせが同定されるならば、同時にそれらの「領域」(sphere)も同定される。それぞれの配分領域が、異なる財と配分方法の多様性を反映させるかぎりにおいて、配分的正義の理論も複合的な性質を必然的に帯びることになる。[11]

ところで複合的平等論は、配分的平等を至上の目標としない点で、平等論のパラダイム転換の試みといえる。ウォルツァーは、〈優越〉(dominance)と〈独占〉(monopoly)を区別する。〈優越〉とは、ある財の配分が他の財の配分に影響を与えることを指し、それゆえ〈優越的な財〉は、その配分が他の財の配分に影響を与えるような財を意味する(その典型例が貨幣である)。これにたいして〈独占〉は、優越的な財を特定の人間もしくは集団が所有し管理することを指す(ibid., 10; 邦訳三三)。ウォルツァーによれば従来の平等論は、優越的財の偏在である〈独占〉を問題状況として捉え、その解決方法を平等な配分に求めてきた。これにたいして複合的平等論の問題関心は〈優越〉にあり、解決方法を配分領域の——財の社会的意味が決定する——自律的配分に求めるのである(ibid., 13-14; 邦訳三三—三五)。

ウォルツァーは、〈独占〉を問題としてきた——ロールズを筆頭とする——従来の平等論の核心を、〈単一的平等〉(simple equality)として特徴づける。〈単一的平等〉概念の説明のまえに、まずこの概念と第一節で論じた〈単純平等〉の関係を明らかにしておく必要があるだろう。本章は、ウォルツァーの〈単一的平等〉を、〈単純平等〉のひとつの事例として理解する立場をとっている。それは、すぐ以下の考察でみるように、第一節で列挙した〈単純平等〉の特徴である三つの無制約性（条件、範囲、時間）のいずれもが、〈単一的平等〉に妥当するからである。しかしまた、ウォルツァー自身の用語を明確にするために、両概念を区別して用いることにしたい（ちなみに邦訳では、「単一的平等」とともに「単純平等」も同時に使われているが、区別の根拠は判然としない）。

〈単一的平等〉の特質は、①優越的な財の配分的平等と②領域横断的な単一の配分体系にある。第一の特質は、財の偏在である〈独占〉を解消するために、平等な配分を要求する点にある。〈単一的平等〉が優越的な財――他の財の配分に影響する財――の配分的平等を目指す場合、それは〈優越〉の解消ではなく、優越的な財の平等な配分による〈独占〉一般の解消に関心をもつからである（ibid., 28; 邦訳五七）。第二の特質は、配分的平等の原理を複数の領域を横断して適用することを意味する。優越的な財の入れ替わりがあったとしても、どの財であれ優越的な財であるかぎりは、つねに平等に配分されるのである（ibid., 14; 邦訳三六）。

かくして、ウォルツァーが〈単一的平等〉を峻拒する理由は、明らかであろう。ウォルツァーによると〈単一的平等〉は、多様な財の社会的意味を捨象して、配分的平等を複数の配分領域に等しく適用するがゆえに、「ラディカルに単一化された配分システム」になりがちである（ibid., 17; 邦訳四〇）。しかも〈単一的平等〉の配分システムは、平等な配分パターンを維持するために、国家権力の絶えざる介入を必要とし、その結果として増大した権力の管理という難問を生み出す（ibid., 13-15; 邦訳三五―三七）（この議論は、ヒュームの古典的議論だけでなく、ノージックの平等主義批判も想起させる）[12]。まさにここにおいて、すでに示唆したように、〈単一的平等〉が〈単純平等〉の三つの無制約性を満たすものであることが明らかとなる。つまり〈単一的平等〉は、財によって異なる社会的意味と配分方法という〈条件〉を無視し、〈範囲〉に関して無限定な領域横断的適用をおこない、財の平等な配分状態を〈時間〉的制約なしに、国家の介入によって恒常的に維持するのである。(13) ウォルツァーにとってこれらの点は、多元的視点を欠落させた画一主義的な〈単一的平等〉の問題性を如実に示すとともに、〈複合的平等〉の望ましさを示唆している。

(2) 領域分離論

すでに述べたように、ウォルツァーによれば優越の解決は、配分的自律性の確保を要請する。この要請を「領域分離論」と呼ぶことにしたい。領域分離論の核心は、「社会的財Xは、たんに財Yをもっているという理由で、しかも財Xの意味を考慮せずに、Yを所有している人びとに配分されるべきではない」(ibid. 20; 邦訳四五)という規範的命題に尽きる。(14) 領域分離論は、〈優越〉の関係を排除することで、社会的意味論が画定した配分領域の境界線を維持するのである。したがって領域分離論の基本的な着想は、かれが『正義の領分』で「差異化の技法」(the art of differentiation)と呼び(ibid., xv; 邦訳一二)、他の論考で「分離の技法」(the art of separation)と呼ぶ考え方に表現されている(Walzer 2007 [1984])。「分離の技法」とは、近代リベラリズムの特徴であり、境界線を引くことで社会の諸領域(国家と教会、国家と市民社会、公的領域と私的領域)を多元化することを意味する。ウォルツァーにいわせるならば、

「平等は、端的にこの技法の帰結である」（Walzer 1983: xv；邦訳一二）。

では、いかなる意味で「分離の技法」が平等をもたらすのであろうか？　ウォルツァーの考えでは、〈複合的平等〉が成立するのは、複数の配分領域の自律性が維持された場合、つまり〈優越の不在〉としての配分領域間での平等が実現した場合である。ここで、複合的平等論の奇異ともいえる特質が明らかになる。なぜならば、複合的平等論は、配分領域間の〈優越の不在〉としての平等を確保するが、個々の領域内部の配分的平等を保証せず、〈独占〉を原理的に排除するものではないからである。領域内部で平等な配分が目指されるか否かは、配分の対象となる財の社会的意味に依存する以上、複合的平等論からみるならば、配分上の平等主義は内在的な目標ではなく、むしろ偶然的な帰結である。とするならば、平等と領域分離論の連関は判然としないようにみえるであろう。

実は、「分離の技法」の帰結としての平等とは、配分上の平等ではない。それは、すべての配分領域から排除される者がいないという意味での平等である。事実、ウォルツァーが、「諸領域の自律性は、他のいかなる考えうる制度よりも、社会的財の配分を拡大するのに役立つ」（ibid., 321; 邦訳四八二）と述べる時、配分領域からの排除の不在を念頭に置いている。[15]なぜ領域分離の手法によって配分が拡大するのかといえば、他の財による優越的影響――例えば財力、人種や性別による差別、血縁地縁、コネ――を遮断して、様々な財の配分を自律的な仕方でおこなうことによって、結果として人びとが配分に与る可能性が高まるからである。よって〈複合的平等〉が描く「平等な者たちの社会」（a society of equals）とは、それぞれの配分領域での〈独占〉がありうるとしても、領域間での〈優越の不在〉ゆえに、優越的な財をもつ者が複数の領域を独占することや、そうした財を持たぬ者が複数の領域から排除されることが起きないような社会を意味する。

むろん、よく考えてみると、〈優越の不在〉にもかかわらず、つねに〈独占〉を享受する集団が存在するとともに、つねに財の配分から排除される集団が存在する事態、M・ラスティンの表現でいえば〈複合的不平等〉(Rustin 1995: 27-28) の事態が成立する経験的可能性は否定できない。しかしウォルツァーは、こうした事態の経験的可能性がほとんどないとの想定に立っている。つまり、「一つの支配階級を構成し、残りの私たちを支配できるほどの人びとは存在しない。彼らはすべての配分領域で成功できるわけではない」(Walzer 1983: 20; 邦訳四五) というのである。明らかにこの議論は、経験的および理論的な論証を欠く点で説得力をもつとはいえない。むしろこのことは、右の想定がもつ理論構築上の重要性を物語っている。なぜならば、〈複合的不平等〉の事態とは、ウォルツァーからみるならば、「平等な者たちの社会」という根本的な道徳的理念から「生きた可能性」(a lively possibility) を奪わざるをえないからである (ibid.)。

右の考察は、単一的平等論と複合的平等論の違いをさらに明瞭にする。単一的平等論は、社会のマクロな次元での平等性が、ミクロな次元での個々の配分領域での平等性の集積によって達成可能であるとの考え方にたつ。これにたいして複合的平等論は、ミクロな次元での配分的自律性に基づく多元性の確保が、マクロな次元での平等性の条件となると考えるのである。ただし、複合的平等論にとってのマクロな平等性は、あくまでも〈優越の不在〉や〈排除の不在〉としての平等であり、しかもミクロな配分的自律性とマクロな平等性がつながるメカニズムは自明ではない。それゆえ、ミクロな配分領域の自律性は、マクロな平等性の十分条件ではなく必要条件でしかなく、それゆえA・スウィフトが指摘するように（Swift 1995: 258-259）、マクロな平等性の実現は他の偶然的な条件に依存することになる。この点に、総体としての平等主義的性質の弱さという――本章では残念ながら詳しく論じる余裕はないが――複合的平等論の問題のひとつがある。(16)

しかしながらこのことは、領域分離論の有効性を完全に否定するものではないし、しかも配分領域次第では、領域分離論が実質的な平等化に貢献することを妨げない。外的な条件への依存は、複合的平等論の基本的枠組みの平等主義的な性質に偶然的で不安定な感じを与えるが、個々の財の配分に関わる各論は、つぎに考察する保健医療の例でも明らかなように、平等主義的な色調を鮮やかに示す。別言すれば、複合的平等論の理論的骨格そのものは、平等原理を配分領域間の関係に適用し、配分領域内部には適用しない点で、さほど平等主義的であるとはいえないが、実際の適用において個別具体的な社会的意味の平等主義的な内実によって、平等主義的理論としての肉付けを得るのである（むろん、特定の文脈に基礎をもつ主張こそが真の説得力と批判性をもつ、と考える個別主義者たるウォルツァーからすれば、それは当然のことであろう）。このことは、特定の社会文脈に身を置いて、財の社会的意味をいわば「生きられた意味」として解釈する者の視点からすれば、複合的平等論が平等主義の色調を強く帯びることを示唆している。つぎの考察では、この点を確認することにしたい。

(3) 保健医療の配分論

領域分離論の有効性を確認するために、第一節で使った平均寿命の集団間の違いのケースを用いることにしたい。米国の白人男性の平均寿命が黒人男性のそれよりも長いという事例をまず考察しよう。領域分離論の二つの利点が明らかとなる。第一の利点は、領域分離論の基本的性質から生じる。領域分離論は、財の社会的意味が平等を配分原理として要請しないかぎり、配分的平等を採用しない。よって、平均寿命の社会的意味が配分的平等の原理を要請するとの論拠が提示されないかぎり、二つの集団の平均寿命を平等化することは、〈単一的平等〉の不当な要請として退けられることになろう。また領域分離論は、配分的平等を一律に求めないので、〈単純平等〉がはらむ低位平準化の不条理さを回避することができる。かりに平均寿命の平等化が要請されるとしても、つぎにみるように、低位平準化は財の優越的影響への視点によって回避される。

第二の利点は、領域分離論が保健医療の配分領域に関して、市場原理の優越的影響を遮断して、配分の平等化を支持することで、白人男性と黒人男性の平均寿命の違いを生む要因の解消に貢献する点にある。『正義の領分』の第三章で展開される医療ケアの配分論は、まさにこの点を例証している。ウォルツァーは、市場原理が浸透して[17]、貧富の差が医療へのアクセスに大きな影響を与えている米国の現状に鑑みて、医療の配分に関して市場原理ではなく必要原理を採用すべきであると論じる。ウォルツァーの考えでは、まさに国営の医療サービスこそが、市民の医療ニーズを満たす制度である(Walzer 1983: 87-89; 邦訳一四二—一四五)[18]。むろん必要原理は、貨幣だけではなく人種差別などの影響が医療の配分原理に反映することも許さないであろう。米国における大規模な無保険者の存在や人種間の経済格差を考えるならば[19]、医療の配分問題に関して必要原理に依拠する領域分離論は、医療の不平等な配分に起因する健康格差の是正に貢献するものといえる。

今度は、男女間の等しい平均寿命の事例に目を向けてみよう。ここでも領域分離論は、〈単純平等〉の不条理を避けて、適切な対応を示しうる。なぜならば、領域間の相互作用への観点は、単純に平等の観点から右の事例を評価することなく、むしろ性別が医療の配分に及ぼす優越的影響の実態を見抜くことができるからである。また、女性の平均寿命が相対的に長いという場合には、不当な財の転換が見いだされないかぎりにおいて、平等化の対象とはならない。このように領域分離論は、領域間の相互作用に目を向け、とりわけ財の領域侵犯的〈優越〉を阻止することで、第一節でみた〈単純平等〉の不条理な帰結を避けるとともに、平等主義的直観にそった道徳的判断を可能とする。

本節では、ウォルツァーの複合的平等論が、どのように多元主義と平等とを結合させているかを考察してきた。この結合を可能とする理論的枠組みは、財の配分領域の多様性を認める財の多元主義と、他の配分領域に侵犯する財の〈優越〉を阻止して、個々の配分領域の平等な自律性を維持する領域分離論であった。なるほど確かに、配分領域の実質的な平等は、配分方法を決定する財の社会的意味に左右されざるをえない。しかし領域分離論は、現代米国における医療の配分問題という特定化された文脈においては、必要に基づく配分原理を要請し、市場原理を排することによって平等な配分を支持したのであった。このかぎりにおいて、領域分離論に一定の有効性を認めることができるであろう。次節では、領域分離論の問題性を考察することにしたい。

三　領域的思考と多元的相互作用

前節の考察は、ウォルツァーの複合的平等論における多元主義と平等主義の結合を、とくに領域分離論との関連で分析するものであった。本節では、領域分離論を批判的に検討して、その有効性が限定されており、しかも深刻な問題性を抱えている点を明らかにしたい。この問題性は、領域分離論が、配分領域のあいだの多元的な相互作用の理論化を困難にし、それゆえ複合的平等論の多元的な性質が著しく損なわれるという事態に存する。

批判的吟味のまえに、領域分離論の特質を確認しておこう。その根幹は、第二節で考察したように、「社会的財Xは、財Xの意味と関係なく、ただ財Yをもっているという理由だけで、Yを所有している人びとに配分されるべきではない」という規範的命題にある。ここで注意を促したいのは、ウォルツァー自身が明確な区別をしているわけではないが、この規範的命題から導かれる二つの異なる含意である。二つの含意を明らかにしているのが、S・セガールの議論である。

セガールは、J・エルスターの「分配」(allocation)と「配分」(distribution)の概念的区別を使って、ウォルツァーの規範的命題の二つの異なる意味を説明する。まず「分配」と「配分」を説明するならば、前者は財の配分におけるプロセスを、後者は実際に保有する財の最終状態を指す。両者の違いを明確にするために、セガールはつぎのような例を使う。それは、一〇ガロンの水が分配される場合に、八ガロンしか入らないバケツをもって給水所にやって来るという事態である。明らかにバケツの大きさは、「分配」される給水の量を決定しないが、実際に受け取る給水の量、すなわち「配分」に影響を与える。別言すれば、「分配」とは財の割り当て量の決定という原理的な次元に関わり、「配分」とは割り当てられた財の最終的ないし実際の量という実質的な次元に関わる（Segall 2007: 345; Elster 1992: 186）。

さて右の区別を念頭において、「社会的財Xは、財Xの意味と関係なく、ただ財Yをもっているという理由だけで、Yを所有している人びとに配分されるべきではない」とのウォルツァーの規範的命題を分析するならば、そこで含意された二つの要請が明らかになる。すなわち右の命題は、①「ある人がYを所有するという事実は、その人にどれだけのXが分配されるか（allocated）を決定してはならない（ought not determine）」という主張と、②「ある人がYを所有するという事実は、その人がどれだけのXを受け取るか（receive）にたいして影響を及ぼしてはならない（ought not affect）」という主張の双方を含意するのである（Segall 2007: 343-346）。別の表現をするならば、第一の含意は「社会的財Xの配分は、財Xに固有の配分基準以外の考慮に左右されてはならない」という要請であり、第二の含意は「社会的財Xの配分は、他の財の配分から影響を受けてはならない」という要請である。本章では、前者の要請を〈配分原理の全一性〉と呼び、後者のそれを〈優越的影響の遮断〉と呼ぶことにしたい。

〈配分原理の全一性〉と〈優越的影響の遮断〉の違いは、前者が配分原理の次元に関わるのにたいして、後者の場合には影響作用の次元に関わる点にある。両者の違いを明確にするために、前節で考察した医療の配分論の事例を使うことにしよう。〈配分原理の全一性〉は、医療の必要に基づく配分原理を意味し、〈優越的影響の遮断〉は、支払い能力という貨幣の配分がもたらす影響の遮断として具体化されていた。つまり、〈配分原理の全一性〉は、金持ちであるか否かという考慮が、必要に基づくべき医療の配分原理を左右することを許さず、〈優越的影響の遮断〉は、医療へのアクセスが、貧富の差によって実質的な影響を受けることを排除するものである。

〈配分原理の全一性〉と〈優越的影響の遮断〉の区別は、複合的平等論の批判的検討にとってきわめて重要な意味をもつ。前節では、医療の配分論を具体例として、領域分離論の有効性を確認したが、右の区別を念頭において領域間の相互作用を考慮すると、(1)幅広い相互作用と(2)望ましい相互作用の理論化の二点において、領域分離論の視座が十分な多元性をもたず、それゆえ有効性を著しく減じることが判明する。

(1) 幅広い相互作用

領域分離論の有効性に疑念が生じる第一の理由は、領域間の広範囲にわたる相互作用ゆえに、〈配分原理の全一性〉が〈優越的影響の遮断〉をかならずしも保証しない点に関わる。医療の配分問題に関連づけていえば、領域間の幅広い相互作用を所与とした場合、必要原理が確立されたとしても、貧富の差が医療アクセスに与える影響を遮断することはできない。それは、必要原理に基づいて無償で普遍的な医療システムが制度化されたとしても、時間的余裕、移動手段、居住地などの点で、富裕層は貧困層よりも制度の恩恵をより多く受ける傾向が存在するからである（Segall 2007: 344）。市場原理を排し、医療上の必要にのみ基づく配分原理にもかかわらず、依然として貧富の差は、保健医療の配分に影響を与え続ける。このように領域間の相互作用を仔細に検討すると、〈配分原理の全一性〉が〈優越的影響の遮断〉に直結しない可能性が明らかとなる。

「健康の社会的決定要因」（social determinants of health）論を考慮にいれた場合、右の可能性がさらに高いと判断せざるをえない。この社会疫学的な知見によると、健康格差（死亡率、罹患率、平均余命等）への医療の影響は小さく、むしろ医療以前の社会的要因（経済状況、労働環境、ネットワーク、差別等）が、健康格差にとって大きな比重を占める（Segall 2007: 353-357; 川上ほか二〇〇六; cf. Smith 2002）。それゆえ医療とは、ダニエルズらにいわせると、「崖下で待機する救急車」でしかない（Daniels *et al.* 2000: 5; 邦訳五）[20]。第一節で触れた平均寿命の例でいえば、白人男性と黒人男性の違いや、男女間の平等が背後にもつ問題は、医療アクセスにとどまらず、生活、近隣、社会、労働の広範囲にわたる環境的要因に関係している。第二節で筆者は、領域分離論を男女間の等しい平均寿命の事例に適用して、「領域間の相互作用への観点は、単純に平等の観点から右の事例を評価することなく、むしろ性別が医療の配分に及ぼす優越的影響の実態を見抜くことができる」と述べた。しかしこうした認識のポテンシャルは、健康の社会的決定要因論の観点からみれば、ウォルツァーの医療配分論の枠組みによって制約されている。というのも、健康のニーズを満たすための配分対象が、医療に限定されているからである。この制約のもとでは、たとえ必要という〈配分原理の全一性〉を確保したとしても、種々の社会的決定要因の優越的影響を遮断することはできない。

そこで、医療の配分領域を広く解釈して、公衆衛生を含む広義のヘルスケアの領域まで拡張する案が浮上するかもしれない。しかしセガールが指摘するように、やれることは限られている。公衆衛生ならば、安全な食品のみを販売させるための規制は可能だが、貧しい地区でも新鮮な生鮮食品を手頃な価格で買えるようにするための規制はできない。また、危険な職場での安全ヘルメットの着用を義務づけることは可能だが、命令服従の関係を緩和させ、ストレスの発生を抑制するような労働環境のための規制は無理である（Segall 2007: 356）。このように広義のヘルスケアでさえも、健康の社会的決定要因論の観点からみれば、健康格差の解消にとって限られた役割しかもたない。

では、ニーズを医療のニーズから健康のニーズに拡張してはどうであろうか？　健康の社会的決定要因論を受け容れ、広範囲にわたる健康の決定要因を健康ニーズのカテゴリーに入れる決定をしたとしよう。[21] ところが、健康ニーズに含められた種々の領域は、健康への影響を考慮した配分をするやいなや、〈配分原理の全一性〉を失うことになる。例えば、健康の社会的決定要因論のショッキングな指摘のひとつは、社会経済的格差そのものが——物質的な諸条件の経路ではなく、ストレスを生む心理社会的な因果メカニズムの経路をつうじて——健康を損なうというものである（Wilkinson 2005）。しかし、領域分離が適切になされているかぎりは、結果として生じる社会経済的格差そのものを問題視せず、「市場の提供する答えを心配する必要はまったくない」（Walzer 1983: 107; 邦訳一七一）と考える複合的平等論の立場からすれば、健康のニーズを理由とする経済的格差の縮減は、市場原理という〈配分原理の全一性〉の侵害にほかならない。むろん、健康の社会的決定要因論によって財の社会的意味が変化したとみなし、それゆえ配分原理がかかる意味に依拠するかぎり、その全一性は保たれている、とみなす解釈もあるだろう。しかしこの解釈は、相互作用の考慮に基づく配分理由が、配分方法と社会的意味を決定することを容認するものにほかならず、それゆえ「財の社会的意味」論の事実上の放棄に等しい。

かくして健康ニーズの拡大は、困難な選択を迫ることになる。もし〈配分原理の全一性〉を堅持するならば、複合的平等論の方法的基盤である「財の社会的意味」論を放棄するか、あるいは領域分離論の有効性の基盤である〈優越的影響の遮断〉を放棄しなければならない。もし〈優越的影響の遮断〉を追求するならば、〈配分原理の全一性〉の自己矛盾に逢着し、領域分離論の原理的な放棄に帰結する。しかも健康ニーズの拡大は、右の難問に加えて、さらなる困難をもたらす。なんとなれば、「健康の必要を満たすという目的に、広範囲の配分領域を従属させる道徳的理由づけは、一体いかなるものか?」という問いが生じるからである。[22] そもそも領域分離論が、配分領域のあいだでの価値の序列化を認めないことを前提としている以上、健康に他の財よりも優先的な価値づけを与えて、右のジレンマを回避する途は残されていない。[23]

このようにみるならば、領域分離論に依拠するウォルツァーの医療配分論の有効性は、領域間の幅広い相互作用を考慮した場合、限定されたものとなる。領域間の相互作用を所与とすると、健康ニーズを医療の配分問題に限定する医療配分論の射程は狭く、かかる相互作用に対応しようとすると、〈配分原理の全一性〉の要請が足かせとなる。では、領域分離論のいまひとつの含意である〈優越的影響の遮断〉については、どうであろうか？

(2) 望ましい相互作用

右の考察は、領域間の相互作用を考慮した場合、〈配分原理の全一性〉の要請が深刻な矛盾を抱えざるをえないことを示していた。「ならば、〈配分原理の全一性〉を放棄して、〈優越的影響の遮断〉の要請を堅持すればよい」という対応があるかもしれない。一見したところ、この方法は有望であるように思える。例えば、ジェンダーの不平等の問題を考えてみよう。領域分離論は、労働市場や所得などの配分領域に与える性別の優越的影響の遮断を要請するだろう。フェミニズムの政治理論家S・オーキンが高く評価したように（Okin 1989: 111-117; cf. Armstrong 2002; 野崎二〇〇三：九三―九六）、影響の遮断がジェンダーの平等化に貢献することは明らかである。[24] 医療や健康の事例に関しても、種々の社会的な影響を遮断することは、もしそれが実行可能であるならば、同様に医療格差や健康格差の縮減に貢献するであろう。

しかしながら、〈優越的影響の遮断〉の追求に問題がないわけではない。決定的な問題は、領域間の相互作用のなかから優越的影響を同定して、これを取り除こうとする領域分離論の考え方の狭さにある。欠落しているのは、望ましい影響作用への視点である。いかなる財や機能の充足が他の財や機能への望ましい波及効果をもちうるのかという問いは、社会的排除論での重要なテーマである。[25] だが、領域分離論の基本的なアプローチは、優越的影響の遮断という「分離の技法」であり、望ましい影響作用を平等化の戦略として採用する「接合の技法」を知らない。遮断の論理のみに依拠して、望ましき作用を促進するための接合の論理を見過ごすならば、それは理論上の大きな制約である。(26)

例えば、バングラデシュの女性のエンパワーメントについてのM・チェンのよく知られた研究が示すように、女性の雇用機会の創出は、稼得能力をもつ者としての女性の地位確立をつうじて、家族内での女性の地位向上につながる（Chen 1983: 169-170）。おそらくこうした地位向上は、栄養摂取や医療の点での女性差別を解消する方向で作用し、女性の健康のニーズの充足につながり、ひいては雇用機会の改善にも結びつくだろう。したがって、労働市場での女性の低い地位が家庭内の地位に反映するからといって、遮断の論理に固執して、労働市場での地位確立がもたらす望ましい影響をも遮断するのは、無意味であろう。

家族関係への公権力の直接的介入が、道徳的に望ましくないと判断される場合も、遮断の論理では適切に対処できない。この場合、外部から家族内部に望ましい影響をもたらす次善の策が必要となる。L・ジェイコブズは、この点を重視して、女性が稼得労働のあとに家事を担うという「セカンドシフト」を支える性別役割分業を、直接的な仕方で規制することよりも、むしろ労働市場のあり方を規制で変えて、その波及効果で「セカンドシフト」の実態を改善する方法を支持する（Jacobs 2004: 222-223）。ここでも、望ましい優越的影響への着目が決定的に重要であるが、領域分離論の「遮断の論理」からの支援は望みえない。

実は仔細にみると、ウォルツァー自身も望ましい影響作用の意義に着目していないわけではない。(27) しかし『正義の領分』は、この点を積極的に理論化していない[28]。もしかりにそうした試みがなされているならば、領域分離論や「分離の技法」に平等化の戦略が集中することはなかったであろう。さらにいえば、接合の論理を展開してゆくならば、領域分離論の枠組みを越えて、医療も含めた多様な社会制度、慣習、政策の相互作用の総体を捉える多元的視点の理論化が可能となったかもしれない[29]。だが実際には、こうした発展の可能性は、遮断の論理に傾斜する領域分離論によって封印されたといえる[30]。

本節では、領域分離論の規範的命題が含意する〈配分原理の全一性〉と〈優越的影響の遮断〉の二つの要請に焦点を当てることで、なぜ領域分離論が領域間の多様な相互作用に適切に対応できないかを考察してきた。考察で明らかになったのは、①領域間の相互作用を考慮して配分方法を決定する場合、社会的意味論の破綻を避けたいならば〈配分原理の全一性〉が自己矛盾に陥り、②〈優越的影響の遮断〉が接合の論理を欠くがゆえに、望ましい影響作用を理論化できないという事態である。領域分離論の二つの含意にそれぞれ問題があることは、領域分離論の規範的命題に、領域分離の厳格な適用を緩和する付帯条件を加える必要があることを示唆している。それは、「社会的財Xは、財Yの配分への財Xの影響を理由として、しかも財Xの意味の変更をともなう形で配分されてもよい」というものである。この条件の追加は、領域相互作用論への方向転換を促すものとなろう。

むすびにかえて

本章の目的は、多元的な平等論の構想を考える手がかりとして、ウォルツァーの複合的平等論を批判的に検討することにあった。この目的のために第一節では、〈単純平等〉がもたらす不条理な帰結を明らかにすることで、多元的な平等論の必要性を論じた。第二節では、そうした多元的平等論の試みとしてウォルツァーの複合的平等論に着目して、複数の配分領域のあいだの相互作用に目を向ける領域分離論に焦点を当てながら、複合的平等論を再構成した。第三節では、個々の配分領域の画定と分離に重点を置く領域分離論が、そうした有効性にもかかわらず、配分領域間の多元的な相互作用の理論化への妨げとなっており、より多元的な視点が必要であることを指摘した。

本章の考察は、おもに領域間の相互作用に焦点を当ててきたが、かかる考察から導き出される多元的な視点への要求は、領域内部の見方にも影響を及ぼさずにはいないであろう。「ひとつの財、ひとつの社会的意味、ひとつの配分方法」の三位一体を前提とする「財の社会的意味」論は、これまでも批判の的となってきた。事実、ある財の社会的意味は複数あり、配分方法も複数存在する。[31] 本章の分析は、「財の社会的意味」論に再考を迫る議論を支持する。領域間の相互作用を考えるならば、配分の仕方とともに社会的意味も変化せざるをえないからである。このことは、財の社会的意味が配分原理を排他的な仕方で決定するのではなく、むしろ財の配分理由がかかる意味の決定にとって重要な要因になることを意味する（よって社会的意味論の意義は、配分原理の基礎づけ的な価値ではなく、せいぜいのところ証拠的で、たいていは発見的な価値にあるように思われる）。

領域内部の多元化という課題は、領域分離論の背後にある「ミクロな主権国家」的な発想からの脱却も要請するだろう[32]。まさにD・ミラーが個々の配分領域を「小さな共和国」と呼んだように（Miller 1995a: 11）、領域分離論の基本的枠組みは、明確な領域と固有の統治方法をもつ主権国家からなるウェストファリア体制に酷似している。「複合的平等は境界線の防御を必要とする」（Walzer 1983: 28; 邦訳五六）という発想は、国境警備や入国管理を想起させる〈貨幣の〈優越〉は、ウォルツァーによると「不法入国の初歩的な形」である（ibid., 22; 邦訳四八）[33]）。しかし、近年の国家論において越境的相互作用や境界線の多孔性が指摘されるのと同じく、領域の壁穴を通ってくる領域横断的な相互作用が存在することは、複合的平等論の枠組みに再考を促すものであろう[34]。

ウォルツァーの複合的平等論の批判的検討という枠を越えて、多元的平等論の構想という観点からみた場合、本章の考察からどのような課題が示唆されるであろうか？　本章の冒頭で言及した三種類のプリズムに対応させながら、これらの課題を三点に分けて提示することができるように思われる。

第一は、理論内部にプリズムを適用して、平等論を多元的な要素から構成される理論として提示するという課題である。ウォルツァーの複合的平等論は、配分領域の多元的観点を導入することで、ある程度までこの課題に取り組むものであった。しかし、例えばT・スキャンロンがおこなったように（Scanlon 2003）、平等論を構成する平等主義的な複数の原理の重合、相補、対立といったダイナミックな契機を明確化するには至っていない[35]。

第二のプリズムは、価値の多元主義を前提にしながら、他の規範原理との相互関係のなかで平等の規範原理を理論化する課題を意味する。複合的平等論は、前述の配分領域の多元主義と社会的意味論の文脈主義によって、この課題に応えるものであった。ただし領域分離論は、領域内部を同質的な空間にしがちであり、領域自体の多元化という課題が残る。

第三のプリズムは、平等主義が現実社会において引き起こす屈折と反射を分析する課題を指す。ウォルツァーの複合的平等論は、配分領域間の相互作用に目を向けることで、この課題に取り組んだといえる。だが残念ながら、ウォルツァーは遮断の論理に過度に傾斜し、接合の論理を十分に理論化しえていない。近年の社会的排除論の知見なども摂取しながら、遮断と接合の双方の観点から、平等の屈折と反射とを分析する視座が必要とされる。

以上の三つの課題は、平等論に多元的視点を組み込むうえで、いずれも重要となるであろう。だが、決定的な課題がまだ残っている。それは、多元的要素を統合して、平等主義としての基本的性格を明らかにする課題である。ちょうどプリズムで析出された多様なスペクトルが、合成によってふたたび光を形成するように、多様な構成要素から構成される理論が平等主義的な性質をもつことを明確化する必要がある。ウォルツァーの複合的平等論は、第二節でも指摘したように、領域横断的な意味での平等主義的性質を証明できておらず、それゆえこの課題には不十分にしか応えていない。[36] われわれは、ダイナミックな「屈折と反射」に開かれ、しかもウォルツァーの複合的平等論よりもさらに複合的で平等主義的な多元的平等論を構想しなければならない。別言するならば、ウォルツァーが切り拓いた多元的平等論の途を、ウォルツァーの問題性をさらに多元的な視点の導入をつうじて克服しながら、推し進める必要がある。[37] その時はじめてわれわれは、ウォルツァーが複合的平等論で追求した「生き生きとして開かれた平等主義」（ibid., xiv; 邦訳九）の可能性に近づくことができ、しかもヴォネガットやバークが平等主義に内在するとみた逆ユートピアの悪夢を取り除くことができるであろう。

（1）ちなみに、R・ノージックの『アナーキー・国家・ユートピア』は、平等主義の不条理を論じる際に、ヴォネガットの「ハリスン・バージロン」に言及している（Nozick 1974: 248, n. 5）。

（2）C・クカサスにいわせると、不平等の源泉は人間の多様性にあり、別言すれば、他者とのアソシエーションを形成することで、差異化をはかろうとする人間の傾向にある。それゆえアソシエーションと差異化から帰結する多様性は、平等を達成不可能にするのであり、したがって「多様性と平等は相容れない」という結論が必然的に生まれる（Kukathas 2002: 186）。これにたいして本書は、とりわけ本書の第四章や第七章で論じるように、平等はその根本規範においては、むしろ人間の多様性にたいして開かれているべきものである、との見方をとる。

（3）この種の分析として、Scanlon（2003）とMenke（2004）がある。バークの平等主義批判の光学的比喩への着目は、後者の洞察からヒントを得ている。

（4）複合的平等論の解説と批判は、以下を参照。Cf. Dworkin 1985: 214-220; Daniels 1996; Miller and Walzer 1995; Mulhall and Swift 1996: ch. 4; Bellamy 1999: ch. 3; den Hartogh 1999; van der Veen 1999; Mayer 2001. 邦語文献では、大川（一九九五）、岡本（一九九七）、飯島（二〇〇二）、菊池理夫（二〇〇四）、生澤（二〇〇七）を参照。

（5）例えば、ウォルツァーの比較的最近の著作である『政治と情念』（Walzer 2004）は、平等主義を主題とするが、『正義の領分』に言及していない。この著作の付論に収められた有名な論考「コミュニタリアンのリベラリズム批判」には、『正義の領分』への言及があるが、言及の文脈は、財の多元主義からアソシエーションの多元主義への関心の移動を示唆している（Walzer 2004 [1990]: 178, n. 21; 邦訳二七三）。なお、複合的平等論の生成史やその後の思想的展開といったテーマは、それ自体興味深いものであるが、『正義の領分』の批判的検討を目的とする本章では、基本的に考察の対象とはしていない。

（6）白人男性と黒人男性のあいだでは、四五歳の時点での平均余命で四・九年の差がある（House and Williams 2003: 90; cf. Barry 2005: 79）。

（7）ケクスの批判は、単純平等の問題を考えるうえで役に立つが、ロールズの正義論や平等主義一般の理解としていえば、明らかに強引な解釈と無理解に依拠している（cf. Barclay 1999）。

（8）冒頭で触れたヴォネガットの小説は、〈範囲の無制約性〉と〈時間の無制約性〉の不条理を見事に描いている。〈時間の無制約性〉の問題に関しては、ヒュームの古典的な議論が知られている。ヒュームによれば、「所有の完全な平等」の追求は、苛酷な支配権力を生み出して、専制に転落する（Hume 1966 [1777]: 27-28; Hardin 2005）。

（9）本章での引用が邦訳とは異なる場合があることを、あらかじめ指摘しておきたい。ちなみに、財の多元主義や領域分離論といった複合的平等論の中心的な考え方は、一九七三年に『ディセント』誌に発表された論文によって表明されている（Walzer 1980 [1973]）。

（10）価値の共約不可能性が複合的平等論の基礎にあると解釈するのは、Miller（1995b: 206-207）である。だがウォルツァーは、この解釈を支持してはおらず、原理的な次元ではなく事実の次元での総体的なランクづけの不在を考えている（Walzer 1995: 284）。

（11）『正義の領分』での個別具体的な財に関する議論は、この公式的説明にしたがっているわけではない。

この点については、den Hartogh（1999）の詳しい研究を参照。大きく分けると、ウォルツァーは二つの方法、すなわち（A）福祉や医療の場合のように、配分原理を同定したうえで領域を定義する方法と、（B）教育の場合のように、財によって領域を定義したうえで、配分原理を同定する方法に依拠している。

（12）Cf. Nozick 1974: 160-164.『正義の領分』の謝辞は、ウォルツァーとノージックが一九七〇年から七一年にかけて共同で授業「資本主義と社会主義」を担当し、そこからそれぞれの著作『正義の領分』と『アナーキー、国家、ユートピア』が生まれたことを明らかにしている（ただし、共同授業の話は、ノージックの著作の謝辞には出てこない）。このことを考えるならば、単一的平等へのウォルツァーの批判が、平等主義を批判するノージックの議論に似通っていることも、十分に理解できる。だが、ノージックとウォルツァーのあいだには重要な違いがある。ノージックが、パターン化された配分状態の維持を要請する配分原理一般を批判するのにたいして、ウォルツァーは、一方では平等な配分パターンを全領域にわたって維持する配分原理を退けつつも、他方では財の社会的意味にしたがって配分がパターン化されることを積極的に認めている。

（13）ただし、ウォルツァーの〈単一的平等〉批判論は、第一節でみた平等主義批判と同じく、カリカチュア化をおこなっている。ウォルツァー自身も、単一的平等論者たちでさえ「平準化された体制順応主義的な社会をふつう心に描いているわけではない」と認めている（Walzer 1983: xii; 邦訳七）。例えばロールズの正義論は、『正義の領分』のなかでしばしば批判的に言及されているが、〈単一的平等〉のシステムを追求したとはいえないであろう。ウォルツァー自身も、哲学者が一般的な原理の体系化に傾倒するという正義論の伝統にロールズを位置づけ、みずからの個別的で文脈的な手法と対比させながらも（ibid., 5, 323; 邦訳一二、四八四）、ロールズを〈単一的平等〉の理論家として明白な仕方で描くことには、慎重であるように見える。だが、原初状態で合理的人間が「唯一の配分システム」を選択する――とウォルツァーが説明する――ロールズ正義論が、配分対象とする「社会的基本財」を〈優越的財〉としてみなす場合、〈単一的平等〉の定義がかかる正義論に妥当する。よってウォルツァーの理論からすれば、ロールズ正義論はラディカルな部類ではないとしても、〈単一的平等〉のカテゴリーに入ることになる。

（14）この箇所では、ある財の配分が他の財の配分の理由もしくは原因となることが問題視されているが、他の箇所では（ibid., 10; 邦訳三〇）、交換可能な財の多さが優越性の条件となっている。本章では、規範的命題にしたがって、変換の対象となる財がひとつか複数かを問わず、ある財から他の財への変換を〈優越〉のケースとして捉える見方を採用する。

（15）ただし、〈排除〉の観点は、まだ『正義の領分』では明確化されておらず、それがなされるのは一九九三年の「排除、不正義、民主的国家」（Walzer 2007［1993］）においてである。この論文が問題視するのは、特定の人間や集団による財の〈独占〉ではなく、特定の社会的属性をもつ集団――人種、エスニシティ、性別等――の〈排除〉である。ここでも、注の5で言及した、財の多元主義からアソシエーションの多元主義へのウォルツァーの関心の移動がみられる。

（16）この点については、Arneson（1995）、Gutmann（1995）、Miller（1995b）、Swift（1995）、Bellamy（1999）、den Hartogh（1999）を参照。

（17）治療に関わる決定は、必ずしも純粋に医学上の理由を根拠とするわけではなく、しばしば過剰な治療が利潤追求のために選択される。例えば米国でのペースメーカー移植、帝王切開、子宮摘出等の手術は、ヨーロッパよりも頻度が高い（Barry 2005: 286, n. 60）。そうした決定の背景には、他の病院との競争のために購入した高価な医療器具の元を取るという、市場原理に由来する動機づけがある。このように貨幣の優越は、必要に基づく配分原理を切り崩すだけでなく、不必要な治療を生み出す要因ともなる。

（18）詳しくいえば、ウォルツァーの議論は四つのステップからなる。第一のステップは、〈必要〉の原理が、共同体のすべての成員にたいする平等な配分を要請する配分原理であると主張することである。すなわち、「ひとたび必要とされている財の提供を共同体が引き受けたのであれば、その財を必要としているすべての成員にたいして、かれらのニーズに応じて、それを提供しなければならない」（Walzer 1983: 87; 邦訳一二五）。第二のステップは、財の社会的意味論に基づいて、ちょうどデカルトが「健康はこの世で最上の善（le premier bien）であり、ほかのあらゆる善の基礎である」と明言したように（Descartes 1984（1637）: 128; 邦訳八二—八三）、近代になって魂のケアから健康のケアへと比重が移動し、ついにはヘルスケアが私事から公的に提供されるべき財へと変化したと論じることで、医療の配分が必要原理に依拠すべきとの要求を提示する。要するに、「長命」（Walzer 1983: 87; 邦訳一四二）と、これを可能にする「医療ケア」は、いまや「社会的に認められた必要」となったのである（ibid., 89; 邦訳一四四）。第三のステップは、必要原理ではなく市場原理がこの配分領域を浸食する米国の現状を指摘することである。最後の第四のステップは、領域分離論の適用であり、国民保健サービスの制度化支持論である。若干異なるが、医療配分論の再構成は van der Veen（1999: 235-236）を参照。必要原理医療ケアの配分を必要原理に求める古典的議論として、Williams（1973: 240-241）を参照。必要原理を歴史的事実から導出する手法と、社会的意味論の歴史的・文化的な相対主義とのあいだに論理的な不整合性がある点については、Barry（1995: 72-73）とWaldron（1993: 300-302）を参照。

（19）米国は、OECD諸国のなかでも傑出した医療消費国であるとともに、約四〇〇〇万人もの無保険者が存在するという「きわめて異常なコントラスト」を示している（渋谷二〇〇三：一二四―一二五）。こうした状況を考えると、「財の社会的意味論」の説得性にたいして疑問が生じざるをえない（Rustin 1995: 34-35; Barry 1995: 72-74）。

（20）ウィルキンソンによると、医療は従軍衛生部隊に似ている。つまり、戦闘による負傷の手当の必要性は自明であるといえ、死傷者数が戦闘の種類に左右されるように、健康の帰結は社会の種類に左右される（Wilkinson 2005: 59; 邦訳六七）。

（21）米国の地域予防医療サービス研究班が健康格差の縮減のために推奨する対策は、①初等教育前の入学準備プログラム、②借家支援プログラム、③多様な文化的背景に即した医療システムといったように、医療の範囲を明らかに越えている（川上二〇〇六：一八）。

（22）さらにいえば、医療の配分が必要原理に依拠する場合、医療領域の内部と外部にまたがる複数のニーズの優先順位化という難問が浮上する（Dworkin 2000a: 206-207; 2000b: 309-310; 邦訳四一五―四一六; Bellamy 1999: 76）。

（23）これにたいして、ウォルツァーが医療の配分論のなかで、「健康はこの世で最上の善であり、ほかのあらゆる善の基礎である」とのデカルトの発言に言及している点（Walzer 1983: 87; 邦訳一四一）に着目して、健康には価値の序列において高い位置づけが与えられており、それゆえ健康ニーズを考慮した配分理由をウォルツァーの議論を用いて正当化できる、とする反論もあるかもしれない。しかしそうした解釈が、価値を序列化する領域横断的な原理を拒否するウォルツァーの基本的立場と相容れないことは明らかである。

(24) ただしオーキンは、社会的意味論が女性差別を正当化する点を問題視して、社会的意味論を退ける(Okin 1989: 62-68; 野崎二〇〇三：九六；一四六―一四七)。教育に関する同様の問題の指摘は、生澤(二〇〇七)を参照。

(25) 例えばWolff and de-Shalit (2007) は、種々の不利の「クラスター化」(clustering) の現象に着目して、クラスター化をもたらす「浸食作用のある不利」とともに、「脱クラスター化」(de-clustering) の波及効果をもたらす「実り豊かな機能」の理論化を試みている。いかに不利が連鎖しやすいかについては、OECDの以下の報告を参照。「イギリスでは、例えば三つ以上の社会的に不利な境遇(ひとり親あるいは単身者、低レベルの資格と技能、身体障害、五〇歳以上、少数民族グループの出身、高失業地域での居住)を抱えている人びとの五〇％超は失業状態である。この数字は、一つの社会的に不利な境遇を抱える者については三％である。これら社会的に不利な境遇六つすべてを抱えている場合、失業である可能性は九〇％以上である」(OECD二〇〇五：一三二)。

(26) 議論の正確さのために付け加えていえば、〈遮断の論理〉と〈接合の論理〉の区別を配分原理と影響作用のそれぞれの次元に当てはめると、①配分原理における〈遮断の論理〉、②影響作用における〈遮断の論理〉、③配分原理における〈接合の論理〉、④影響作用における〈接合の論理〉というマトリックスが成立する。この図式を使っていえば、ウォルツァーの複合的平等論は、①と②に圧倒的な関心をいだくものであり、これにたいして③と④を関しては――後述するように――完全に無視しているわけではないが、明確な理論化をおこなっていない。

(27) スティグマをともなう仕事の協同組合化が、スティグマから脱する地位向上をもたらすというウォルツァーの議論は、望ましい影響の確立を重視する論理に依拠している（Walzer 1983: ch. 2）。『政治と情念』の「肉とポテトの多文化主義」論も、種々の不利を蒙るマイノリティ集団が、自己組織化をつうじて集団の物質的ニーズを満たすことで、他者からの承認と尊敬を獲得することができると主張する点で、同様の論理に基づく（Walzer 2004: ch. 2）。これらの議論は、注の26で述べた、影響作用における〈接合の論理〉の事例に当たる。

(28) このことは、〈優越〉の除去に主眼をおく複合的平等論のアプローチが、基本的に「否定的なもの」であることと関係しているであろう（cf. Walzer 1995: 284-285）。

(29) この点に関して Powers and Faden（2006: 169-170）を参照。ロールズの「社会の基本構造」（Rawls 1971）の考え方は、総体的な視点の好例となるが、多元的な視点からの検討が必要であるように思われる。

(30) 優越的財の影響作用の幅の広さを考慮して、ニーズを拡張して考えることは、結局のところ、ある財の配分において複数の「社会的意味」を認めることにつながり、ひいては財の配分において領域横断的な視点を導入する必要性の認識にもつながる。なるほど確かに、ウォルツァーは金銭が他の財——保健医療、時間的余裕、移動手段、居住地など——にたいして優越的な財となっている現実を十分認識しており、それゆえ優越的な影響作用の幅の広さを熟知したうえで、それを批判するために領域分離論を提示したと考えられるだろう（この指摘は、『政治思想研究』誌のレフリーに負うている）。しかし本章が問題とするのは、ウォルツァー自身の認識の有無ではなく、かれの領域分離論の理論的可能性であり、本章が辿りついた結論は、優越的財の影響作用の幅の広さに対応する配分原理とは、もはや領域分離論の枠組みに収まらないということにほかならない。

（31）この点は、den Hartogh（1999: 499-503）を参照のこと。ウォルツァー自身も、「それぞれの領域に一つの社会的財、もしくはそれぞれの財にひとつの領域があるのではない」と述べて（Walzer 1995: 282）、批判を受け容れている。

（32）ウォルツァーが『正義の領分』の第一二章で展開する産業民主主義論は、経済の領域に民主主義という政治的要素を導入して、領域を多元化する試みであるが、それが明らかに領域分離論の枠に収まらない性質をもつ点に注意すべきである。労働者が賃金などの処遇、労働環境、経営組織などの決定にある一定の影響力を行使する場合には、もはや領域細分化による政治と経済の分離は実質的に不可能で、むしろ両者が重なり合う領域複合化が成立していると考えるべきであろう。残念ながら、ウォルツァーの理論化の作業はこの方向では展開せずに、領域分離論の枠にとどまった。この解釈とは異なり、ウォルツァーの産業民主主義論が経済の社会的意味を適切に認識していないために、政治を経済に導入するという〈単一的平等〉の画一主義に陥っていると主張するのは、Mayer（2001）である。しかしこの解釈は、領域の複合化に抗して、経済の領域を単一の性質にとどめようとする点で、むしろ領域内の単一的平等化を実質的には支持するものといえる。

（33）『正義の領分』でおもに考えられている政治の役割は、配分領域の自律性を維持するというスタティックなものである。しかし、『正義の領分』以降のウォルツァーは、この考え方を明示的に変更して、政治による境界線の引き直しを強調している。政治的領域は、たんなる配分領域のひとつではなく、むしろ「どの社会的境界線にたいしても——もちろん時には境界線を横断して——政治権力を展開させる基盤」（Walzer 2007［1993］: 92）である。この理解にしたがって「シティズンシップ」は、「正義のすべての領域における民主主義的な政治活動をつうじて反復される価値」である点で、注の36で言及するように平等主義の基盤として理解されている（ibid., 95)。

（34）ウォルツァーは、配分領域の自律が「相対的な自律」であることを認める（Walzer 1983: 10; 邦訳二九)。しかし事実上の相対性の認識は、自律性の理想の放棄を意味するわけではない。

（35）承認と再分配の問題を扱った本書の第六章第三節も参照。

（36）『正義の領分』では政治共同体の「メンバーシップ」の理念として登場し、その後に明確化される「平等なシティズンシップ」（Walzer 2007［1986］; 2007［1993］）の理念に、領域横断的な平等主義の基盤を見いだすことは、注の33ですでに言及し、かつ複数の論者からの指摘があるように（Gutmann 1995; Miller 1995b; Swift 1995)、有望な解釈上の試みであろう。「メンバーシップ」ないし「平等なシティズンシップ」は、福祉や安全の配分および基礎教育の平等な配分を支持する論拠となっている点で、まさにウォルツァーにとって唯一正当な〈優越的財〉であり（cf. den Hartogh 1999: 494-495)、注の27で提示した区別を使っていえば、配分原理における〈接合の論理〉を体現する。

（37）もちろんウォルツァーの複合的平等論の可能性は、領域間の多元的な影響作用への着目に汲み尽くされるわけではない。例えばスキャンロンは、どうすれば才能の違いに起因する業績や達成度の違いを認めながらも、同時に自尊心を保持することが可能になるかという問題に関して、卓越性の健全な「多様化」（diversification）の手がかりをウォルツァーの複合的平等論に見いだしている（Scanlon 2003: 216-217)。ただしこの場合でも、すでに論じたように、多元化された領域にたいする総体的な視点をどう理論化するのかという課題は残るであろう。

第二章　主体的行為と構造のあいだ

私は、私と私の環境（yo y mi circunstancia）である。私がもし私の環境を救わなければ、私自身を救わないことになる。（Ortega y Gasset 2007［1914］: 77; 邦訳三二）。

はじめに

芥川龍之介の小説『河童』では、誕生直前の河童の胎児が、親から受け継ぐ遺伝的傾向を考慮したうえで、出生の拒絶を選択するという珍妙な場面が登場する（芥川一九九六［一九二七］：一一一―一一二）。むろん現実世界では、『河童』の空想世界とは異なり、出生か否かを自己の選択とすることはできない。しかも生の根本的出来事である出生は、社会的出自（家庭環境と社会状況）と深く結びついている。したがって出生も出自も、偶然の支配のもとにある。とすると、『侏儒の言葉』のなかで芥川が述べた「遺伝、境遇、偶然、――われわれの運命をつかさどるものは畢竟この三者である」（芥川一九九七［一九二七］：七七）とのアフォリズムも、「われわれの運命をつかさどるものは畢竟、遺伝と境遇を支配する偶然である」と修正すべきであろう。周知のようにJ・ロールズは、出生に随伴する生得的および社会的偶然性がもたらす財の配分状態を、「道徳的観点からみて恣意的である」と喝破した（Rawls 1971: 72）。よって偶然性は、ロールズによると恣意的で、芥川からみて運命的な影響を各人のライフチャンスに与えることで、強烈な色彩をわれわれの生に付与しているといわなければならない。

現代の平等主義的正義論は、ロールズを嚆矢として、こうした偶然性がもたらす不平等の問題に精力的に取り組んできた。近年、〈運の平等主義〉（luck egalitarianism）と呼ばれる一連の理論が活発な議論を喚起してきたことは、衆目の一致する事実であろう[1]。簡潔にいえば〈運の平等主義〉の中心的主張は、自発的な選択に由来する不平等への補償を認めないが、個人の制御が及ばぬ生得的および社会的条件から派生する不平等には補償を要請する、というものである。まさに〈運の平等主義〉は、「われわれの運命をつかさどるもの」をめぐる政治理論的営為の代表的事例とみなしうるであろう。

政治思潮的背景をいえば、〈運の平等主義〉は、福祉国家を批判するニューライトにたいする左派リベラリズムの理論的応答である。福祉国家を支持してきた従来の平等主義は、一方では階級構造に由来する不平等の打破を重視しながらも、他方では個人の能力や選好に起因する不平等を問題視しなかった。ニューライトの福祉国家批判は、まさにこの点を衝いて、個人の選択や選好（例えば勤労意欲の程度やライフスタイル）に起因する社会経済的不平等への公的援助の道徳的問題性を指弾したのであった

(cf. Kymlicka 2006: 11-17)。これにたいして左派リベラリズムは、G・コーエンの言葉を使っていえば、「平等主義に反対する右派の武器庫にある最強の理念」である「選択と責任の理念」を平等主義の理論に取り入れることで対応したが(Cohen 1989: 933)、その帰結が〈運の平等主義〉にほかならない。つまりこの理論は、新自由主義から自己責任の考え方を取り入れることで、従来の福祉国家に修正を加えつつも、問責不可能な不平等にたいする再分配を擁護する試みである。個人的選好(高価な嗜好、安価な嗜好、宗教等)を問責可能な選択とするか(Dworkin 2000a: chs. 1, 2, 7; Rakowski 1992)、あるいは偶然的な境遇とみなすか(Cohen 1989; Arneson 1989; Roemer 1993: chs. 7, 8)という、運と選択のあいだの線引きに関わる純理論的な問いが、〈運の平等主義〉内部での重要な論争点となった事実は、右の政治思潮的文脈ぬきにしては理解できないであろう。

運と選択の区別問題は、〈運の平等主義〉の理論的基盤であるとともに、種々の困難の源でもある。区別問題が論争の対象となったことは、〈運の平等主義〉が抱える二重の不確定性、すなわち(1)論者のあいだで一致する線引きの欠如と、(2)線引きの違いがもたらす政策的含意の大きな違い(自己責任か再分配か)を指し示している。(2) しかし問題は、線引きの適否に尽きない。例えばA・フィリップスは、〈運/選択〉の区別問題への専心が個人レベルの議論に終始することで、「集団間の関係」(inter-group relations)への視点を欠落させる傾向を指摘する(Phillips 2004: 17)。確かに、〈運の平等主義〉が不平等の多くを運のカテゴリーに入れて補償の対象にしたとしても、もし不平等を生み出す種々の社会関係にたいして開かれた視点を欠如させているならば、平等主義の政治理論としての有効性には疑問をもたざるをえない。

フィリップスの問題意識を共有する本章の目的は、〈運／選択〉の区別の根底にある二分法的思考の問題性に焦点を当てることで、〈運の平等主義〉の批判的検討に貢献することにある。具体的には、二つの論点の提示を目的としている。第一に、〈運／選択〉、〈人格／境遇〉、〈自発性／偶然性〉といった二分法的な思考様式と、自発性を重んじる道徳的理想の双方が災いして、主体的行為と構造が密接に結びついた社会関係（社会ネットワークや非自発的アソシエーション）の道徳的かつ実践的意義を的確に捉えることが、〈運の平等主義〉には困難であることを論じる。第二に、マクロ的次元の構造やミクロ的次元の行為に還元できない社会関係に着目する〈関係論的〉（relational）なアプローチが[3]、平等主義的正義を構想するうえで適切な視点となり、〈運の平等主義〉の上述の困難を克服するのに有効であることを示す[4]。

よって本章は、以下のように構成される。第一節では、社会的不平等に関する実証研究において顕著な展開をみせている関係論的アプローチの特質を、個人主義的アプローチと対比させて論じる。これが〈運の平等主義〉の批判的考察の土台となる。第二節は、R・アーヌソンとJ・ローマーの理論を吟味することで、〈運の平等主義〉が二分法的思考様式に依拠するがゆえに、社会関係のミクロな構造を捉えそこない、その結果として両極端な立場を生み出すことを明らかにする。第三節では、〈運の平等主義〉の道徳的理想である「自発性の世界」が、非自発的なアソシエーションの道徳的意義を適切に理解するうえで妨げとなる点を、集団的エンパワーメントの観点から例証することにしたい。

一　不平等の関係論的研究

本節では、社会的不平等に関する実証研究を手がかりとしながら、関係論的アプローチの基本的な特質を明らかにして、〈運の平等主義〉の批判的考察の土台としたい。かかる特質を素描するために、アメリカ合衆国における一〇代のシングルマザーの問題を例証として取り上げ、個人主義的なアプローチと対比させることにする。

関係論的アプローチの基本的な考え方を端的に表現しているのは、「社会は諸個人から構成されるのではなく、これら諸個人が互いにとりもつ諸関係、諸連関の総体を表わす」とするマルクスの『経済学批判要綱』での言葉であり（Marx 1983［1857/1858］: 189）、「本質ではなく紐帯」とのC・ティリーの標語（Tilly 1998: 18）であろう。まさしく関係論的アプローチの特質は、社会現象を自立的で自動的な実体（個人、集団、構造、システム）によって構成されているとみる見解を峻拒する点にある（Emirbayer 1997: 285）。このアプローチが分析の対象とするのは、諸個人や諸集団のあいだで展開する社会関係（相互主体的な取引、きずな、紐帯）である。ここでは、人間の行為は社会関係に「埋め込まれた」（embedded）ものとして理解されており、したがって個々の行為者を原子化された行為単位とする見方や、構造的決定論の見方は退けられる（Granovetter 1985）。社会関係のなかでもとくに注目されるのが、社会ネットワークであり、とくにネットワークに埋め込まれた社会資本である（cf. Portes 1998）。いかにして所与のコミュニティの社会資本が不平等を生み出すうえで影響するかという問いは、関係論的アプローチの主要な研究関心となっている。

関係論的アプローチと鋭い対照をなすのが、不平等研究において影響力をもってきた個人主義的なアプローチであろう。このアプローチの特徴は、不平等を個人間の差異に還元する点にある。つまり、諸個人のあいだでの所与の変数（例えば所得）における違いを、人種、性別、年齢、社会的出自などの個人的属性の観点から説明するのである（cf. Stinchcombe 1972: 603; Tilly 1998: 33）。個人主義的アプローチのなかでも経済学者G・ベッカーを始祖とする「人的資本論」（human capital theory）は、もっとも影響力のあった理論であった（Becker 1993）。この理論によれば、所得の違いは人的資本の違い（教育年数など）によって決定され、しかも人的資本への投資は個人の合理的な選択の結果であるとされる。したがって人的資本論では、関係論的アプローチが社会関係として捉える性別、人種、エスニシティなどのカテゴリーは、個人的属性としてみなされるにすぎない（Tilly 1998: 21-22, 107）。

では関係論的アプローチは、どのような点で個人主義的アプローチよりも方法論上優れているのであろうか？　この問いに答えるために、アメリカ合衆国における若きシングルマザーの問題を、かかる優位を示す具体的事例として取り上げることにしたい。

周知のように保守的な政治言説は、貧しいシングルマザーたちを、勤労や性的自己抑制の伝統的価値へのコミットメントを欠如させた人間として特徴づける傾向にある（Murray 1984; Mead 1986）。保守派のレトリックは、文化論や道徳主義の外観を示しつつも、実は人的資本論のモデルと同じ想定に依拠する。この想定によれば、社会的に不利な立場にある若い女性は、ある経済的水準を確保するための計算をおこなって、人的資本への投資と就労か、もしくは福祉プログラムへの依存かのいずれかを選択する。福祉プログラムが寛大な支出をおこなう場合、このプログラムに依存する生活こそが、彼女の合理的選択となる。したがって提案される政策は、シングルマザーにたいする公的支援のレベルを下げて、むしろ勤労福祉と人的資本の投資を彼女たちの合理的な選択にするというお馴染みの処方箋である。

しかしながら、人的資本論の説明には決定的な点で欠陥がある。人的資本が所得レベルと生活水準の確保にそれ程重要であるとするならば、なぜ貧しい家庭や一〇代の母親たちは人的資本への投資をおこなわないのか？　福祉給付の実質的価値の下落傾向や受給資格の厳格化を考慮した場合、K・ルーカーの指摘するように、若きシングルマザーが「投資家」であると仮定すると、彼女らは「桁外れに愚かな投資家」（Luker 1996: 11）であろう。このように人的資本の説明――および保守派の議論――は、貧しいシングルマザーをめぐる不平等のメカニズムを十分に解明してはいない。

こうした難問に直面して、公的な制度と政策の影響を重視する説明もあるだろう。[5] ここではシングルマザーの貧困は、個人的選択の問題というよりも、むしろ制度的枠組みの問題となる。こうしたマクロ的な説明にたいしては、それが「システムのせいにする」（"blaming the system"）ことに帰着して、シングルマザーの道徳的責任を不問に付す点で問題があるとの反論が、保守派からなされてきた。この種の反論の妥当性は疑わしいが、右のマクロ的説明がパターナリスティックな政策志向に容易に結びつく傾向は否定しがたい。道徳主義的な指弾から若きシングルマザーたちを擁護する意図は、恵まれない家庭環境と社会的境遇ゆえに未熟な行動をとった、無知ではあるが無垢の人びととして、彼女たちを描くことになりがちである。こうした見方は、主体的行為者としての地位を彼女たちから剥奪することにつながり易い（Luker 1996:4, 204）。右の考察が指し示すのは、受動的犠牲者を生む環境決定論と、環境的影響を無視する自己責任論のいずれの隘路にも陥らない視点の必要性にほかならない（cf. West 2001: 85）。

関係論的アプローチは、社会ネットワークを重視する視点をとることで、右の課題に応える。この視点は、マクロ的構造とミクロ的行為を媒介する社会関係に着目することで、人的資本論によっては解明されない、いわばブラックボックス化した不平等発生のメカニズムを明らかにするものである。その好個の事例が、バルティモアのゲットーにおける一〇代の妊娠に関するフェルナンデス＝ケリーの研究であろう（Fernández Kelly 1995）。

この研究は、スラム地域に住む黒人家族の孤立した社会ネットワークが、外部の情報や種々の機会へのアクセスを欠いている点に着目する。フェルナンデス＝ケリーの分析によれば、切断された社会ネットワークがもたらす社会資本の貧困化の結果、貧困家庭出身の女子の目には一〇代で母親になることが、自己の独立――自分自身の赤ん坊、家族、アパートをもつこと――にも直結する、望ましく意味ある選択として映ることになる。「人種で分離された社会ネットワーク」（Loury 2002: 103）ゆえに、彼女たちは「新生児をハンディキャップとしてではなく、むしろ無条件の財産として認知する」（Fernández Kelly 1995: 234; cf. Luker 1996: 178）のである。[6] このようにフェルナンデス＝ケリーの関係論的アプローチは、社会ネットワークのミクロ構造的な影響を解明するだけでなく、一〇代の妊娠の主体的意味をも理解可能なものとすることで、若くて貧しい女性の主体的行為の次元を視野に収めることに成功している。

フェルナンデス＝ケリーの分析は、ゲットーに生きる貧しき女性の行為主体としての側面を否定することなく、人的資本論の根底にある合理選択理論に鋭い疑問を突きつける。彼女の報告によれば、一〇歳の少女メリンダは、自分自身の赤ん坊を切望する理由を尋ねられて、「そうすればトワンダ［メリンダのティーンエイジャーの従妹で、二児の母――筆者］がアパートを見つけたら、一緒に引っ越すことができて、私たちだけの家庭をもつことができるのよ」と答えた。フェルナンデス＝ケリーは、ここで決定的な問いを提起する。「いったい一〇歳の子供が妊娠して母親になることを望むとき、生産的な就労ではなく政府からの給付を本当に「選択」しているのだろうか？　自分の赤ん坊を欲する子供がいだく夢はなにか？」（Fernández Kelly1995: 230-231）と。この問いは、「福祉依存の未婚の母」という保守派のレトリックを根底から揺るがすとともに、ミクロ構造的な条件を考慮しない合理選択モデルの方法論的問題性を抉りだしている。

こうしたフェルナンデス＝ケリーの研究は、関係論的アプローチの二つの特質を示している。第一の特質は、社会行為を構造的決定に還元しない〈行為者重視〉（agency-regarding）の性質である。この特質には、行為主体性を看過しがちなマクロ構造的説明の難点を回避する利点だけでなく、平等主義的正義論――すなわち、各人がそれぞれの生を有意義に送ることを可能にする公正な規範原理と制度構想を課題とする理論――にとっての重要な意義が認められる。なぜならば、かかる理論には行為者重視の視点が必要不可欠だからである（この必要性の根拠は、自己自身の生に関して、自分のほかには代理者的行為主体が存在しない、という根本的事実に存する）。バルティモアのゲットーに生きる若き女性の場合のように、行為主体が社会関係に埋め込まれている度合いが高い場合、平等主義の政治理論は、主体的行為にたいする適切なアプローチをより一層必要とせざるをえない。まさに関係論的アプローチは、この種の要請に応えるものといえる

第二の特質は、〈多次元性〉（multidimensionality）である。フェルナンデス＝ケリーの研究から、不十分な貧困政策とスラム地区の社会ネットワークの両者が相俟って、若くて貧しい女性たちの不平等が再生産される事態を読み取ることは困難ではない。この種の「きめの細かい」説明は、マクロ構造とミクロ構造の両次元の媒介に基づく。こうした多次元的な視点は、平等主義的正義論にとって望ましい視点を提供するものといえる。なぜならば、平等の実現に向けて――公的制度からインフォーマルな結社、さらには行為主体としての諸個人にまで及ぶ――幅広い政策ルートを開示するからである。

かくして関係論的アプローチは、われわれを構造と行為の交差地点へと導く。ここでは、構造的要因と主体的行為の要因は、互いに排除しあうことなく統合される。諸個人の構造上の位置は、人生行路を完全に決定するものでもなければ、主体的行為者としての地位を排除するものでもない。かかる位置は、可能条件と制約条件を課すことで、個人の生を形づくる（cf. Lareau 2003: 250）。構造と行為の統合的な見方が可能となるのも、関係論的アプローチが二重の意味で――すなわち、様々なタイプの構造

〈公式および非公式、マクロとミクロ等〉を分析するとともに、社会行為が埋め込まれているミクロ構造的な諸関係との関連で当の行為の意味理解を目指すがゆえに――多次元的だからである。このように多次元性と行為者重視の特徴をもつ関係論的アプローチは、不平等を発生させるメカニズムを解明する新しい道を切り拓くものであるとともに、次節でみるように、平等主義的正義を再考するうえで重要な課題を提起している。

二 人格と境遇

すでに冒頭で触れたように、〈運の平等主義〉の基本的立場は、一方では個人の制御を越えた偶然性に起因する不平等にたいする補償を要請しつつも、他方では自発的な〈それゆえ問責可能な〉選択から生じる不平等は補償しない、というものである。したがって〈運/選択〉の境界線は、〈運の平等主義〉にとって理論の根幹に関わる意義をもつものであり、それゆえその規範的妥当性が熱心に議論されてきた（cf. Anderson 1999）。だが本章は、〈運/選択〉が示す二分法的な思考様式そのものを問題視する。関係論的アプローチに関する前節の考察に照らしてみると、〈運の平等主義〉がこの思考様式ゆえに、社会関係のミクロ構造的な次元を捉えそこなっており、そのために二つの極端な立場――すなわち過度の個人化と脱個人化――のあいだを揺れ動いていることが判明する。本節では、この点を明らかにするために、〈運の平等主義〉の中心的理論家であるアーヌソンとローマーを考察することにしたい。

(1) アーヌソン

アーヌソンは、「妥当と思われるいかなる正義論も、自己責任や功績の諸規範にたいして開かれていなければならない」とする立場にたつ（Arneson 1997: 328）。こうした〈運の平等主義〉の信条は、自己責任を強調する保守的言説に共鳴する側面をもちつつも、困窮者を「援助に値する貧者」（deserving poor）と「援助に値しない貧者」（undeserving poor）に分ける通常の区別と比べて、はるかに洗練された概念的区別に依拠している。事実、「功績相応性のきめの細かい尺度」（a fine-grained measure of deservingness）の構想は、個人のコントロールが及ばぬ「生得的および社会的な遺産継承」――すなわち「成人した個人が思慮ある選択をおこない実行する能力」に影響をあたえる諸要因――にたいして注意を払うことを重視するものである（ibid., 332）。

しかし仔細にみると、この構想には問題がある。「生得的および社会的な遺産継承」は、より具体的には「生得的な遺伝と幼児期の社会化経験」を指す（ibid.）。このことは、選択の諸能力を左右する個人の境遇が、第一に〈個人の属性〉として理解されていることを示している。個人の属性に還元できない社会的性質をもつ境遇的要因――なかんずく社会ネットワーク――は、視角からこぼれ落ちることになる。しかもアーヌソンは、選択能力と実行能力が生得的および社会的遺産継承によって「固定されている」（fixed）と考える（ibid）。この見解は、不平等に影響を及ぼす境遇を〈固定された個人の属性〉として静態的に捉える点で、〈境遇の個人化〉に帰着しているといわなければならない。

なるほど確かに、アーヌソンが実際に導き出す結論は、通常の保守的政策提言と比べて穏健なものである。アーヌソンは、思慮ある選択への努力をしなかったことにたいする個人的責任の度合いが、かかる努力をする際の困難やコストに左右されること、しかも困窮者や能力をもたない者にとってかかる困難やコストが増大することを認める（ibid., 343）。それゆえアーヌソンは、貧しい一〇代の母親に関するルーカーの思慮深い議論（Luker 1996）を支持して、「彼女たちの良きふるまいを阻む種々の障害」に着目する必要性を指摘する（Arneson 1997: 343, fn 26）。しかしながら、こうした判断を支える事実的根拠が提示されているわけではない。アーヌソンの論拠は、「平均的にみて、社会の困窮した成員が、選択をおこない遂行する上で不利な諸条件を蒙る傾向にあると予想される」と述べるにとどまり、一般的なものでしかない（ibid., 332）。

このようなアーヌソンのアプローチは、不平等を生み出す多様な社会関係への視座としては、きわめて不十分であるように思われる。境遇を個人化したうえで、選択能力に焦点を当てる功績相応性の原理は、思慮ある選択の基準を満たさない人間を、かかる能力において欠陥を有する者として捉えるであろう。それは、行為主体性への無能力宣告にも等しい。ゲットーの社会ネットワークの例でいえば、将来のシングルマザーにたいするネットワークの影響は個人の属性となり、主体的行為とミクロ構造的要因が密接に結びついた社会関係としてはみなされない。もしかりに社会ネットワークの影響が認められる場合、彼女らの行為主体としての地位は著しく低められることになり、逆の場合には、彼女らの自己責任が追求されることになろう。

こうした事態は、前節で考察したフェルナンデス＝ケリーの関係論的分析との鋭い対比となっている。フェルナンデス＝ケリーの研究は、黒人ゲットーの縮減された社会ネットワークが一〇代の若き女性たちに及ぼす構造的な影響に目を向けつつも、彼女たちの主体的行為の側面を無視するものではなかった。こうした洞察がアーヌソンの場合には適切に理論化されないという事態は、個人の主体的行為と密接に絡んだ境遇を個人化しようとする彼の二分法的思考様式の問題性を如実に物語っている。

(2) ローマー

ローマーが提示する機会平等論は、アーヌソンの場合と同様、二分法的思考様式に依拠する。この理論の眼目は、個人の制御を越えた境遇の影響の度合いを同定しつつ、自律的選択（とりわけ努力）にしたがって資源を配分することにある。ローマーの特色は、統計的手法の巧みな適用にある（Roemer 1998; cf. Kymlicka 2002: 84-86; 邦訳一二三―一二六）。

ローマーの機会平等論は二つのステップからなる。第一のステップとしてローマーは、種々の境遇によって定義される複数の「タイプ」（types）という考え方を導入する。かれの発想の真骨頂は、タイプ内部の「努力度」の分布（実際には教育年数）における百分位上の位置を、個人の自律的努力のレベルとしてみなす点にある。つまり、異なるタイプに属するとしても、それぞれのタイプ内での努力分布上の位置が等しければ、同じ程度の努力がなされたと考える（例えば、白人中産階級の「タイプ」に属する人と黒人労働者階級の「タイプ」に属する人が、それぞれのタイプの教育年数の分布上で一〇〇人中五〇番目ならば、たとえ両者の年数が違うとしても、同程度の努力がなされたとみなす）。第二のステップは、同じ程度の努力をおこなう者が同じ帰結〈例えば収入〉を得られるように、機会均等化の再分配政策を構想する作業である。このようにローマーの理論の核心は、「タイプ間」での違いを境遇の影響に帰し、「タイプ内」での違いを個人の選択に帰するところにある。諸個人を分類し隔離しつつも、集合内での相対的な努力度を等しいものとみなす点で、この理論はいわば“separate but equal”の統計学的表現であるともいえよう。

ローマーの理論は、アーヌソンの場合と同様に〈運／選択〉の二分法的思考を基礎としつつも、われわれが個人に帰属させて考えるものを、むしろ境遇に起因するものとみなすことで、アーヌソンとは逆の方向である〈脱個人化〉に向かう。この帰結は、社会ネットワークの次元を適切に理論化できないことと密接に関係している。この点を如実に示すのが、アジア系移民の子供たちにたいする再分配上の処遇をめぐるB・バリーとローマーの対立であろう。

バリーは、境遇に恵まれた「タイプ」が容易に達成する成果を、多大な努力によって達成する「アジアタイプ」にたいして、努力に見合った特別の報酬を与えるべきであると考える。しかしローマーは、バリーの提案を拒絶する。かれのみるところ、アジア系移民の子供たちの「努力」は、親からの圧力という「境遇の一要素」に起因するものであり、それゆえ自律的努力ではない以上、特別の報酬に値しない（Roemer 1998: 21-22）。この議論の問題性は、個人に属する事柄をめぐる常識的な考え方との対立にはない。まさにローマーが社会関係の規範的意義を捉えることができない点にこそある。(7)

実は、アジア系移民の子供たちの事例は、C・ティリーが「機会蓄積」（opportunity hoarding）と呼ぶ社会現象にあたる。機会蓄積とは、「カテゴリー的不平等」(categorical inequality)——すなわち、人種、エスニシティ、ジェンダー、階級、市民権などのカテゴリーと結びついた不平等——を生み出す因果メカニズムを指す。カテゴリーによって境界づけられたネットワークが更新可能で独占可能な資源をもつ場合、しかもみずからの活動によってかかる資源を増大させつつ、そのことをつうじて活動そのものが促進される場合に、機会蓄積のメカニズムが成立する。つまりネットワークの成員が、資源への部外者のアクセスを排しながらアクセスを蓄積することで、結果として「カテゴリー的不平等」が生じることになる。ティリーによると、移民のニッチは機会蓄積の典型的事例である(Tilly 1998: 10, 91)。例えば、M・ツォウが報告するニューヨークの中国系移民コミュニティは、機会蓄積のメカニズムを明瞭に示している。すなわち、このコミュニティは教育的圧力という資源を維持して、これをコミュニティの子供たちにのみ提供することをつうじて、コミュニティの結束を高めるとともに、中国系移民の学業での成功という帰結を生み出すのである(Zhou 2005)。

こうした観点からローマーの理論に眼を向けるならば、一連の問いが生じる。機会蓄積が社会ネットワークという偶然的な境遇を背景に展開する現象であるとするならば、それがもたらす不平等な影響は道徳的にみて正当化できないものであろうか? つまるところ、アジア系移民の家庭に生まれることは有利なことなのか、あるいは不利なことなのか?

この問いにたいして、多文化主義の政治理論家J・ケアレンスは、歴史的および社会的文脈に即した見解を示している。ケアレンスは、アメリカ社会がアジア系移民におしつけてきた不利益を考慮するならば、「アジア系アメリカ人に生まれることがひとつの利点となる、と言うことは皮肉であるように思われる」と論じる。ケアレンスのみるところ、集団としてのアジア系アメリカ人は、「自分たちに都合が良いようにゲームのルールを不正に設定する権力」をもつことなく、むしろ「陰に陽に人種的敵意と抑圧」にさらされてきた。よってケアレンスは、かれらの成功について、公平としての正義の理念を侵害するものをまったく認めない（Carens 2000: 91）。

ケアレンスの議論と対比すると、ローマーの理論が、アジア系移民にたいして不当な扱いを課すものであることは明らかである。かれの理論にしたがえば、子供たちの学業が良好である場合には、境遇の影響としてみなされ、資源配分において割り引いて査定される。しかし、もし学校や社会に適応できないことから学業がふるわず退学した場合、親やコミュニティからの圧力という「有利な境遇」にもかかわらず、努力度の低いことが非難される結果となる(8)。このことは、アジア系移民の子供らに出口のないジレンマを突きつけることを意味する。このジレンマは、主体的行為が不可分に埋め込まれたミクロ構造的な社会関係にたいして、ローマーの理論が適切に対応できないことの直接的帰結であるとともに、歴史的かつ社会的文脈にたいする感受性の欠如の表われでもある。

これまでの議論を要約しよう。〈運の平等主義〉の思考は、アーヌソンの個人化とローマーの脱個人化の両極が示すように、人格と境遇の二分法のもとで揺れ動いている。この不安定さは、二分法的思考様式に妨げられて、行為主体的側面と構造的側面が密接に連関する社会ネットワークを理論化できないでいることに由来する。確かに関係論的なアプローチを採用するならば、ミクロ構造的な次元がもつ道徳的意義を適切に理解する試みが可能となるだろう。だが次節でみるように、〈運の平等主義〉の道徳的理想である自発性の観念は、こうした試みにとって大きな障害となる。

三　自発性と偶然性

前節では、〈運の平等主義〉が二分法的アプローチに過度に依拠することで、社会関係のミクロ構造的な次元としての社会ネットワークの性質を的確に捉えることができない事態を確認した。このアプローチに密接に関係するのが、〈自発性〉（voluntariness）の道徳的理想である。本節では、〈運の平等主義〉が自発性の世界を道徳的理想とすることによって、社会的世界像の貧困化を生み出していることを、M・ウォルツァーの「非自発的アソシエーションの世界」という対極的な考え方と対比させながら、明らかにしたい。

自発性の理想は、当人のコントロールの及ばぬ偶然的境遇の影響を極小化ないしは緩和すると同時に、自発的選択の領域を明確化して確保する、という〈運の平等主義〉の基本原理に含意されている。この理想にしたがえば、自発的選択によって構成され、したがって偶然性の影響から自由である世界は、道徳的にみて高い価値をもつことになる。ローマーは、こうした道徳的理想を端的に表明している。かれの理論の道徳的前提となるのは、報酬の判断基準を個人の自律的努力にのみ求めて、運を「正当性を欠く報酬の原因」とみなす考え方である（Roemer 2003: 279）。この考え方によるならば、純粋な主意主義が成立する世界は、偶然性に満ちた世界よりも道徳的にはるかに優れており、したがって最大限の報酬に値する。

アーヌソンも、功績観念との関連で、自発性の道徳的理想を明らかにしている。なるほどアーヌソンは、運と選択を完全に区別する制度設計が、実際には困難であることを認めないわけではない（Arneson 2001: 87-88）。しかしこのことは、自発性という道徳的理想の放棄を意味しない。事実アーヌソンは、より有徳な人間やより功績ある人間が、悪徳な人間や功績なき人間よりも「人生のより良き展望」（better life prospects）を享受できなければならないと明言する（ibid., 89）。アーヌソンは、自発的選択と道徳的価値を関連づけながら、運に関わる事柄にはそうした価値を認めない点で、古代においてアリストテレスが最初に定式化し、カントがさらに先鋭化させて、シジウィックが再度明確化してみせた西洋の道徳哲学上の伝統に忠実に従っている（Sidgwick 1981［1907］: 220）。この種の思考にしたがえば、自発性の原理が高度に実現された世界——よって芥川の描く河童的世界——は、最高の道徳的価値をもつことになろう。

けれども、自発性の世界という道徳的理想は、平等主義的正義論の基礎として妥当であろうか？　この問いは、さらなる問いを喚起する。われわれがすでに言及したバルティモアの黒人ゲットーや中国系移民コミュニティの事例は、明らかに自発性のカテゴリーに収まらない性質をもっているが、それゆえに平等主義的理論にとっての内在的価値をまったくもたないのであろうか？　社会生活において珍しくはない非自発的な性質をもつアソシエーションやネットワークの存在と意義を、われわれはどのように理解すべきであろうか？

これらの問いに関して本章が指摘したいのは、自発性の道徳的理想が、非自発的性質をもつ社会関係の道徳的および実践的重要性の理論化を困難にするという問題である。この問題を明らかにするために、「非自発的アソシエーションの世界」（the world of involuntary association）というウォルツァーの対極的な考え方を対置してみよう。

ウォルツァーにいわせるならば、われわれの社会的世界のかなりの部分は、非自発的なアソシエーションから構成される（Walzer 2004: 2-3; 邦訳一〇―一二）[9]。非自発的アソシエーションとは、家族、人種、エスニシティ、宗教、階級、政治体といった具体例が示すように、通常は所属の仕方が――おもに出生をきっかけとする――非自発的な性質を帯びるアソシエーションを指す（したがってバルティモアのゲットーや中国系移民コミュニティは、非自発的アソシエーションの典型例である）。非自発的アソシエーションの世界は、「否定は愚かで廃棄は不可能である」（"Denial is foolish, and abolition is impossible."）といわざるをえないほど、われわれの社会的存在のきわめて基底的な特徴をなす（ibid., 3; 邦訳一〇―一一）。したがって非自発的アソシエーションは、われわれの人生を――あらかじめ完全に決定していないにせよ――形づくる主要な源泉となる。

実は、この種のアソシエーションは社会的不平等の発生源であり、ウォルツァーの言葉でいえば「不平等のもっとも直接的な原因」である（ibid., 2; 邦訳一一）。われわれが出生をつうじて所属するアソシエーションは、種々の有利と不利に連結する構造的ポジションに各人を位置づける。この意味において非自発的アソシエーションの世界は、遺産継承された曖昧さや善悪混交の世界ともいえる。まさしくこの世界こそは、近代の社会契約論が自発的選択の世界を対置させて、道徳的透明性を与えることで克服を企図した当の世界にほかならない（cf. Wolin 1989; Tamir 1993: 123-130; 邦訳二七一―二八一）。そのかぎりにおいて〈運の平等主義〉は、契約論的思考の一変種といわなければならない。非自発的アソシエーションの世界という考え方は、まさにかかる企図の実行可能性と道徳的妥当性に大いなる否を突きつけるのである。

しかしこうした拒否にたいして、社会的世界から非自発的要素を除去することの困難ゆえにこそ、〈運の平等主義〉的プロジェクトが必要であるとの反論もありうる。この見方からすれば、非自発的アソシエーションの考え方は、非自発的側面に卑屈なまでに迎合して、正当ならざる不平等の現状に屈服しているようにも見えるであろう。けれども関係論的なアプローチは、非自発的アソシエーションに不平等の源泉を見出して問題視する点で、〈運の平等主義〉とまったく異ならない。したがって、非自発的な背景をもつ不平等を無条件に受け容れることへの要求に、このアプローチが必然的に結びつくと考えるのは、間違いである。

筆者は、不平等の克服という観点からみた場合、関係論的アプローチのほうが〈運の平等主義〉よりも有効な視点を提供できると考える。この違いは、非自発的アソシエーションの道徳的重要性を十分に理解し、しかも不平等の克服という実践的目的に適合的な視点をもつか否かに由来する。「集団的エンパワーメント」の問題に眼を向けることで、この違いを例証することにしたい。

集団的エンパワーメントは、非自発的アソシエーションに関わる不平等の克服にとって重要な役割を担う。このことを理解するために、集団的エンパワーメントとは異なるアプローチと対比させて考えるのが有益であろう。この対比は、ウォルツァーの区別でいえば「個人解放モデル」と「集団的エンパワーメントモデル」の対比であり、A・ハーシュマンの理論では「退出」と「抗議」のそれに相当する(Hirschman 1970; Walzer 2004: ch. 2)。個人解放モデルが、劣悪な条件にあるコミュニティから個人が脱出することに主眼を置くのにたいして、集団的エンパワーメントは、むしろ集団的行為によるコミュニティの改善をつうじての個人的状況の改善を重視する。

このような集団的エンパワーメントは、非自発的アソシエーションの不平等の克服にとって、個人解放モデルよりも二つの点で優位しているように思われる。第一に、コミュニティからの退出＝解放の実行可能性は、コミュニティのすべての成員にたいして開かれておらず、実際には資源に恵まれた成員にとって圧倒的に有利な選択肢である。第二に、もしかりにすべての諸個人が劣悪な条件下にあるコミュニティから脱出する場合、コミュニティは自然に解体するが、これは非自発的アソシエーションに密接に関連する個人のアイデンティティにとって深刻な事態ともなりうる。例えば、家庭が不平等の発生源となっており、退出によって家族の構成員のライフチャンスが改善されるとして、もし退出で家庭そのものが解体するならば、それが大きなコストを構成員に強いる可能性は否定できないだろう。同様のことが、非自発的アソシエーション一般についても妥当する。

ところで非自発的アソシエーションは、集団的エンパワーメントに適合的な条件を提供する。集団的エンパワーメントの成否の鍵を握るのは、主体的行為者の有無である。活動的な行為主体なしでは、コミュニティの再活性化による成員のエンパワーメントは不可能であろう。このような行為主体の確保にとって重要な要因となるのは、コミュニティにたいする成員の愛着や忠誠である。いかなるコミュニティであろうとも、成員の忠誠心を欠如させるならば、エンパワーメントにたいする道徳的および実践的コミットメントを得ることはできない。まさしく非自発的アソシエーションは、個人のアイデンティティにとって本質的な特別な絆を涵養し、しかもこの絆が当のアソシエーションへの愛着を育成・強化する。こうした愛着は、コミュニティにたいする忠誠の感覚を陶冶するうえで、実践的な役割を担うものであり、しかも忠誠心は、ハーシュマンの理論的洞察が示唆するように、共同体の成員が「退出」よりも「抗議」――異議を唱えて改革に向かう行動――をとることを促す（例えば、シカゴの四地区を対象とする社会調査は、コミュニティ内部の諸制度が強い愛着によって支えられている事例を報告している（Wilson and Taub 2006: 159-160））。ウォルツァーは、このような忠誠心の決定的な役割を念頭におきながら、「つねに非自発的アソシエーションの世界は、反対と抵抗の空間を提供し、たいていの場合、この空間から完全に移動することよりも、そこにとどまって活動する種々の理由をわれわれに与えるものでもある」（Walzer 2004: 12; 邦訳二六）と述べる。まさに非自発的アソシエーションは、一面において不平等の発生地でありつつも、他面において愛着と忠誠を涵養することで、不平等克服のためのエンパワーメントの場となりうる。

ところが〈運の平等主義〉は、非自発的アソシエーションの集団的エンパワーメントへの適切な視点を提供することができない。そもそも〈運の平等主義〉は、非自発的性質を帯びる社会関係に密接に結びついた主体的行為を適切に評価することが苦手であり、主体的行為と社会的境遇の関係をトレードオフの関係として捉える傾向にある。いかなるコミュニティも、成員のライフチャンスに負の影響を与える場合には、なんらかの補償が要求されるべき偶然的要因のひとつにすぎない。成員の主体的行為も、それが非自発的な性質をもつ社会ネットワークに埋め込まれているかぎりにおいて、否定されてしまう傾向にある。同じ理由から、個人のアイデンティティと愛着にとっての非自発的アソシエーションがもつ道徳的重みも、自発性の道徳的理想から適切に評価されることを望みえない。

関係論的アプローチは、〈運の平等主義〉とは対照的に、集団的エンパワーメントにたいする有効な視点となりうる。フェルナンデス＝ケリーの研究が示唆するように、このアプローチの行為者重視の特質は、非自発的アソシエーションに埋め込まれた主体的行為への視点を保持し、しかもかかる特別の絆に込められた主観的意味と動機づけにたいする視点を可能とする。[10]

関係論的アプローチのいまひとつの特徴である多次元性も、実践にあたって集団的エンパワーメントにとって有利な性質となる。多次元的な性質は、マクロ構造とミクロ構造を連携させながら、行為主体のエンパワーメントを図り、とりわけコミュニティの社会資本を豊かにすることで社会的不平等を克服する戦略を可能とする。こうした戦略の典型例が、D・コクランの議論である。かれは、黒人コミュニティの社会ネットワークを活性化し、同時に黒人の文化的アイデンティティと意識を陶冶する集団的エンパワーメントを、貧困問題へのマクロ構造的な政策対応と結びつける多次元的戦略を提示する

（Cochran 1999）。このように関係論的アプローチの多元的性質は、主体的行為能力を高めて人種的不平等を克服するための重要な場として、非自発的アソシエーションの世界を位置づけ、平等主義的正義の実現に向けて幅広い政策ルート――公的制度からインフォーマルな結社、さらには行為主体としての諸個人にまで及ぶ――を開示することができる。だが、〈運の平等主義〉がこうした多次元的なアプローチを採用することは容易ではない。〈人格／境遇〉のトレードオフを課す二分法的思考様式にとってみれば、非自発的アソシエーションに属する者たちの行為主体性を媒介としながら、マクロ構造的な政策アプローチとミクロ構造的な社会ネットワークを適切に連関させる多元的視点は、どうしても異質な発想とならざるをえないであろう。

以上、〈運の平等主義〉が道徳的理想とする自発性の世界に、非自発的アソシエーションの世界を対置して、集団的エンパワーメントの観点から前者の問題性を論じてきた。〈人格／境遇〉の二分法は、主体的行為と構造の諸相が交叉する社会ネットワークの道徳的および実践的意義の理解を困難にする。しかも、自発性の道徳的理想は、社会ネットワークが非自発的アソシエーションに埋め込まれている場合、かかる理解を一層困難としてしまう。このことは、〈運の平等主義〉の社会的世界像がひどく貧困なものになっていることを示唆している。社会的世界像の貧困化が要求するコストは、平等主義的正義論にとってけっして小さくないであろう。例えば、はたしてローマーの薄い人格概念は、「平等のために闘う人間も、自由になるために奮闘する人間と同じく、非自発的アソシエーションの世界の被造物である」（Walzer 2004: 3; 邦訳一二）とのウォルツァーの主張の意味を明らかにしてくれるであろうか？

この人格概念は、非自発的世界に住まう人間を平等主義の目標に向けて動機づけようとした場合、かれらの心に語りかけるべきものを持っているようには思われない。(11) とするならば、〈運の平等主義〉が「右派の武器庫にある最強の理念」(コーエン) として入手した「選択と責任の理念」は、そもそも右派による平等主義政策批判に抗するためであったとはいえ、社会的世界像の貧困化と平等主義的コミットメントの後退という皮肉な結果を招いているといわなければならない。

むすびにかえて

本章の目的は、二つの主張を展開することであった。ひとつは、〈運の平等主義〉が、二分法的な思考様式と自発性の道徳的理想ゆえに、主体的行為と構造が不可分に結びついたミクロ構造的な社会関係の道徳的および実践的意義を適切に捉えることができないという主張である。いまひとつの主張は、社会的不平等の実証研究における関係論的なアプローチが、〈運の平等主義〉が抱える上述の困難を克服するうえで有効であり、それゆえ平等主義的正義への有望なアプローチになりうるというものである。〈運の平等主義〉が社会ネットワークや非自発的アソシエーションの重要性を的確に評価するには、関係論的な視点が必要となろう。しかしそのためには、〈運の平等主義〉の特徴である二分法的な思考様式と自発性の道徳的理想を緩和することが要請される。このことは、〈運の平等主義〉にとっての——むろん不可能性と断言できないが——大きな困難を指し示している。

本章の考察は、芥川が「われわれの運命をつかさどるもの」と呼んだ偶然性の問題に取り組む政治理論にとって、どのような示唆をもつものであろうか？　少なくとも明らかとなったのは、〈運／選択〉の二分法的思考を絶対視して、偶然性がもたらす不平等の是正に集中するという〈運の平等主義〉の方向を乗り越える必要性であろう（そのためには、本章が論じたように、不平等を生み出す様々な社会関係にたいして開かれた視座が要請される）。しかしこの必要性は、〈運の平等主義〉とは逆の方向を退ける必要性も含意していよう。つまり、「われわれの運命をつかさどるもの」をめぐる理論的営為は、無条件の肯定、絶対視、神秘化を峻拒し、冷笑的居直りや実存主義的投企の陥穽を避けなければならないであろう。

かつてオルテガは、「人間は、自分をとりまく環境についての十分な認識（la plena conciencia de sus circunstancias）を得たとき、その能力の最大限を発揮する。それらの環境を通して世界とまじわるのである」（Ortega y Gasset 2007 [1914]: 62; 邦訳二六）と述べた。この発言が示唆するように、偶然性への取り組みには、盲目的受容と完全な拒否の両極を回避しつつ、可能条件と制約条件が錯綜する事態を十分に見極める冷静な洞察が要求されよう。まさに関係論的アプローチは、オルテガの右の発言の真理に一脈つうじており、かかる要求に応えることで平等主義的正義をめぐる構想を豊かにする視点であるように思われる[12]。

＊本章は、二〇〇六年一二月二七日「政治理論のパラダイム転換」研究会合宿（於鳥羽）での発表を大幅

に改稿したものである。参加者の方々には自由で有益な質疑応答を感謝したい。本章の元になった旧稿に貴重なコメントを下さった齋藤純一、谷澤正嗣、James Alvey, Uwe Hunger, Haig Patapan の諸氏にも感謝したい。

（1）〈運の平等主義〉と名付けたのはE・アンダーソンである（Anderson 1999）。「幸運の平等主義」や「運命の平等主義」といった訳語もあるが、本章では「運の平等主義」を採用する。その理由として、"luck" は幸運と不運の両方を含むことから「幸運の平等主義」では意味が狭くなること、さらには運命の概念には偶然性としての運の問題に汲み尽くされない哲学的含意が随伴しがちであることがあげられる。〈運の平等主義〉に関する参考文献としては、Kymlicka（2002: ch. 3）、飯田（二〇〇二：二〇〇六）、井上（二〇〇二：二〇〇四：二〇〇八）、立岩（二〇〇四：第五章）、盛山（二〇〇六：第五章）を参照。

（2）この不確定性問題を背理法で鋭く衝いたのが、アンダーソンの議論であった（Anderson 1999）。〈運の平等主義〉への批判は Wolff（1998）、Scheffler（2003）、Stark（2002）を、左派リベラリズムの立場からの擁護論は Kymlicka（2006）を参照。

（3）〈関係論的〉な政治理論として、少なくとも二つのタイプを指摘することができる。第一のタイプは、配分的平等よりも社会関係における平等ないし社会的平等を重視する〈道徳的関係論〉である（cf. Tawney 1964; Anderson 1999; Scheffler 2003）。第二のタイプは〈方法論的関係論〉で、社会的不正義が社会関係に埋め込まれているがゆえに、社会関係に目を向ける必要性を重視する（cf. Minow 1990; Koggel 1998）。ただし、この二種類の〈関係論〉はかならずしも排他的な関係にはなく、I・ヤングやA・フィリップスのように、同一の理論家において密接に連関している場合もある（cf. Phillips

1999; Young 2001; Schemmel 2011）。本章の焦点は〈方法論的関係論〉にあるが、このタイプの関係論が、不平等を生み出す社会関係の適切な理解をもたらす点で、〈道徳的関係論〉にとっても有効なアプローチであることを、ここで付言しておきたい。なお、〈方法論的関係論〉（methodological relationalism）の用語は、P・ブルデューが使い始めたものであるが、本章は、存在をすべて社会関係に還元する、かれの存在論的主張にコミットしていない（cf. Kiniven and Piiroinen 2006）。方法論的関係論の対極にある〈方法論的個人主義〉（methodological individualism）についての批判的検討については、木部（二〇〇一）を参照。

（4）したがって本章が企図する〈運の平等主義〉の批判的考察は、限られた観点と問題領域にのみ関わる。また、ここで注意しておきたいのは、〈運の平等主義〉の道徳的コミットメントそのものを反駁することが、本章の目的ではない点である。個人のコントロールが及ばぬ不当な不平等に積極的に反応しようとする姿勢には、むしろ共感するところが大きい。関係論的な視点の必要性は、平等主義的正義を追求する政治理論一般に当てはまるものといえるが、しかし〈運の平等主義〉がかかえる問題性を吟味する場合に、痛切に認識されるものといわなければならない。

（5）スウェーデンとアメリカを比較したS・グスタフソンの研究は、シングルマザーたちの困窮状態の主たる原因が国の政策、とくに完全雇用の達成を目標とし、所得の補填をサービスや給付によっておこない、すべての家族を支援し、女性の労働市場への参加を促進する政策の有無にあることを示している（Gustafsson 2000）。

（6）日本の事例については、鈴木（二〇〇三）と内田（二〇〇五）を参照。

（7）ローマーの人格観念が個人を実質的に消滅させていること（Phillips 2006: 22）、また偶然的要因を剥ぎ取られた「裸の自己」しか残さないことが（Hurley 2003: 176）、指摘されている。

（8）M・ツォウの研究は、実際に中国系移民の子供たちが、親やコミュニティから学業での成功と勤勉を促す圧力を受けていることを確認しつつも（Zhou 2005: 153）、しかし他方ではそうした圧力にもかかわらず、学校での適応問題に躓いて退学し、ストリートギャングに加わる子供がいることも明らかにしている（ibid., 151）。

（9）なお、本章での引用はかならずしも邦訳と同一ではない。

（10）非自発的アソシエーションからの「退出」よりも、そこにとどまる「抗議」を重視する議論が、自発的でない偶然的な関係性を強調して、個人を所与のアソシエーションの囚人にしてしまう危険性は否定できない。だが、退出の権利を否定し、アソシエーションを固定化し絶対化する立場は、個人の行為主体性を重視する本章の議論とは相容れない（ただし、退出と抗議はダイナミックな緊張関係にあり、両者の並立的共存の可能性は具体的状況に左右されざるをえない）。くわえていえば、成員の問題行動にたいするコミュニティによる監視と道徳的非難を重視して、そこに貧困や不平等を克服する最大の鍵をみる、一種の集団的自己責任論ないし自助努力論（Jencks 1992: 141）も、本章の立場とは異なる。

（11）帰結主義の立場をとる〈運の平等主義者〉——とりわけアーヌソン（Arneson 2000）——は、適切な厚生尺度を採用することで、非自発的アソシエーションの道徳的価値の問題に対応することができる、と反論するだろう。だが、厚生計算において非自発的アソシエーションに付与される道徳的比重は、いったいどれほどのものであり、比重の根拠はなんであろうか？　問題の核心は、厚生総和の比較考慮において採用される価値基準の理由づけが、〈運の平等主義〉の道徳的理想である自発性の観念と鋭い緊張関係をはらむ点にある。非自発的なるものの道徳的価値（道具的価値ではなく！）を認めつつも、自発性の道徳的理想との不整合性を回避したいのであれば、この理想の希求水準を下げるほかはない。

（12）別言すれば、関係論的アプローチは、人びとの自尊心や、自由で事実上の行為主体としての感覚を保持するというS・シェフラーが平等主義の理論に課した要求（Scheffler 2005: 24; cf. Kibe 2011: 17）に応えることができる。

第三章　平等と公共性

はじめに

平等と公共性という二つのトピックが、政治理論において活発に議論されている対象に属することは、明らかであろう。平等の理念は、かつてドゥオーキンから「絶滅に瀕した種」であると評され、またS・ボールズとH・ギンタスから「死亡した社会主義の孤児」と呼ばれたが（Dworkin 2000b: 1: 邦訳七; Bowles and Gintis 1998: 361）、平等主義そのものの命脈が尽きたわけではなかった。政治理念としての平等が凋落したのは、おもに経済的平等に関してであったし、凋落と重なる時期にはジェンダー、人種、エスニシティ、文化的マイノリティをめぐる議論が、まさに平等の再定義の問題として展開されていた。近年では、格差や貧困といった経済的不平等の問題が、ふたたび内外を問わず公的議論の重要なトピックになっている。こうした状況が一因となって、平等をめぐる政治理論の議論は活発であるとさえいえる。また公共性の理念も、相次ぐ社会主義政権の崩壊を契機とした市民社会論への関心の高まりを背景にして、政治理論で活発に取り上げられるトピックのひとつとなっている（齋藤二〇〇〇）。

だが、平等や公共性に関する活発な議論があるにもかかわらず、平等と公共性の関係に関しては基本的な問いが十分に論じられていないように思われる。平等と公共性のあいだにはどのような関係があるのか？　平等にとって、公共性はいかなる意味をもつのか？　公共性は、平等の原理に親和的であるのか否か？　本章は、平等と公共性のあいだの密接な相互連関と相互作用を明らかにすることで、これらの問いへの応答を試みるものである。ここで〈相互連関〉とは、①公共性の理念が〈平等の根本規範〉を含んでおり、この規範を結節点にして平等主義と通底していること、②修正をつうじての平等原理の進展が公共性を必要とすること、さらには③両者がどちらにも還元できず、それゆえ緊張関係を潜在的にもつがゆえに、循環的な関係が避けられないという事態を指す。〈相互作用〉とは、ともに多元性を基本的性質とする平等と公共性が、多元性の維持と喪失のいずれの場合にも、互いに影響を及ぼし合うという関係を意味する。このように相互連関と相互作用の二つの観点は、平等と公共性のダイナミックな関係を把握するのに適切な視座を提供する。

以下の行論では、平等と公共性の相互連関と相互作用を理論的および経験的次元で明らかにするために、つぎの手順で考察を進める。第一節で平等と公共性の基本的な相互連関を確認し、第二節で平等と公共性の多元的性質を明確にしたのち、脱多元化から生じる負の帰結を考察し、第三節で脱多元化にたいする対抗戦略を簡単に素描することにしたい。

一　相互連関

本節の課題は、すでに述べたように、平等と公共性の相互連関を考察することにある。相互連関の三つの契機、すなわち(1)公共性の理念に含まれる平等主義的志向、(2)平等原理にとっての公共性の必要性、(3)緊張関係と循環性に焦点を当てることで、この課題に取り組む。

(1)　公共性の平等主義的志向

平等と公共性の相互連関の第一の契機は、公共性の理念が平等主義的志向を含んでいることにある。この点を明らかにするにあたって、まず公共性を〈現実に存在する公共性〉と〈理念としての公共性〉に区別し、後者に焦点を当てることにしたい。大まかな定義ではあるが、〈理念としての公共性〉を、〈誰もがアクセスすることができ、互いに声を表明し聴き取ることのできる場と機会を提供するもの〉として定義しておこう。右の定義にしたがうと、公共性の特徴は公開性（開放性、非排除性、非閉鎖性）にあり、妨害の不在（＝誰もアクセスを妨げられないこと）と実質的な可能性（＝誰でもアクセスができること〉の双方を意味する。したがって内実をみるならば、公開性は〈アクセスの平等〉と言い換えることができる。このように公共性の構成要素である公開性に注目するならば、公共性の平等主義的な志向が明瞭になる。

しかし実は、公共性の平等主義的な志向は、アクセスの平等に限定されるものではなく、より深い次元に基礎をもっている。この次元が理解されないと、なぜ公共性がアクセスの平等を要請するのかが理解不能となる。それは、〈命題としての意見〉や〈行為としての意見表明〉に究極的な価値を認めるからではない（前者ならばアンケート調査で事は済み、後者ならば互いに耳を傾ける必要はない）。むしろ、人びとの〈声を上げる権利〉を尊重し、声をつうじて開示される様々な問題状況に直面している人びとに配慮することの規範的価値が前提にあってはじめて、意見や意見表明が価値をもつと考えるのが妥当であろう。

この規範的価値を具体的に表現するならば、それは〈平等な配慮と尊重〉である。これは、ドゥオーキンが平等主義的なリベラリズムの根本的な道徳原理を特徴づける際に用いた有名なフレーズであるが、公共性の平等主義的志向の根っこにある規範的基盤を適切に表現している。ドゥオーキンのいう「尊重」が「生についてのみずからの構想を形成し、これに基づいて行動する能力をもつ人間」としての扱い、すなわち〈自律した人格〉の扱いを指すのにたいして、「配慮」は、「受苦（suffering）とフラストレーションをもちうる人間」としての扱い、つまり〈受苦的存在〉としての扱いを意味する（Dworkin 1977: 272）。それゆえ「平等な配慮と尊重」は、みずからの意見を表明する権利を尊重し、声をつうじて知るところとなった問題状況のもとで苦難のうちにある人びとに配慮するという公共性の平等主義的志向に見事に合致する。以下の考察では、〈平等な配慮と尊重〉を、〈アクセスの平等〉を基礎づける、より根本的な次元での平等主義的志向を表わすものとして、〈平等の根本規範〉と呼ぶことにする。

かくして、ここから平等と公共性の興味深い相互連関が生じる。すなわち平等と公共性は、「平等な配慮と尊重」をそれぞれの根本規範として共有しており、別の表現をするならば、〈平等の根本規範〉が両者の結節点となっているのである。公共性が平等主義的志向をうちに含んでいることは、平等と公共性のあいだのなんらかの密接な関係を示唆するが、「平等な配慮と尊重」が両者に通底する根本規範であるとの洞察は、そうした関係性の構造的な根拠をより一層明確にするものである。

(2) 平等の公共的反省

相互連関の第二の契機は、平等が公共性を必要とする点にある。この必要性は、平等原理の具体的規定が潜在的に論争的であり、原則的に修正可能であることと関係している。こうした修正や変化のプロセスは、みずからがもたらす矛盾や問題性を問う契機が平等原理に内在することを示す点で、C・メンケの表現を使っていえば「平等の自己反省」や「平等の弁証法」として捉えることができる。自己反省プロセスの具体的な契機をもたらすのは、人びとの異議申し立てである。つまり、実際上の自己の有り様と、〈平等な配慮と尊重を受ける人格〉としての自己に可能となる有り様とのあいだにギャップが認められる場合、このギャップは暴力、制限、抑圧として経験され、異議申し立てを引き起こす。平等原理は、「平等な配慮と尊重」を根本規範とするがゆえに、異議申し立てをおこなう人びとを個人として――つまり「かれらの視点に立って」――「理解しつつ正当に遇する」ことによって、現今の平等原理がもたらす暴力や抑圧の問題性を了解し、具体的規定を修正することになる（Menke 2004: 56-57）。

ここで具体例として、宗教的寛容をめぐる歴史を取り上げたい。宗教的寛容は、寛容の対象となる〈平等な人格〉の理念に具体的な規定を含めることで、特定の人びとを排除してきた。それゆえ寛容の歴史は、排除された人びとが具体的規定にたいする異議申し立てをおこなうことによって、〈平等な人格〉の規定が修正されて、平等な扱いの対象範囲が広がる歴史でもある。〈平等な人格〉の具体的規定が「キリスト教の信仰」（ロック）であった時には、キリスト教以外の宗教と無神論者が排除されたのにたいして、規定が「宗教的信仰」（レッシング）に移行することで、キリスト教以外の宗教の信者が包摂されたが、無神論者は排除された。ようやく「良心」（ルソー、カント）が「宗教的信仰」に取って代わることで、無神論者も寛容の対象となったのである（ibid., 52-54）。平等の「自己反省」のプロセスは、右の例が示すように、異議申し立てをきっかけにして平等原理の具体的な規定が修正されて、〈平等な人格〉の実質的範囲がマジョリティからマイノリティへと拡大する運動として理解することができる。

右の〈平等の自己反省〉の歴史は、平等と公共性の密接な連関を示唆するものである。反省の契機が平等原理に内在するとしても、概念自身が自己反省能力をもつわけではなく、それは人間の反省能力にほかならない。すでに述べたように、異議申し立てが平等の自己反省を促す重要な契機であるならば、公共性は平等の自己反省にとって本質的な意義をもつ。なぜならば、異議申し立てが発せられ聴き取られ、なおかつ平等や不平等をめぐる問題提起や討議がなされ、それによって平等原理の修正が遂行されるための場と機会を提供するのが、公共性だからである。しかも、他者の訴えをかれらの視点から理解して、正当に遇する営為は、〈平等の根本規範〉を基礎にもつ公共性に親和的である。したがって〈平等の自己反省〉とは、実質において公共的自己反省として理解されなければならない(1)。

(3) 緊張関係と循環性

相互連関の第三の契機は、平等と公共性のあいだには潜在的に緊張関係があるがゆえに、つねに両者を往復する循環運動が必要となる点に存する。まず〈緊張関係〉を説明することにしたい。一見したところ逆説的であるが、平等と公共性が〈平等の根本規範〉を共有するという構造的共通性から、緊張関係が生じる。この点を明らかにするために、緊張関係を生む難問について考えてみたい。この難問が生じるのは、平等と公共性が共有する〈平等の根本規範〉が、個人的苦難の声にたいする開かれた姿勢への要請として貫徹される場合、不平等に関する一連の問題群への注意を促すからにほかならない。この種の問題として指摘されてきたのは、社会経済的に不利な状況にあり、しかも周縁化された文化に属する社会集団のメンバーが、公共性への参加にたいする障害に直面し、しかも公共性での発言と討議において特定の言語と言論様式が特権化されている場合には、文化的差異ゆえの不利を抱えるという事態である（Frazer 1997: ch. 3; Knight and Johnson 1997; Young 2000: ch. 3; Jacobs and Skocpol 2005）。

ここで、政治理論家を分かつ「卵が先か、鶏が先か」の難問が浮上する。公共性への実質的参加のための前提条件として、不平等を是正すべきなのか？　つまり、公共性への平等な参加のためには、「社会的不平等を廃棄することが必要条件である」のか（Frazer 1997: 80; 邦訳一一一 ; 173-174; 邦訳二六一―二六二）？　それとも、不平等是正の問題を参加の前提条件ではなく、むしろ公共性の場で提起され討議されるべき当の事柄であると考えて、公共性における社会的不平等と文化的差異をめぐる闘争そのものを「優先事項」（the primary thing）とすべきであろうか（Tully 2000: 469）？　明らかに、公共性がいわば無重力状態にあり、そこでは差異と不平等の作用がすべて止むと考えるのは不条理であり、欺瞞的ですらある。しかしながら、フィリップスが指摘するように（Phillips 1994: 81）、周縁化された人びとの「欠乏と排除の感覚」がデモクラシーの駆動力のひとつであるとすると、公共性に影響を及ぼす不平等をできるかぎり是正することは、公共性の空洞化という「角を矯めて牛を殺す」帰結を生みかねない。

右の難問は、平等と公共性がともに〈平等の根本規範〉に依拠することから生じた緊張関係を如実に示している。平等は、社会的不平等が公共性への参加に負の影響を与える点で〈平等な配慮と尊重〉を侵害するとみなし、不平等の是正を要請する。これにたいして公共性は、声の実質的な表明を〈平等な配慮と尊重〉の要請として捉えるがゆえに、社会的不平等の是正を公共性以前の問題として外部化することを拒否して、みずからの空洞化を避けることを選択する。このように平等と公共性の緊張関係は、〈平等な配慮と尊重〉という同一の規範原理が、一方では不平等の是正を要請し、他方では不平等の公共的討議を要請することに起因している。

確かにこうした緊張関係は、平等と公共性がいずれの側にも包摂されないという関係を示すものであろう。しかしより重要な点は、非包摂の関係が両者の連関の構造的必然性につながる点である。この逆説的な構造的連関を理解するには、「民主的討議の実践的循環」というヴェルマー（Wellmer 1993: 61-63）の考え方が役に立つ。この「循環」とは、一方で基本的権利が民主的討議に先行し、これを拘束するが、他方ではこの討議のなかではじめて基本的権利が新たに解釈されて執行されるという事態を指す。平等と公共性も同じく循環運動のなかにある。すなわち平等は、〈平等の根本規範〉をつうじて、公共性の規範的基盤を構成し、かつ不平等に関する問題提起を促す。これにたいして公共性は、異議申し立てを契機にして、平等の新たな解釈と修正をおこなう。このように平等と公共性のあいだの緊張関係は、互いをどちらの側にも還元することができないがゆえに、しかも〈平等の根本規範〉の共有ゆえに、循環運動の相互連関へと展開することになる。

二　脱多元化の相互作用

平等と公共性の関係を適切に理解するには、両者の相互作用の側面にも目を向ける必要がある。本節では、(1)平等と公共性がともに多元性を基本的特徴とする点を確認したのち、(2)平等が多元的性質を失う場合、公共性が損なわれ、(3)脱多元化した公共性も平等の縮減をもたらすという事態を明らかにしたい。

(1) 平等と公共性の多元性

平等の多元的性質は二つの意味をもつ。ひとつは(a)人間存在の多様性の尊重を、いまひとつは(b)原理としての多元的構造を指す。(a)の多元性は、〈平等の根本規範〉から派生する要請である。〈平等な配慮と尊重〉は、第一節で考察したように、諸個人をかれらの視点から理解して正当に遇する姿勢を含む。この姿勢は、人びとの多様性や差異への鋭敏な感応性につながっている。もしも平等原理の具体的適用によって不当な扱いを受けた人びとの訴えが正当な処遇を受けない場合(第一節の例でいえば宗教的少数者)、〈平等の根本規範〉が侵害され、その結果として多元性(無信仰も含めた信仰の多様性)が損なわれる。ここから、多様性としての多元性が平等の自己反省の重要な契機であることが理解されるであろう。

(b)の多元性は、平等がただひとつの原理からなる「単一的平等」(ウォルツァー)ではなく、むしろ種々の次元——法、政治、経済、社会、道徳——に関わり、複数の規範原理によって多元的に構成される複合的な原理であることを指す。これらの規範原理は、究極的には〈平等の根本規範〉に基礎づけられるとしても、平等の多様な観点(配分的平等、地位の平等、支配服従の欠如、機会の平等)を示しており、相補関係だけでなく対立関係も有する。通俗的な例でいえば、結果の平等(すなわち配分的平等)と機会の平等のあいだには緊張関係がある。別の例をいえば、本節で考察するように、生存権や社会権の平等が、政治的次元での平等——最終的には〈平等の根本規範〉——を犠牲にして、実現される場合がある。平等を単一の原理に還元する見方は、平等主義か反平等主義かを問わず、こうした内的緊張関係を看過するものであり、平等を不当に狭隘な原理にしてしまう（この点は本書の第一章を参照）。

公共性の多元性も二つの事柄を指す。ひとつは（c）公共性において表明される声の複数性を、いまひとつは（d）公共性が関わる次元の複数性を意味する。（c）の多元性は、〈平等の根本規範〉からの要請であり、公共性が多種多様な声の表明を求めることに関わる。誰もがアクセスできるという公開性は、明らかに多元性の必要条件であり、声の複数性は公開性の程度を測る指標である。多様な意見が公共性において発せられているという事実は、公共性が開放的であることの有力な証左となりうる。ただし、すべての意見をあらかじめ知ることは事実上不可能である以上、公共性が実質的に開かれたものであるか否かについて、絶えざる注意と検証が不可欠となる。

（d）の多元性、すなわち公共性の多次元性については、すでに指摘がなされている。公共性は、親密圏、市民社会、国家、正義が問われる共通世界、現われの空間の諸次元に関わり（齋藤二〇〇〇：第四章）、市民社会の公共性はさらに種々の次元に分節化されうる（吉田一九九九）。公共性の多次元性への着目は、複数の公共性のあいだの緊張関係にたいする認識につながる。確かに吉田克己が指摘するように、複数の公共性の「相互調整」のやり方や、「どの公共性をどのような手続きで選択するか」も重要な課題ではあろう（同上、二七〇）。しかしより注意が必要なのは、「ホームレス問題」についての本節の考察が指摘するように、公共性を構成する主体がなんであり（国と自治体？　公共の施設？　特定の人びと？）、公共性がなにとだれを排除するのか、という問題である。公共性の多次元性は、対立の側面とともに選択と排除の側面への注意を要求する。

多元性は、平等と公共性の重要な特徴であるだけでなく、両者の相互作用の経路でもある。平等や公共性がそれぞれ多元性を失う場合、まず第一にみずからの本質を損なうことになる。平等は〈人間存在の多元性〉や〈平等の多元的構造〉を失うことで、みずからの根本規範を損なうことになるし、公共性にとって〈声の複数性〉や〈公共性の多次元性〉を失うことは、公開性の低減を招くことにつながる。さらにいえば多元性の喪失は、みずからを損なうだけでなく、平等と公共性のあいだの負の相互作用を生み出す。多元性が経路となって負の相互作用が生じるのは、ひとつには、平等の〈人間存在の多様性〉と公共性の〈声の複数性〉が、ともに〈平等の根本規範〉からの要請に基づいており、さらには、それらの多元性が〈平等の多元的構造〉と〈公共性の多次元性〉の双方によって支えられているからである。以下の考察では、一方の側の脱多元化がもう一方の側に悪影響を及ぼすという負の相互作用のパターンを、具体的な事例をとおして確認することにしよう。

(2) 脱多元化した平等と平準化の権力

平等の脱多元化が公共性を縮減させるパターンのひとつは、人びとの差異を抑圧する平準化の権力として平等が機能する場合であろう。例えば福祉国家は、パターナリスティックな行政権力として機能する場合、平準化の危険性をはらむ。すなわち、サーヴィスの内容と供給方法を一律に上から決定することで、人びとを社会的サーヴィスのたんなる受け手として位置づけるとともに、ニーズの個人的な違いを捨象して平準化することになる。サーヴィスの受益者は、自分のニーズについて解釈して、これを表明する権利と行為主体性を奪われる。ハンセン氏病患者の隔離政策の歴史が端的に示すように（沖浦・徳永二〇〇一）、サーヴィス供給の「恩恵」に浴する受動的存在に転化した人びとは、縮減した公共性の視野からこぼれ落ちることになる。平準化の次元に縮減した平等は、たとえ社会権に関する〈配分的平等〉を目指すものであろうとも、〈平等な配慮と尊重〉の根本的次元から切り離されて、個人に暴力や抑圧を強いるものとなり、この結果、公共性における平等主義的志向の後退を招くのである。

平準化としての平等は、公共性を同質化する動きとしばしば結合する。例えばシュミットの「民主制的平等」の考え方は、この結合を明瞭に表明するものである。彼によれば近代民主制の平等とは、「国民」（ネーション）の同質性（＝言語、歴史、伝統、政治的目的等の共有）に基づく実質的平等にほかならず、同質ならざる者との区別を本質的契機とする。この同質性は、平等の前提条件であるだけでなく、異質なるものの排除と抑圧（例えば分離、同化、強制移住、移民規制、植民地政策等）による平準化の積極的な作為の所産でもある（Schmitt 2003 [1928]: 231-233; 邦訳二六八―二七〇）。シュミットの平等概念は、平準化としての平等と同質性の観念を結合させる発想の典型例である。

この発想の延長上に、ナチスの組織原理と人種政策を位置づけることができる。ホルクハイマーとアドルノは、ナチスの組織原理である均斉化が、ヒトラー・ユーゲントを典型例とするように、すべての者の差異を捨象して、平準化された個の群れにする抽象化の原理であり、「抑圧的平等」を具現するものであると喝破した（Horkheimer and Adorno 1969: 19; 邦訳三九）。しかも抑圧的平等は、たんに諸個人を群れとして扱っただけでなく、ユダヤ人を異質な存在として排除することで、「純血のアーリア人」

の同質性を高めるという操作と結びついていた。ここでは、平等が平準化の権力に転化して脱多元化するだけでなく、公共性そのものを同質化して脱多元化する動きと連動している。

平等な権利を支柱にするリベラリズムも、平準化による公共性の縮減という問題性から免れてはいない。〈差異の政治〉や〈承認の政治〉が告発するのは、公私の厳格な区別に基づくリベラリズムの平等原理が、種々の差異（ジェンダー、人種、エスニシティ、セクシャリティ）を私的な事柄とみなして、差異ゆえに蒙る不平等、排除、周縁化といった〈配分的平等〉や〈地位の平等〉に関わる問題を放置し、しかもひそかに同質性を平等の条件としてきた点である。〈承認の政治〉が求めるのは、差異の公的承認であり、差異に起因する不平等の是正である。例えば、多文化主義の政治理論家モドゥードは、差異を無視する平等を「同一性としての平等」（equality as sameness）と呼び、差異に配慮する「差異としての平等」（equality as difference）と対比させ、後者の必要性を説く（Modood 2005: 167）。「差異としての平等」とは、差異を私事化し周縁化してきた公共性において異議を唱え、公共性の境界線に挑戦する「政治的平等」を意味する（ibid., 153-155）。彼の平等論は、排除された差異を公共性にもたらすことで、ともに脱多元化した平等と公共性の双方を多元化する試みといえる。

〈生の保障の平等〉もまた、リベラリズムと同様の問題をはらむ可能性がある。福祉国家や再分配政策を可能にする社会的連帯の成立条件として、なんらかのナショナルな共同性やアイデンティティを強調する議論が、左右を問わず近年観察される。しばしば多文化主義は、この観点から批判されている。批判の要旨は、文化的差異を強調する多文化主義は、国民の連帯を困難にして、社会経済的不平等の是正を妨げるというものである。この種の主張の問題性は、主張には経験的妥当性が欠けているという点だけでなく（cf. Banting and Kymlicka 2006）、平等を配分的平等の次元に限定したうえで、ナショナルな同質性の観念と結合させて、公共性も脱多元化させてしまう点にある。様々な恣意的な観点から「ナショナル」の規格から外れると判断された人びとの存在と声は——たとえかれらが社会的協働のシステムに参加する事実上のメンバーであろうとも——〈生の保障の平等〉の阻害要因として、それゆえ保障の対象外として公共性から排除されることになる。

(3)　脱多元化した公共性と「ホームレス問題」

平等の脱多元化が公共性の縮減をもたらすのと同じく、公共性の脱多元化は、平等を縮減する方向に作用する。後者の典型的な事例として、「ホームレス問題」に焦点を当てることにしたい。この問題に関する近年の国と自治体の政策は、ホームレスの人びとを公園や道路から排除し、かれらの「自立」を強制的に促すというものである。遠藤比呂通にいわせるならば、野宿生活を余儀なくされた人びとは、「恐怖と欠乏からの自由」という人権を侵害され、生存権や社会権を奪われている点で、「権利をもつ権利」（アレント）を侵害されており、事実上無権利状態にある（遠藤二〇〇七：第六章）。ドゥオーキンは、〈平等な配慮と尊重〉への権利が、不平等な社会的帰結を防ぐための「切り札」として必要であると考えたが（Dworkin 1985: 198）、ホームレスの人びとが置かれた状況は、「切り札」がかならずしも自動的に有効性を発揮するわけではないことを示唆している。それは公共性が脱多元化しているからである。

路上や公園で生活することを余儀なくされているにもかかわらず、そこから追い出された人びとの前に立ちはだかるのは、脱多元化した「公共性」である。この「公共性」は、道路や公園での野宿生活を「不法占有」であるとして、野宿生活者を無法者扱いする国や自治体の「公共性」であり、「不法占有」の苦情を訴える地域住民の要望という「公共性」である。脱多元化した「公共性」には、ホームレスの人びとの声が発せられ聴き取られるための〈公共性〉が欠落している。遠藤は、ホームレス特別措置法の問題を公共性の問題として捉え、つぎのように問う。「公共性とは、国家や統治団体が法などの制度によって定義するものではなく、「ホームレス」の立場を余儀なくされる人々が、他者への連帯をもとめて行う個人の叫びから聞きとられるものではないか」と（遠藤二〇〇四：六五六）。脱多元化された公共性は、「他者への連帯をもとめて行う個人の叫び」に耳を塞ぐことによって、〈生の保障の平等〉と〈公共性へのアクセスの平等〉のいずれに関しても平等原理の縮減ないし後退を生んでいるといわざるをえない。

ここで注意しなければならないのは、脱多元化された公共性に抗する平等原理が同様に狭隘なものになっていないか、という点である。もしホームレスの人びとが直面する困難を、住まいや職業の欠如としてのみ捉え、生存権の平等こそが喫緊の課題であると考える場合、平等の多元的な視角は失われる。例えば、物質的不平等を是正するための〈再分配の政治〉だけでなく、野宿生活者にたいするスティグマ化に抗するための〈承認の政治〉も重要である。ホームレスの人びとは、①存在しないかのごとき扱いを受ける「非人格」（non-persons）、②自業自得で苦境に陥った「破滅的主体」、③手厚い保護が必要な「救いようのない犠牲者」、④セラピーを要する「病理を抱えたクライアント」といった種々の不可視化やスティグマ化に晒される（Feldman 2004: 92）。それゆえ、ホームレスの人びとの〈平等な人格〉としての承認を求める政治が要請されなければならない。

さらに、政治的平等の観点からみて重大な問題が存在する。それは、「住所不定」という行政上のカテゴリーが、〈生の保障の平等〉からの排除を生み出すだけでなく、投票という政治的権利を行使する機会をも奪っている事実である。この意味において「住所不定」とは、政治的公共性への道が閉ざされたホームレスの人びとの「政治的身分」を指し示しており、「政治的排除の不正義」を生み出している（cf. Feldman 2004: 99-103）[2]。もし平等からのアプローチが「住まいと職業の欠如」という側面にのみ焦点を当てるならば、脱多元化した公共性によって縮減された政治的平等の次元を看過することにつながる。よって政治的排除を問題視する視座は、公共性および平等の双方の縮減に抗する多元化の視座でなければならない。

三　脱多元化への対抗戦略

前節では、平等と公共性の脱多元化がもたらす負の相互作用を分析した。本節では、これまでの考察を踏まえて、（一）脱多元化した平等と（二）脱多元化した公共性の双方から生じる負の相互作用にたいする対抗戦略を、平等の公共的自己反省として素描したのち、（三）公共的自己反省の不可避性について言及することで、本章の締めくくりとしたい。

(1) 平等の脱多元化に抗して

平等の脱多元化にたいする対抗戦略は、負の相互作用の終点である脱多元化した公共性を克服することに起点をもつ。前節の分析（福祉国家、ナチスの均斉化、リベラリズム、生の保障のナショナリズム）は、平等の脱多元化――（a）人間存在の多様性と（b）多元的構造の喪失――が、公共性の脱多元化――（c）声の複数性と（d）公共性の多次元性の喪失――に至るパターンを示していた。ここで第一節での議論、すなわち平等原理の実際の適用が生む問題の克服が、個人の異議申し立てを契機とする点を想起して頂きたい。このプロセスにしたがうならば、平等の脱多元化の克服は、公共性の脱多元性の克服から始まる。モドゥードの「差異としての平等」論が志向したように、平準化や同質化によって縮減した公共性の多次元性とともに、声の複数性が活性化することで、〈平等の根本規範〉と多元的構造の回復を目指すことになる。

(2) 公共性の脱多元化に抗して

ここでも公共性における多元性の回復が、最初の一歩となる。「ホームレス問題」についての前節の考察が明らかにしたのは、公共性の（d）多次元性が失われ（＝国家、地方自治体、地元住民に独占されて）、それによって同時に（c）声の複数性（＝野宿生活者の視点や要求）が切り詰められることで、平等の側では（a）人間存在の多様性（＝〈平等な配慮と尊重〉の要請）の侵害が生じるとともに、（b）多元的構造（配分的平等たる生存権の保障、地位の平等、政治的平等）が損なわれるという事態である。脱多元化に抗する道は、公共性から始まるほかはない。すなわち、公共性の（c）声の複数性と（d）多次元性の回復をはかり、このプロセスの内部において、脱多元化した平等の問題性――（a）の後退と（b）の縮減――が主題化され、平等原理の解釈と修正が論じられることで、平等の公共性的反省が遂行されなければならない。

(3) 公共的自己反省の不可避性

右で論じた脱多元化への対抗戦略は、陳腐に響くかもしれない。それは、公共性の活性化が、平等と公共性のいずれの脱多元化にも必要であるという議論に等しいからである。しかしながら、平等の自己反省が公共性をつうじておこなわれることは、平等にとって重要な意義をもっている。平等の公共的自己反省とは、平等の多元的構造が損なわれ、〈平等の根本規範〉が適用において〈不平等な配慮と尊重〉に転化している実態を明らかにし、新たな解釈と修正によってこの状況を乗り越えて、根本規範の妥当性を回復するプロセスである。公共的自己反省のプロセスは、メンケが「平等の弁証法」と呼んだように（Menke 2004: 73-74）、〈反対の規定への移行〉や〈内在的な仕方での自己超出〉といったヘーゲル的弁証法の契機をもつ点で、きわめてダイナミックな性質をもっている。第一節で宗教的寛容の例が示したように、このダイナミズムが平等主義の命脈を保ってきたといえる。

現実世界を取り巻く様々な不平等を考えるならば、ダイナミックなプロセスを欠いた平等主義は、いかに平等への関心の高まりがあろうとも、「絶滅に瀕した種」にふたたび転落するように思われる。この推測の根拠となるのは、「ノイラートの船」に比すべき、平等主義が直面する根本状況への洞察である。不平等から完全に自由になりえない現実世界のただなかにおいて、平等の実現を追求しなければならないという点で、平等主義は、ドックでの完全な修理を望めず、航海を続けながら洋上での修理をおこなうしかない「ノイラートの船」と同様の状況にある。とするならば、平等主義が社会的有意性をもつ原理たらんと欲するかぎり、〈平等の根本規範〉の観点から深刻な不平等を公共性の内部において問題提起しながら、同時に当の規範の解釈と適用をめぐる討議を進めるという公共的自己反省の道を歩まざるをえないであろう。

（1）平等と公共性のあいだの緊密な連関をみる本章の立場に近いのは、T・クリスチアーノの「公共的平等」（public equality）論であろう。この考え方は、社会のすべての構成員が平等な者として処遇されていることをみずから看取することができること、つまり平等が公共的な仕方で実現されることを要請する（Christiano 2008）。

（2）日本と違って、アメリカのほとんどの州では、収容施設や公共空間を住所として登録すれば、ホームレスの人びとは選挙権を行使することができる（cf. Feldman 2004: 102）。

第四章　市民社会と平等／不平等の力学

はじめに

「市民社会」（civil society）の概念は、新聞や他のメディアに徐々に浸透して、ようやく一般的な用語として確立しつつあるように思われる。しかし市民社会に関する言説を一瞥すると、この言説が二つの傾向と結びついていることが分かる。第一の傾向は、市民社会が肯定的な意味で使われることを意味する。この肯定的な意味は、本章の考察でみるように、かつてヘーゲルが貧富の差を生み出し拡大させる「欲望の体系」として捉えた市民社会観とは著しい対照をなしている。第二には、市民社会が登場する場合、ＮＰＯやＮＧＯといった非政府的・非営利的団体が話題になることが多い（本章では、通常の用法にしたがい、ＮＰＯは国内での活動に主力を置く市民団体で、ＮＧＯは国際協力の団体とする）。しかも第二の用語法には、第一の肯定的用語法を伴っており、ＮＰＯやＮＧＯの活動の肯定的な評価を暗黙の前提とする傾向がみられる。

このような用語法は、種々の問いを提起する。用語法の第一の傾向に関していえば、市民社会は無条件的に善いといえるのか？　市民社会には問題を示す側面はないのか？　とりわけ本書の関心からいえば、つぎの問いが重要である。市民社会は、平等／不平等の問題とどのような関係にあると考えるべきであろうか？　用語法の第二の傾向についても、いくつかの疑問が生じる。市民社会の主たる構成要素は、ＮＰＯやＮＧＯだけなのか？　これらの団体は、どのような意味において、またどの程度まで「非政府的」で「非営利的」であるといえるのか？　平等／不平等の観点からみて、ＮＰＯやＮＧＯを中心にすえる市民社会論に問題はないのか？

本章では、このような問いを背景に、市民社会肯定論やＮＰＯ・ＮＧＯ重視論が強調する側面とは異なる側面を含む、市民社会の多面性に目を向けるとともに、市民社会を平等／不平等の力学の観点から考察することにしたい。本章の主張を簡潔にいえば、それは、市民社会がもつ多面性や、そこで作用する平等／不平等の力学を考えるならば、市民社会論にみられる肯定論やＮＰＯ・ＮＧＯ重視論の理解が一面的であり、平等／不平等に関して市民社会は両義的な性質をもつというものである。この主張を展開するために、本章は以下のように構成される。第一節で、市民社会論の諸類型を歴史的文脈と思想的系譜とあわせて提示する。第二節では、市民社会のダイナミックな特質を分析するのに適する観点として、相互作用モデルに焦点を当てて、この観点から〈平等と不平等の力学〉を考察する。第三節では、市民社会論の課題を考えるために、①労働市場、②NPO・NGO重視論、③福祉社会論を相互作用モデルの観点から批判的に考察する。

一　市民社会論の類型

さて、市民社会の多面性を提示するにあたって、まず市民社会論の多様性に目を向けることにしたい。だが、多種多様な市民社会論のすべてを紹介することはできないので、強調点の違いに着目して、いくつかの類型に整理して論じることにする。(1) この類型論は、厳密かつ網羅的なものではなく、市民社会論の主要な諸相を際立たせることを目的としている（したがって、複数の類型が同一の思想家に見出されることもある）。ここで扱う類型は、(1)古典的リベラリズムモデル、(2)自発的結社モデル、(3)公共圏モデル、(4)相互作用モデルの四つである。

(1)　古典的リベラリズムモデル

古典的リベラリズムモデルは、個人を基本的単位としてみなすとともに、市民社会と国家を明確に区別・分離して、後者の機能を個人の権利を最大限保障することに限定するものである（cf. Lomasky

2002）。国家の干渉を極小化することが、個人の自由の最大化につながると考える点で、個人の自由と国家の公共政策をトレードオフとして捉える傾向が、このモデルには認められる。国家は、善き生についていて個人がいだく多様な構想にたいして中立性を保つことで、個人の権利を保障するものと考えられている。個人の自由は、選択の行為に具体化する点で、自発的な性質をもつのであり、それゆえ自発的な結社形成も含むことになる。市場経済は、個人の選択（売買、契約）によって成立するとみなされるがゆえに、自発的な領域の典型例となる。古典的リベラリズムは、市民社会のなかで実践される「善の構想」にたいして中立的沈黙を守り、結社の自由を個人の権利として尊重するがゆえに、結果として自発的結社の形成に貢献すると考える。

古典的リベラリズムモデルは、歴史的にいえば、封建的身分制社会からの個人（とりわけ市民層）の解放というプロセスに淵源をもつ。思想的系譜をたどるならば、このモデルは一八世紀のA・スミス、さらには一七世紀のJ・ロックにまで遡る。かれらの思想にしたがえば、政府の役割は、私人たる市民の経済活動を最大限に保障して、できるだけ干渉しないことに限定される。こうした思想を哲学的な仕方で規範化したのが、I・カントであった。カントは、市民社会を、市民に自由で平等な権利が保障される法的状態として捉え、この規範化された市民社会の観点から身分的特権（世襲貴族）や、人間が他者の所有物となる支配従属関係（農奴）の撤廃を要求したのであった（Kant 1993［1798］: 449-452; 邦訳四七〇―四七二）。日本の文脈でいえば、自由な商品交換で成立する「一物一価」の価値法則を市民社会の核心として、かつ能力主義に基づく公共的な原理として捉え、これを特権とコネに基づく近代日本の政商型資本主義と対置させた内田義彦の市民社会論も、この流れに属するといえる（内田一九八八a：一九八八b：一九八八c）。

現代の文脈でいえば、古典的リベラリズムは、N・ノージックを筆頭とするリバタリアンが信奉する思想に受け継がれている（Nozick 1974）。リバタリアニズムの立場からみれば、個人の権利が法的に保障されるかぎり、いかなる市民社会が成立しようと構わない。さらにいえば、古典的リベラリズムを市場経済重視の方向で推し進めたのが、M・フリードマンに代表される、規制緩和と民営化を核とする「小さな政府」を主張する経済自由主義の立場である（Friedman and Friedman 1980）。

(2) 自発的結社モデル

自発的結社モデルは、古典的リベラリズムモデルとは異なり、市民社会の内実に関心を寄せる。この関心は、市民社会の中核となる自発的結社が政治や社会に与える影響に向けられている。自発的結社モデルの代表的な理論家は、アメリカの政治学者R・パットナムである。パットナムは、イタリアの州政府間での政策パフォーマンスの違いを、多様で活発な自発的結社の有無に起因するものとして説明した。自発的結社が州政府の政策パフォーマンスに影響を与える理由は、二つある。ひとつには、結社のもつネットワークをつうじて利害の表出や集約が政府にたいしてなされ、効果的な公共サービスを得るために集合的に行動するからである。いまひとつには、公共生活に必要なスキルや種々の市民的徳性が自発的結社によって培われ、これが自発的協力を促す社会資本として、政府の良好なパフォーマンスを支えるからである。逆に、自発的結社が存在しないところでは、市民の積極的参加は見られずに、特定の恩顧と庇護の関係が政治の基調となり、結果として非能率的な政府が生まれることになる（Putnam 1993）。パットナムは、このモデルをイタリアだけでなくアメリカにも適用して、かつて五〇年代および六〇年代に活発であった多種多様な市民サークルや団体が姿を消したという事実に、社会資本の深刻な衰退を看取する。よってパットナムが提起する処方箋は、市民による地域に根付いた自発的結社を再活性化させることである（Putnam 2000）。

自発的結社モデルの歴史的淵源は、建国当初から強力な政府を欠いていたアメリカの歴史にある。このモデルの思想的系譜は、教会を自発的結社として捉えたロックにまで連なる。しかし決定的に重要な思想家は、一九世紀前半にアメリカを視察旅行で観察し、『アメリカのデモクラシー』を著したフランスの貴族A・トクヴィルである。トクヴィルは、アメリカ社会の特質として様々な自発的結社が非常に活発であることを観察し、ここに市民の積極的な政治関与の源泉をみた。トクヴィルは、結社にきわめて大きな価値を見出しており、それゆえ「民主的諸国家において、結社の学（la science de l'association）は母なる学（la science mère）である。他のあらゆる学の進歩はその進歩に依存している」（Tocqueville 1992［1840］: 625: 邦訳一九五）とさえ明言するのである。

現代市民社会における自発的結社モデルは、トクヴィルのこうした洞察を受け継ぐものであるが、多種多様な方向性をもつ。例えば、自発的結社をつうじての政治への利益表出や意見形成に力点を置く公共圏重視のタイプ、地域社会への市民の積極的関与を求める共同体主義のタイプ、ＮＧＯやＮＰＯなどの非政府的かつ非営利的組織を重視するＮＧＯ・ＮＰＯ中心のタイプなどが、トクヴィルの自発的結社モデルの後裔に当たる。

(3) 公共圏モデル

公共圏モデルは、フランクフルト学派の社会理論家Ｊ・ハーバーマスを中心に提起された。このモデルの特色は、民主主義が十全に機能するための条件という問題意識を背景に、市民社会にそうした条件の基盤をみる点にある。民主主義が十全に機能するためには、「公共圏」が必要とされる。公共圏とは、端的にいえば、種々の主題をめぐる意見のコミュニケーションのネットワークを指す。公共圏は、諸個人が実生活のなかで感得した社会の諸問題を取り上げて、公共的意見を形成して政治システムに働きかけるネットワークである。この公共圏の社会的基盤が、市民社会ということになる。ここで語られる市民社会とは、もはや古典的リベラリズムモデルとは異なり、国家のみならず経済からも区別される領域である。その担い手は、国家の組織と経済活動から区別された団体、組織、運動――要するに結社＝アソシエーション――であり、きわめて多岐にわたる組織がそこに含まれる。こうした自発的な結社が、私的生活領域で経験された社会的問題を取り上げ、政治的公共圏へとつなげる媒介項として機能するのである（Habermas 1994: 435-444; 邦訳八九―九七）。

公共圏モデルの歴史的背景として直接的に重要なのは、八〇年代末から始まった東欧諸国での社会主義政権の崩壊と民主化であった。民主化を主導したのは、教会、自主管理労働組合、市民サークルといった自発的結社であった。この歴史的出来事は、民主主義の機能不全への対応策を思案していた西欧諸国にとって一種の啓示として受け止められ、市民社会論のルネッサンスが生じることになった（このルネッサンスの恩恵は、古典的リベラリズムモデルにも及んだ）。このモデルの思想的系譜は、カントにまで遡る。カントは、すでに触れたように、市民社会を自由で平等な市民を成立させる法的状態として規範化したが、さらに理性的で公的な討議を市民が自由におこなうことが啓蒙の要件になるとする「理性の公的使用」の観念によって、公共圏の哲学的定礎者となった（Kant 1993［1783］: 55; 邦訳一〇）。この観念は、自律的に考えるという啓蒙のプロジェクトを推し進めるためには、市民が公共の問題に関して公衆に向かって議論する自由が不可欠であるというものであった。現代の代表的理論家は、すでに言及したように、ハーバーマスである。国家と経済の領域を市民社会の領域から除外する彼の議論は、政策提言型のＮＧＯやＮＰＯを市民社会の構成要素として重視する見方と親和的である。

(4) 相互作用モデル

相互作用モデルは、市民社会と国家のあいだの相互作用を強調する。相互作用は、①〈市民社会⇩国家〉と②〈国家⇩市民社会〉という二つの位相から構成される。相互作用モデルは、①の位相を視野に収める点で、市民社会を自己充足的で脱政治的に描きがちな古典的リベラリズムモデルとは明確に異なり、むしろ自発的結社モデルや公共圏モデルと共通する面をもつといえる。しかしこのモデルの特質は、①の位相とともに②の位相を重視する点にこそある。それは、市民社会の十全な機能のためには、基本的権利の保障の次元を越える国家の関与が不可欠とする考え方にほかならない。二つの位相からなる相互作用を重視するこのモデルは、その代表的な理論家であるM・ウォルツァーが述べるように（Walzer 2004: 81; 邦訳一三三）、国家が市民社会の代わりになることはできないが、国家なしに市民社会が上手く機能することもない、という思想を基盤としている。

では、なぜ市民社会は国家の関与を必要とするのか？　それは、市民社会の基調である自由と多元性が、市民社会それ自身が生み出す不平等によって脅かされるからである。相互作用モデルにしたがうならば、市民社会は個人の出自と密接に結びついた差異（人種、エスニシティ、宗教、階級、ジェンダー）によって彩られており、これらの差異が種々の社会的な不平等を生み出す。しかも市民社会は、この不平等を自発的なアソシエーションをつうじて増大させる傾向を内蔵する（cf. Kukathas 2002: 186）。というのも、集団間での異なる資源や影響力という実際の条件の下では、有利な集団は組織化をつうじてそれらの利点を増強しがちであるが、それにたいして不利な集団は組織化さえも覚束ない状況に陥り、市民社会で周縁化されるか、そこから排除される存在となってしまう可能性が高い。その結果、集団の多元性は縮減し、個人の自由も制限されることになる（Walzer 2004: 78; 邦訳一二八―一二九）。かくして、周縁化された集団を助け、不平等を克服し、市民社会の自由と多元性を維持するためには、国家による公的支援――端的には再分配政策――が必要とされるのである。それゆえに相互作用モデルでは、「二重の民主化」論として（Held 2006: 276）、国家が民主主義的である必要性とならんで、不平等や支配従属関係の不在という意味で市民社会も民主主義的である必要性が強調される。

相互作用モデルの歴史的由来は、産業革命の帰結が明らかになってきた一九世紀後半にある。この時代に、市民社会のもつ自己調整的な機能にたいする古典的リベラリズムの信頼が裏切られ、市民社会の中核と考えられた市場経済から失業や貧困の社会問題が発生することが認識され始めた。相互作用モデルの思想的系譜は、市民社会が抱える不平等や貧困問題にたいして、国家の公権力を用いて対処しようとしたニューリベラリズム、社会改良主義ないし社会民主主義に端を発している。このモデルの現代的な理論家として、すでに言及したウォルツァーのほかに、D・ヘルドやJ・キーンの名前を挙げることができる（Keane 1998; Held 2006）。現代の文脈について言えば、このモデルの特質は、古典的リベラリズムの忠実な後継者であるリバタリアニズムとは相容れないだけでなく、〈市民社会⇩国家〉の位相のみに専心する自発的結社モデルの問題性を指摘し、なおかつ公共圏モデルの社会的成立条件について考える必要性を重視する立場をとる点にある。

二　市民社会の力学

本節の目的は、市民社会の力学に焦点を当てることにある。前節では、市民社会論の四つのモデルを考察したが、この目的に適したモデルはどれであろうか？　また、市民社会の力学を生み出す基盤はなにか？　これらの問いに答えるために、本節では、(1)相互作用モデルが前述の目的に適した分析モデルとなることを論じたあと、市民社会の力学を洞察した思想家や研究者の言葉を導きの糸としながら、(2)

市民社会が差異の世界であるがゆえに、不平等がつねに発生する場であり、(3)しかし同時に不平等にたいする異議申し立てと、平等化への要求が発生する場でもあることを示し、(4)こうした平等と不平等の力学がはらむ逆説性を指摘したい。

(1) 相互作用モデルの利点と修正点

平等/不平等の観点から市民社会を考察し、とりわけその多面性とダイナミックな性質を分析するには、市民社会に関わる外部環境および内的構成要素を広く射程に入れるモデルが要求される。この要求からみると、〈相互作用モデル〉が他の三つのモデルよりも適合的なモデルであるように思われる。まず第一に、相互作用モデルは、平等/不平等の観点からの市民社会の分析に適している。それは、このモデルが、市民社会には不平等を生み出す種々のメカニズムが内在するという基本的な洞察を出発点としているからである。この点は、ウォルツアーが市民社会を「不平等の領域」(a realm of inequality) と呼ぶことにも端的に象徴される (Walzer 2004: 80; 邦訳一三二)。

第二に、国家と市民社会の相互関係を重視する点に、相互作用モデルのさらなる長所がある。古典的リベラリズムモデルが、市民社会の自己調整能力を過度に信頼し、実質的に市民社会の自由放任主義に帰着する点で、分析モデルとして不適であるのはいうまでもないが、〈市民社会⇩国家〉のベクトルを重視しつつも、〈国家⇩市民社会〉のベクトルへの注目が弱い自発的結社モデルと公共圏モデルにたいしても、同様の判断を下さざるをえない。相互作用モデルは、両方のベクトルを等しく理論の枠組みに取り込むことができる。

第三に、「市民社会にはなにが含まれるのか」という、多様な回答を得てきた問いに関して、相互作用モデルは、幅広い対象を含みうる点に特徴をもつ。このモデルは、自発的結社モデルの多くと公共圏モデルとは異なり、[2]企業、労働組合、利益団体などの経済的領域を市民社会から排除しないし、政党や運動体などの政治的領域も視野に入れる。さらには、差異と不平等の問題に深く関係するエスニシティや宗教に根ざした——すでに本書の第二章で考察したような——非自発的なアソシエーションも、自発性を重視するモデルの視野には入ってこない可能性が大いにあるのにたいして、相互作用モデルの場合には市民社会の対象に難なく含まれる（Walzer 2004: 66-68; 邦訳一一一—一一三）。これによって、市民社会のマクロな構造およびミクロな構造に着目し、集団やネットワークといった多元的な社会関係やそこで発生する平等／不平等の問題に目を向けることが可能となる。このような理論的枠組みの利点は、市民社会とマイノリティ集団の関係を分析する際や、本節の後半で論じる労働市場やジェンダーの問題に眼を向ける際に決定的に重要となる。

以上の利点を考慮すると、相互作用モデルが市民社会の分析には適するように思われる。だが、二点に関して補足が必要である。第一に、相互作用モデルの採用は、公共圏モデルが想定する市民社会の政治的機能を否定することを意味しない。第二に、相互作用モデルも〈モデル〉である以上、多面的でダイナミックな市民社会像を十分に表現しているわけではない。そこで、相互作用モデルに依拠しつつも、〈平等と不平等の力学〉という、さらなる観点を加えることで、市民社会の多面的な力学に接近することにしたい。この観点から明らかにされるのは、平等化と不平等化の二つの作用がもたらす相互の対立と連関のダイナミックな関係であり、またこのダイナミックな関係を視野に入れるためには、公共圏モデルの洞察を組み込む必要があるという点である。以下の(2)、(3)、(4)で、この力学を描き出すことにしたい。

(2) 差異と市民社会

市民社会は、たとえ市民として法的地位を同じくする者たちで構成されると想定しても、様々な差異によって彩られた世界である。人間は、ある種の社会を構成する一群のアリやハチとは違って、他者から区別される別個の存在者であり、生得的な心身の能力や性質、家庭環境、社会的境遇などのもろもろの差異を抱えて社会生活を営む。市民社会は、これらの差異を種々のメカニズムをつうじて、さらなる差異＝不平等へと転換させる。このメカニズムをきわめて明確に述べたのが、明治日本の啓蒙家である福沢諭吉である。

福沢は、『学問のすすめ』の初編（一八七一年）のなかで、「天は人の上に人を造らず人の下に人を造らず」との有名な命題に続けて、「されども今広くこの人間世界を見渡すに、かしこき人あり、おろかなる人あり、貧しきもあり、富めるもあり、貴人もあり、下人もありて、その有様雲と泥との相違あるに似たるは何ぞや」と問う。福沢の説明によれば、「人は生まれながらにして貴賤貧富の別なし」という道徳的原則がありながらも、「貴賤貧富の別」という事実上の不平等を生んでいるのは、賢人と愚人の違いであるが、この違いは「学ぶと学ばざるとに由って出来るもの」にほかならない（福沢二〇〇八［一八八〇］：一二）。福沢の主張は、「人能く其才のあるところに応じて勉励して之に従事し、しかして後初めて生を治め産を興し業を昌《さかん》にするを得べし、されば学問は身を立るの財本ともいふべきものにして人たるもの誰か学ばずして可ならんや」と述べた一八七二年の「学事奨励に関する太政官布告」にも反映しており、それゆえ当時の政治指導者層の認識を代弁するものであったといえる。

いうまでもなく、貧富の差や社会的地位の違いをすべて学問の有無に起因するものとみなすのは、無理がある。例えば、裕福な家庭に生まれたことは、自分の学歴の結果ではなく可能条件である。社会階層と経済状況に規定された家庭環境が学歴に大きな影響を与えることは、疑いを容れない。確かにここでの福沢の議論には、このような視点は欠如している。とはいえ福沢は、『西洋事情　外編巻之二』では、「小幼のときより教育を蒙らず、或は其身体強健ならず、或は意外の不幸に逢い、或は世上一般の禍災に罹ること」が、他者の扶助を必要とする困窮状態――福沢の言葉で「窮民」――を生み出すと論じているように（福沢一九八〇［一八六八］：二二一）、環境の違いが不平等を生み出すことは認識していた。

ただし福沢には、環境の違いがもたらす不平等への視点が完全に欠如しているわけではないとしても、一九世紀イギリスの救貧法（一八三四年）が体現する道徳主義的貧困観（貧困＝怠惰の表われ）への共鳴がみられる。この苛酷な制度の実態は、困窮者を収容し働かせる作業所での非人間的な扱いを克明に描いたディケンズの小説『オリバー・ツイスト』（ディケンズ一九五五［一八三七―三九］：二三―

二四）や、作業所が「救貧法バスティーユ監獄」と呼ばれていると報告したエンゲルスの『イギリスにおける労働者階級の状態』（エンゲルス二〇〇〇［一八四五］：一四四―一四五）が雄弁に語っている。だが福沢は、イギリスの救貧法の実例をあげながら、「窮民を扶助するに、衣食住の安楽自在を奪ひ、故さらに束縛して其意に適せしめざるは、其法或は刻薄に似たれど、実は然らず」と述べる（福沢一九八〇［一八六八］：二二三）。『文明論之概略』においても、福沢は、「西洋諸国にても、救窮の事に就いては、識者の議論甚だ多くして、いまだその得失を決せずといえども、結局、恵与の法は、これを受くべき人の有様と人物とを糺して、身躬《みず》からその人に接し、私《わたくし》に物を与うるより外に手段あるべからず」と論じ、貧困救済の公的制度にたいする根本的懐疑を表明している（福沢一九九五［一八七五］：一八二）。公的扶助批判の背景となり、『学問のすすめ』の冒頭で表明された福沢の中心的関心は、能力主義的《メリトクラシー》な社会への志向にあったといえる。この志向は、すでに触れた内田義彦の市民社会論にも受け継がれているもので、内田が共鳴したサン・シモンの――「富の貴族制」や出自や門地で人生の展望が決定される「生まれの権利の貴族制」に対置される――「才能の貴族制」（l'aristocratie des talents）という概念に端的に表現される（Saint-Simon 1825: 43; 邦訳二七五）。

右の考察が示唆するように、今日の観点からみると福沢の不平等観や貧困観には、不平等の環境的要因を十分に考慮しない点で問題がないとはいえないが、彼の説明には重要な洞察が含まれている。それは、「学問の有無」という差異が「貴賤貧富の別」というさらなる差異＝不平等を生み出すという洞察である。「貴賤貧富の別」という福沢の言葉は、生み出される不平等の多様性を示唆している。なぜなら、「貴賤」が社会的地位の違いを意味するのにたいして、「貧富」が経済的格差を指すからである。だが多くの場合、異なる種類の不平等は相互に関連して、さらなる不平等を生み出す。

このことを明確に表明したのが、一八世紀半ばに書かれたJ・J・ルソーの『人間不平等起源論』であった。ルソーは、この著作のなかで、生得的な差異が社会的メカニズムをつうじて「制度の不平等」(inégalité d'institution)へと転化するだけでなく、それらの不平等が複合した、さらなる不平等を生み出す事態を指摘している。ルソーによれば、教養の有無のみならず教養の程度は教育という「制度の不平等」に依存し、強壮か虚弱かという「自然的不平等」(inégalité naturelle)も、実は後天的な育てられ方の違いという「制度の不平等」に起因する(Rousseau 1965［1755］: 160-161; 邦訳八〇―八一)。生得的な差異としてみなされるものが「制度の不平等」の大きな影響を受けているというルソーの議論は、身分制社会の現実に触れていた彼自身の経験的洞察によるものであろう。

事実、貴族と平民のあいだには体格の著しい違いがあったとされる。C・ティリーは、一八世紀イギリスの風刺画で、貴族は背が高く、平民は背が低く描かれていることが誇張ではなく、事実に基づくことを指摘している。例えば、一九世紀初頭のイギリスで軍隊に入隊した一四歳の少年の平均身長は、貴族やジェントリーの子弟ならば、五フィート一インチであるのにたいして、都市部の貧困層の子弟の場合、四フィート三インチ、よって約一〇インチ＝二五センチの違いがあった。この違いは、成長に大きく関わる栄養摂取の違いであり、ひいては富の配分の違いに起因するものといえる(Tilly 1998: 1)(3)。

ヘーゲルも、『法の哲学』のなかで、ルソーの洞察を受け継いでいる。ヘーゲルによれば、市民社会において、平等な権利が万人に保障されるとはいえ、「自然によって定立されている人間の不平等は廃止されない」。むしろ市民社会は、各人の自然的不平等を「技能や資産の不平等」へと高め、さらには「知性的教養や道徳的教養の不平等」にさえ転化し拡大するのである（Hegel 1995［1833］: 175; 邦訳一二一）。このように近代の思想家たちは、制度の不平等が、通常は自然的であると思われる差異にまで影響がおよぶことを洞察していた。

右の考察にしたがえば、市民社会は、ウォルツァーがいみじくも「不平等の領域」と呼んだように、種々の差異（生得的能力、家族、社会環境等）に満ちた領域であるとともに、これらが社会制度をつうじてさらなる差異＝不平等を生み出す場でもある。同様の認識は、最近の格差問題を論じた文献からも支持されるであろう。(4) 市民社会の柱として重視される自発的結社そのものが、資源（財力、情報、時間等）の配分状況や差別、偏見、価値の序列を反映しがちである点は、ジェンダーの観点からA・フィリップスからも指摘されている（Phillips 2002: 80-81）。しかしつぎに考察するように、不平等を生み出しつつも、同時に不平等に対抗する動きも生み出すというダイナミックな性質が市民社会には認められる。

(3) 平等と不平等の力学

市民社会は、不平等が発生する場であると同時に、平等化の場でもある。このことを明瞭に表現するのが、国際政治学者の坂本義和が市民社会に与えた定義であろう。坂本によれば、市民社会とは、「人間の尊厳と平等な権利との相互承認に立脚する社会関係がつくる公共空間」（坂本一九九七：四三）である。しかし、市民社会が不平等化の傾向から自由でないという、先に確認した実態に照らしてみると、このような考え方はナイーヴに映るかもしれない。市民社会が人間の尊厳と平等な権利を互いに認め合う関係で成り立つという見方は、カントの規範化された市民社会を想起させ、現実世界の話ではなく、理想や理念を語っているように思われよう（cf. Keane 2003: 75-77）。

しかしながら、坂本の市民社会論には重要な真理の契機が含まれている。近現代史を振り返るならば、市民社会が不平等を発生させる場でありつつも、不平等を是正する平等化への要求を生み出す場であることも認めざるをえない。市民的権利や政治的権利の不平等の是正要求であれ（チャーティスト運動、婦人参政権運動、公民権運動）、経済的不平等の是正や社会的権利への要求であれ（労働運動）、男性優位の社会にたいするフェミニズムの異議申し立てであれ、マイノリティの貶められた社会的地位の改善を求める「アイデンティティの政治」や「承認の政治」であれ、いずれの事例においても市民社会が運動の拠点であり、社会変革の起点であった。これらの運動は、それぞれの仕方で、「人間の尊厳と平等な権利との相互承認」にたいする要求を掲げるものであった。とするならば、坂本の定義する〈市民社会〉は、現実化を求める規範として歴史のなかで作用してきたといわざるをえないであろう。

では、なぜ市民社会の歴史は、平等と不平等の力学に彩られるのであろうか？　この問いに答えるには、市民社会の多次元的な構造に目を向ける必要がある。すでに述べたように、近代市民社会の成立は、封建的身分制秩序の解体＝特権的不平等の廃止を意味した。それは、法制度の次元でいえば平等な自由権（生命・身体・所有の保全、言論・思想・結社の自由）の法的保障であり、規範的な観点からいえば法規範の価値原理である〈平等と自由〉の具体化であった。このようにみるならば、市民社会を①〈価値理念としての市民社会〉、②〈法制度としての市民社会〉、③〈現実としての市民社会〉の三つの次元に分けることができる。

平等と不平等の力学は、三つの次元からなる市民社会の構造に由来する。より詳しくいえば、三つの次元のあいだでの対立や矛盾こそが、力学の始動因である。例えば、不平等が自由権行使の実質的な制限として作用し、不平等の現実が〈平等と自由〉の価値理念と相容れない不正義として経験されるとしよう。不平等の告発と是正要求は、当の価値理念に訴えかけるはずである。ここで明らかなように、〈価値理念としての市民社会〉は、〈現実としての市民社会〉における不平等を問題化し、〈法制度としての市民社会〉のあり方に反省や修正を迫る規範原理として機能する。このように平等と不平等をめぐる力学は、市民社会の法的構造に根ざす特性として理解することができる。さきのルソーの言葉を使っていえば、「自然の不平等」として問題視されざる不平等、つまり自然化された不平等を「制度の不平等」として捉えることで、不平等の脱自然化をおこなう可能性と視点が、市民社会の法的構造に埋め込まれている。[5]

ハーバーマスは、市民社会の法的構造に埋め込まれた法的平等と事実的不平等の力学を、社会的権利の確立の文脈でつぎのように語っている。

法的自由の原理は事実的不平等を産み出す。というのは、この原理は、様々な主体が同一の権利を異なるかたちで使用することを容認するだけでなく、可能にもするからである。（中略）他方で、平等に配分された行為自由の利用の機会を事実的に侵害することによって、特定の人物や集団を差別する事実的不平等は、法的に平等な取り扱いの命令に抵触する。社会国家的補償がはじめて、保障された行為権能を等しく使用する機会の平等を作り出すかぎりにおいて、事実的に不平等な生活状況と権力的地位の均等化は法的平等の実現に寄与する。そのかぎりにおいて、法的平等と事実的平等の弁証法は、なんら規範的に問題のない法発展の原動力となったのである。（Habermas 1994: 500-501; 邦訳一五一―一五二）[6]

ハーバーマスが〈法的平等と事実的平等の弁証法〉と呼ぶ力学は、より正確には〈法制度に埋め込まれた平等の価値規範と事実上の不平等の力学〉と表現するのが適切であろう。この力学が作動するプロセスを描くならば、つぎのように図式化できるだろう。すなわち、①差異の世界としての市民社会において深刻な不平等や不正が発生したのち、②この事態が平等の価値規範の由々しき違反として認識されるにいたり、③この認識が市民社会内部の種々のネットワークをつうじて共有されることで、告発、異議申し立て、政策提言へと発展し、④公的な場での議論と意思形成をとおして、それらの要求が政治過程に組み込まれ、⑤不平等の是正と実質的な平等化が公共政策によってなされる結果となる。これらのプロセスを経て、「人間の尊厳と平等な権利との相互承認に立脚する社会関係がつくる公共空間」（坂本義和）がようやく実現されることになる。

このプロセスは、まさに公共圏モデルが想定するプロセスである（ただし実際のプロセスはもっと多様であり、政治過程への参加よりも、むしろ不平等や不正の当事者への直接的な対応、支援、援助が重視される場合もあるし、こうした支援が公共圏モデルと連動する場合もある）。それゆえ右の考察は、平等／不平等の力学を理論化するためには、相互作用モデルのなかに公共圏モデルを組み込む必要があることを示している。

(4) 力学の逆説性

ここで注意しておきたい点がある。平等と不平等のダイナミズムは、歴史が平等化に向けて進歩する、といった楽観主義的な歴史観を意味しない。不当な不平等が発生しても是正されずに、多くの世代を経てようやく平等化への動きがでてくることも、決してまれではない。いまある不平等のすべては、是正すべき不平等として認識されることを保証されていない（いわんや将来の不平等をやである）。

さらにいえば、市民社会における平等と不平等の関係の基調は、逆説をはらむダイナミズムにこそある。いかなる平等も、新たな不平等の可能性から免れていない。苦労の果ての平等化の達成ですら、つぎなる不平等発生の潜在的機会ともなりうる。例えば、アメリカの自発的結社についてのT・スコッチポルの研究は、種々のマイノリティの平等化のための社会運動が、かつての大衆が参加する階級横断的な組織であることを止め、むしろ専門家が運営し、上層中流階級の影響を強く受ける組織に変容したという皮肉を指摘している（Skocpol 2003）。

このように、市民社会を特徴づける平等と不平等の関係は、単純で直線的なものではなく、きわめてダイナミックで、逆説的な性質を潜在的に帯びている。時として万能視されがちなNGOやNPOも、市民社会の力学の逆説性から自由でない。スコッチポルの議論は、平等と不平等の逆説的な力学が、〈市民社会⇳アソシエーション〉の相互作用においても展開することを示唆している。とするならば、この力学を十分に把握するためには、前述の市民社会の三つの次元（価値理念、法規範、現実）だけでなく、分析の射程を〈市民社会⇳国家〉の位相に限定せずに、例えば〈市民社会⇳アソシエーション〉、〈市民社会⇳経済〉、〈市民社会⇳文化〉の諸位相にまで拡張して、多様な相互作用を考慮しなければならない。

では、市民社会の力学がはらむ逆説性は、なにに由来するのか？　逆説性の由来を理解する手がかりとなるのは、市民社会を「実験」として捉えるウォルツァーの市民社会観である（Walzer 2002: 44）。〈実験としての市民社会〉の根拠は、市民社会のすべてが暫定的な性質をもち、それゆえ変容を免れないとの認識にある。市民社会の実験的性格を生み出す暫定性と可変性のうちに、平等と不平等の力学がはらむ逆説性も基礎づけられていると考えるべきであろう。端的にいえば、平等のいかなる達成も暫定性と可変性から免れてはいない。

ここで、さらなる問いが生じる。なぜ市民社会は暫定的で可変的であるのか？　この問いを前にしてまず想起すべきは、かつてK・マルクスが、『ドイツ・イデオロギー』のなかで、市民社会を経済の生産諸力との相互作用のなかに位置づけて、市民社会こそがあらゆる歴史の「真のかまど」であり「舞台」であると明言し、歴史的変化の源泉を市民社会（マルクスにおいて生産諸関係の総体を指す）に求めたことであろう（Marx 1971［1845/46］: 364; 邦訳六六）。「近代」市民社会の時代とは、封建的身分制社会の桎梏から自由となり、生産諸力を解き放った点で、「歴史のかまど」がフルに稼働する時代である。むろん、相互作用モデルの観点からいえば、マルクスの経済中心主義を修正して、「生産諸力」だけでなく、政治、社会、文化に関わる広範な諸力の相互作用を視野に収める必要がある。しかし、市民社会が歴史的変化の原動力であるとともに、諸力の作用と反作用が繰り広げられる舞台であると認識するならば、市民社会が暫定的で可変的であり、実験的性質を帯びることが理解されるだろう。

ただし市民社会は、あらゆる面で不確定で混沌としているわけでなく、むしろすでに考察したように種々の制度的文脈に埋め込まれている。まさにこのことが、平等と不平等のダイナミックな力学のさらなる要素となり、〈変化の舞台としての市民社会〉における不平等の新たな発見と平等化の試みの絶えざる変化を、また道徳的進歩を可能にする。ここにおいて、坂本が市民社会に与えた前述の定義を、静態的な本質定義としてではなく、市民社会の動態的把握として理解する必要性が明らかとなる。この理解に基づくならば、坂本の定義をつぎのように言い換えることも許されよう。市民社会とは、「人間の尊厳と平等な権利を損なう種々の不平等や不正義を生み出すとともに、人間の尊厳と平等な権利の相互承認に立脚する社会関係への要求をも生み出し、しかもこの要求を制度や組織をつうじて実現しようとするダイナミックで逆説性に満ちた公共空間である」と。相互作用モデルの立場は、こうした理解に立つならば、〈自由と平等〉の規範が、市民社会とこれを取り囲む諸領域においてどのようにして実現されるのかを問い、さらには平等と不平等の力学が、国家や経済などの諸位相との相互作用のなかで、どのように展開するかを注視することになろう。

三　相互作用の諸相

本節では、具体的なトピックを取り上げて、市民社会論が取り組むべき課題を考察しながら、同時に相互作用モデルの有用性を論じることにしたい。取り上げるトピックは、(1)労働市場、(2)NGO・NPO重視論、(3)福祉社会論の三点である。

(1)　労働市場

労働市場は、雇用関係を作り出す場であるとともに、ルソーの言葉でいえば「制度の不平等」が生み出され拡大する場であり、さらには他の社会領域（家族、地域、政治）に大きな影響を与えるシステムでもある。それゆえ、労働市場をどのように捉えるかという点は、市民社会の平等／不平等の力学にとって重要な問いである。さきに触れたトクヴィルは、労働市場のもつ問題性を命令と服従の関係から指摘している。

労働者は、雇い主にたいして永続的で堅固にして必然的な従属状態にある。労働者は、人に従うために生まれたように見え、雇い主は命令するために生まれたかのごとくである。これが貴族制でなくてなんであろうか。（中略）したがって、国民全体がデモクラシーに向かうにつれて、産業に従事する特別の階級はより貴族的になる。人びとは一方でますます類似したものになり、他方では違いがより大きくなり、不平等は社会全体を大きく見れば減少するが、それに比例して小さな社会では増大する。（Tocqueville 1992［1840］: 673-674; 邦訳二七一―二七二）

トクヴィルによれば、こうした状況は「工場貴族制」（l'aristocratie manufacturiére）の出現を意味する。工場貴族制こそは、恒久的な不平等と新たな貴族制の形成につながる点で、「デモクラシーの友が憂慮をもって不断に目を向けるべき」問題であるとして、トクヴィルは警鐘を鳴らした（ibid., 625; 邦訳二七四―二七五）。

さて、トクヴィルが指摘する工場貴族制の問題にたいして、もろもろの市民社会モデルはどう対応するであろうか？　明らかに古典的リベラリズムモデルは、市場での自由な活動を重視し、市場の調整機能に信頼を寄せる点で、この種の問題には鈍い反応しかできない。また、自発的結社や公共圏のカテゴリーから経済の領域を含めることに消極的な市民社会論（自発的結社モデルと公共圏モデル）からすれば、労働市場の問題は、市民社会の外部にある問題とならざるをえない。問題の核心は、右のいずれのモデルにおいても、経済の領域を市民社会から排除することが、労働市場を固有の法則性をもった領域、それゆえ市民社会の論理がおよばぬ領域として捉える見方につながり易い点にある。

この問題についてさらに考えるために、さきに触れた内田義彦の市民社会論にあらためて目を向けることにしたい。内田は、日本において市民社会が確立していないという主張を展開する際に、「能力＝力作をうちに秘めてコネの論理に従う」人間類型としての「パリア力作志向」の支配という論点、すなわち「能力＝力作」を基礎とすべき「一物一価」の不十分な貫徹という論点を用いた（内田一九八八a：八〇―八一：一九八八d：二二六）。こうした能力主義《メリトクラシー》の観点から労働市場を捉える見方に潜む問題性は、一連の労働研究で知られる熊沢誠のつぎの言葉から理解されるであろう。

> 現代日本の市民社会の常識では、本書のなかにある東芝府中工場にみるような組合役員選挙の投票の不明朗さ、職場集会での自由な発言の抑圧、思想を異にする者の「職場八分」などは、民主主義の不在を立証するものとみなされるだろう。その感覚は健全であり、そのような状況は仮借なく告発されねばならない。深刻な問題は、とはいえ、その市民社会の常識が《働きぶりにおける能力と「やる気」の競争――その勝敗を判定する人事考課――それによる昇給、昇格、昇進、雇用保障のきびしい格差》という連動のシステムについては、総じてそれを「機会の平等」の民主主義として承認するところにひそむように思われる。（熊沢一九九三a：二五〇）

熊沢の言葉は、市民社会の論理が、パワーハラスメントの典型的事例として参照される東芝府中工場事件のような人権侵害には敏感に反応するが、「能力＝力作《メリトクラシー》」主義の問題にたいしては、「機会の平等」という一般的観点から承認される労働市場の正当な原理であるという想定ゆえに、その批判能力を鈍化させてしまうという点を衝くものである。働く者の観点からいえば、「『ふつうの生活』の追求が一介の労働者にも許されるという民主主義の享受のためには、生活時間の大半を占める勤務中でも人権や自由が保障されるという民主主義は放棄せざるをえない」という認識が、職場を覆うことになる（熊沢一九九三b：一一六）。この認識を深刻なものにするのが「能力=力作《メリトクラシー》」主義にほかならない(7)。熊沢が「日本的能力主義」と呼ぶ能力主義の特徴は、「労働者が装置の効率的な稼働が求める配属、職務の範囲、仕事の質や量、残業時間などの絶えざる変化に適応する」という「労働のフレキシビリティへの適応力」を高く評価する点にある（熊沢二〇一三：一一五）。こうした状況の悲惨な帰結に、過労死や過労自殺があることは、言うを俟たない（熊沢二〇一〇）。

　市民社会の領域から労働市場を除外することは、市民社会を経済の論理から解放された領域として措定することを可能とするとともに、過労死や過労自殺にとどまらず、ジェンダーや移民の問題にも及ぶ労働市場に関連する問題を、市民社会の埒外に追いやるという代償を払う。例えばジェンダーの問題に関していえば、日本的能力主義が、出産と育児の負担を個人として担う女性の就労にとって間接差別の構造を生みだすという問題は、市民社会にとって外部化される（熊沢二〇〇〇）。この種の問題にアプローチするには、労働市場だけでなく家族のあり方にも目を向ける必要があり、それゆえこれらを組み込んだ市民社会の多面的な視点が不可欠であろう(8)。移民問題に関していえば、「社会的には労働者であるのに法的には労働者でないというフィクション」のもとにある外国人労働者の問題を、自由で平等な権利主体からなる市民社会の外的領域に位置づけるならば、市場における権利能力の主体として認められていないがゆえに、自由で平等な人格からなる市民社会という理念の対極にいるという外国人労働者の状況にたいして、目を塞ぐことになろう（丹野二〇〇七：二八八―二八九）。このように市民社会の領域から労働市場を除外することの代償は、無視できないほど大きいといえる。

トクヴィルや熊沢が問題視する状況は、T・H・マーシャルが政治的シティズンシップと対をなし、これを補完すると述べた「産業的シティズンシップ」（Marshall 1992: 40; 邦訳五六、八七；cf. Streeck 1992: 53-56; 1999: 129-130; Imai 2011: 5-6）や、より一般的な用語でいえば「産業民主主義」を要請しているともいえる。(9) 産業的シティズンシップや産業民主主義のひとつの要素は、労働の現場での――労働組合の団体交渉権に象徴されるような――産業関係での労働諸条件をめぐる契約を中心とする市民的権利の集合的行使である。自発的結社モデルや公共圏モデルは、市民社会をデモクラシーにとって重要な柱として捉えながら、労働市場を市民社会に組み込むことに消極的であったがゆえに、労働市場におけるデモクラシーについてはあまり多くを語ってこなかった。(10) これにたいして相互作用モデルならば、労働組合や企業を市民社会の射程に組み込み、産業民主主義ないし産業的シティズンシップの課題や労働組合――例えば非正規雇用問題や外国人労働者問題にたいする労働組合の対応の鈍さ――の問題を市民社会の枠組みで捉え、しかもジェンダーや家族の問題も視野に含めることができる。様々な問題のいわば結節点でもある労働市場の問題は、多面的な相互作用を捉えることを可能にする理論的枠組みを要請しているように思われる。

(2) NPO・NGOと国家

NPOやNGOを重視する市民社会論は、すでに先の節で紹介した。ここでは、この種の市民社会論の問題を批判的に検討するために、日本とバングラデシュの事例を取り上げることにしたい。この二つの国は、対照的な事例を示している。日本は、NPOやNGOが国家の公的制度の枠組みから大きな影響を受けるという事例であり、これにたいしてバングラデシュは、NPOやNGOが国家の公的制度の枠組みに負の影響を与えるという事例を示す。いずれの事例も、市民社会を多面的に捉え、とりわけ国家との相互作用の面を吟味する必要性を指し示すものである。

本章の冒頭で触れたように、日本における市民社会論では、しばしば市民社会の肯定論とNPO・NGO重視型の議論が結合している場合が多い[11]。このような議論の背景には、それなりに理解できる歴史的事情がある。長きにわたって日本の政府と官僚は、市民の自発的結社を促進する環境の法的整備には関心をもたなかった。そのため市民団体が法人格を取得して、法的保護を得ることは困難を極めた。しかし一九九五年の阪神・淡路大震災がきっかけとなり、すでにあったNPO法成立を求める動きを大きく推進させ、一九九八年に「特定非営利活動促進法」が成立したのであった。この法律の画期的な性質は、法人格取得をこれまでの主務官庁の許可ではなく、所轄庁の認証に基づくものとする点にあった。この結果、法人格をもつ市民団体が劇的に増加し、これとともに、NPOやNGOが市民社会の中心的な担い手である、との考え方も広まっていったのである。

このような展開のなかに、平等と不平等の力学を見出すことができる。日本の市民団体の特徴である、①地域密着のサービス提供型が圧倒的に多く、②公共圏モデルが重視するタイプの団体は少なく、結果として既存の大きな利益団体と比べて公的議論での影響力が弱いという点に、そうした力学の作用が認められる。しかもこの作用は、官僚制国家が課す基本的な枠組みに由来している[12]。

日本のNPOのひとつの特徴は、財政、組織、スタッフ、対象地域などの点で小規模であることに存する。専門職員を抱えて全国的な組織をもつ団体は、非常に少ない。むしろ圧倒的多数の団体が小さな財政的基盤のうえで少人数のスタッフから構成され、特定の地域を活動の対象として、種々のサービスを市民に提供する活動に従事していることである。こうした特徴の要因として、国家による規制を指摘することができる。法的規制は、NPOが財政的基盤を拡大させて、組織や影響力を発展させることへの大きな支障となっている。NPO法人格取得のための手続きを忌避して、法人格をもたない市民団体も多い。法人格を取得しても、団体への寄付金にたいする税制上の優遇措置を受けるには、さらに厳しいハードルが待ち受けており、ごくわずかのNPOやNGOしか優遇措置の恩恵に浴していない。財政基盤の小さい、よって組織も小さな団体が主流となる一因がここにある（ちなみに、二〇〇八年一二月に新しい公益法人制度が施行されたが、この改革が、中期長期的にみてNPOの活動にどのような影響を与えるかは、今後の研究課題である）。

社会福祉に関わるNPOの場合、その多くが行政と密接な関係をもち、しかも地域密着型である。〈国⇩地方自治体⇩NPO〉という順番で、活動範囲が上から移譲される形がそこに見られる。NPOは、国家の公共性（「お上」）ではない〈下からの公共性〉を形成するものと期待されているが、右の場合の公共性とは、いわば〈払い下げの公共性〉であり、NPOは国家や地方自治体の〈下請け〉に過ぎないとしばしば揶揄される状況を生み出す。

日本のNPOのいまひとつの特徴は、公共圏モデルが重視するタイプの市民団体が少ないことである。社会の問題を公的な課題として取り上げ、公的な意見の形成に寄与する市民団体は、数と組織力において十分な発展をとげていない（ただし、問題となるイッシューによっては、小さな団体が公的な議論――例えば貧困や格差をめぐる社会問題――に影響を与える場合もある）。このことは、不平等の力学の作用と直結する。公共圏志向の市民団体が未発達であるかぎり、すでに大きな組織をもつ利益団体は、公的議論に参加する機会の点で恵まれており、よってより大きな政治的影響力をもつであろう。例えば、社会保障制度についての公的議論で、福祉関係のNPOからの政策提言が、頻繁に報道される日本経団連の提案と肩を並べてメディアに紹介されることは、めったにない。既存の大きな利益団体に与えられた政策決定過程へのアクセス――各種の諮問委員会や審議会など――は、NPOには保障されていない。確かに、地域密着志向のサービス提供型NPOは、人びとが抱える生活上の種々の困難に対応しようとする点で、市民社会がもつ平等化の力学を体現する。しかし、もっぱらこの方向でNPOの発展が進み、公共圏モデルから遠ざかる場合には、不平等を生み出す仕組みにたいする政治の責任を不問に付すことにもつうじる。

このように利益団体と市民団体のあいだには、組織的リソースと影響力の点で不平等が存在する。不平等発生の力学は、国家が課す枠組み（法的規制や政治過程の構造）によって規定され増幅される。NG

ＯおよびＮＰＯを万能視する類いの市民社会論は、国家や公的制度からの影響を精査する必要があろう。

さて、つぎにバングラデシュの事例に目を向けることにしたい。アジアの最貧国のひとつであるバングラデシュは、ＮＧＯが開発、保健、教育、家族計画、環境などの領域で活発な働きをしている国でもある。バングラデシュの事例は、発展途上国において平等と不平等の力学が独自の様相を示すことを例証するものである。すなわち、①国家の統治能力が低いという状況において、ＮＧＯは種々の社会サービスを提供することで、多大な社会的な貢献をなしつつも、②強力なＮＧＯがリソースや人材を吸収することによって、国家の統治能力の向上が阻害されるという事態が生じる。[13]

バングラデシュの政府は、低い統治能力によって特徴づけられる。統治能力の未発達は、歴史的にみればイギリスの植民地支配やパキスタン時代の後遺症であるが、直接的には社会的貧困の帰結である。中央政府は、支出にたいして不足する収入を海外からの開発援助で充当し、地方政府は厳しい財政状況に直面している。人口の約半分は農村に住むが、富農層などの一部を除いて、その多くは貧しい。貧しい農村住民の租税負担（国税と地方税）は小さいものとならざるをえず、政府の財政規模も小さくなる。したがって行政システムは非効率的であり、社会サービスを住民に提供する能力をもたない。

まさにここに、バングラデシュにおいてＮＧＯが大きく発展する主たる要因がある。バングラデシュの行政組織が頼りにならないとして、国際機関や先進諸国は、開発援助を政府でなくＮＧＯに提供することを好む。また近年の「人間開発」への重視は、こうした傾向に拍車をかける。かくしてＮＧＯは、貧困撲滅、保健医療の充実、教育の保障、環境問題などの取り組みにおいて、バングラデシュ社会にとって非常に重要なサービスの提供者となっている。強力なNGOは、日本のNGOとは比較にならない程の規模の財政基盤、専門職員、経営組織を有する。

平等と不平等の逆説的な力学は、バングラデシュの事例にも観察できる。バングラデシュのNGOは、社会サービスを提供することで、貧困やそれと結びついた不平等を克服し、平等化に貢献している。なるほどこのことは、市民社会が平等化への推進力となることを示唆しよう。しかしこの平等化には、負の側面が伴う。それは、NGOの発展と国家の低い統治能力の悪循環にほかならない。国家の低い統治能力は、NGO中心の市民社会を促進する方向に作用する。しかしこの作用は、NGOによる国家の機能的代替を推進させるだけでなく、援助資金や優秀な人材をNGOに集中させ、結果として国家の機能的弱体化をもたらす。さらには、平等と不平等の逆説的力学は、NGOに多大な財政的支援をおこなう国際機関や先進諸国を考慮に入れると、国境を超えるグローバルな性質を帯びているともいえる。このようにバングラデシュの事例は、NGOおよびNPOを万能視する市民社会論に修正を迫るものであり、市民社会と国家の関係を重視する相互作用モデルの有効性を示唆している。[14]

(3) 福祉社会論

NPO・NGO重視の市民社会論と密接に関係するのが、福祉社会論であろう。[15] 福祉社会論の核心は、福祉供給の中心となる担い手を国家から市民社会に移すという構想にある。この構想がとくに重視するのは、非営利セクター、すなわちNPOである。NPOが重視される理由は、①市民のヴォランティア精神を組織原理とするがゆえに、国家と市場のいずれにも属さず、それゆえ行政権力がもつ画一化と正常化の抑圧的作用や市場原理がはらむ「市場の失敗」といった問題から自由である点と、②市民の多様なニーズに敏感かつ迅速に対応できる点にある。例えばウォルツァーは、国家が国有化した福祉供給を「社会のものにする」(socializing) ことを目標に掲げ、具体的には自発的アソシエーションが地域レベルの福祉供給に関わることで、福祉行政を民主的なものに変容させることを唱える (Walzer 1988; cf. Hirst 1993: chs. 6, 7; 千葉二〇一三:一七二—一七四)。

このように福祉社会論の特質は、福祉供給の担い手を多元的に構想し、福祉国家の硬直性や権力集中性を解決しようとする点にある。だが福祉社会論は、少なくとも三つの問題に応える必要があるように思われる。第一に、NPO・NGO重視論との関連で指摘したように、国家の関与を廃止せずに、むしろ財政面での公的支援を受け入れる場合、NPOは国家から福祉を請け負う形になり、国家からのコントロールから自由でない。第二に、福祉供給がNPOに全面的に依拠した場合、供給側がヴォランティア精神の利他主義に基づく以上、受け手は、もはや自己の権利ではなく他者の好意に依存する存在となり、社会保障の公共的理由はかぎりなく慈善に近づくことになろう。第三に、福祉社会は福祉国家の完全な代替物にはなりえないし、そもそも自発的アソシエーションによる福祉供給がカヴァーできる範囲には限界がある(つまり「市民社会の失敗」)。このことは、慈善団体や互助組織の存在にもかかわらず、国家による福祉供給に踏み切らざるを得なかった先進諸国の歴史が物語っている。

日本でも、一九七三年の石油危機を契機として、「日本型福祉社会」が提唱された。日本型福祉社会の特徴は、経済企画庁の『新経済社会七ヵ年計画』（一九七九年）を分析した石田によれば、①福祉を必要とする社会的弱者にならぬ「自助努力」、②家族や地域社会による福祉の肩代わり、③国民の生活保障にたいする国家責任を弱め、財政支出をおさえる「効率のよい政府」の三点にある（石田一九八九：二九九―三〇〇）。この種の政策アイディアは、近年の政府主導の政策論議でも受け継がれている。「二一世紀日本の構想」懇談会（二〇〇〇：四八）であれ、「日本二一世紀ビジョン」に関する専門調査会（二〇〇五：一七）であれ、また鳩山民主党政権の「『新しい公共』宣言」（二〇一〇）であれ、福祉供給の担い手としてのＮＰＯに期待が寄せられている。

日本型福祉社会論の問題のひとつは、社会保障費を抑制するだけでなく、かつて労働市場をつうじておこなってきた福祉の機能的等価物による再分配（①市場への行政的な介入と保護（護送船団方式）、②公共事業（土建国家）、③雇用保護規制）を縮減し[16]、なおかつ格差の拡大につながる一連の規制緩和政策の枠組みに埋め込まれている点である。ＮＰＯが大きな役割を担うことが市民社会の活性化や新しい公共の可能性を切り拓くことにつながるとして、これを歓迎するとしても、より大きな政治経済の構造的問題に目を向ける必要がないであろうか？　端的にいえば、ＮＰＯの比重の拡大や市民社会の活性化のために、財政支出の削減とそれによる格差と貧困の拡大――悲痛な例をいえば生活保護の供給を拒まれたがゆえの「おにぎり」餓死――という代償を払うことは、いかなる規範的観点から正当化できるのであろうか？

福祉社会論のいまひとつの問題は、ジェンダーの視点に関わる。石田の指摘にもあるように、日本型福祉社会論は、家族による福祉の肩代わりに期待するものであった。このことは、女性が福祉供給の中心にたつことを意味する。つまり、ジェンダーの観点からみると福祉社会論――その典型として「日本型福祉社会論」――には、主として女性がパートタイムや無償の労働をとおしてケアの供給を担うという性別役割分業を固定化する危険性がある（杉本一九九七：高原二〇〇九：一二三）[17]。家族――現実にはおもに女性――による福祉供給という考え方の根強さは、一九九九年の介護保険制度導入をめぐる議論において、当時自民党政調会長であった亀井静香代議士が、子が親を介護する「美風」を持ち出したことからも明らかである。さらにいえば、一九一三年の時点で内務次官の水野錬太郎が、「親戚故旧相救ふといふ主義が本である」ことが「我邦の美風」であると述べたことが示唆するように（石田一九八九：二四九）、亀井自身が警察官僚出身で、かつての内務省が警察と福祉行政の双方を担当していたという符合を越えて、この国の政策立案者たちの脳裏にある発想の歴史性をうかがわせる点で興味深い。

こうした見解にたいして、女性が家族の面倒をみることではなく、ＮＰＯによる福祉供給こそが福祉社会論の主眼である、という反論もありえよう。しかし、労働市場参加の男女間の不平等を所与とした場合、ヴォランティア組織による福祉供給の主たる担い手は女性であろう。公的な財政支援があったとしても民間非営利組織の給与水準は低いため、男女間の賃金格差は縮まらず、必要なときは家族のケアに、可能なときは他人のケアに従事するという女性のケア労働への固定化が生じるであろう。

右の考察は、福祉社会論を批判的に吟味する必要性とともに、この問題に労働市場や家族のあり方が密接に関連するがゆえに、NPOの比重の高まりを市民社会の活性化の糸口として――あるいは活性化の証しとして――歓迎する狭い見方を脱して、市民社会の多面的な相互作用を捉える理論的枠組みの必要性を示すものといえる。

むすびにかえて

本章では、市民社会を平等／不平等の力学という観点から考察し、多面的な相互作用を視野に入れる理論的枠組みの必要性を論じてきた。この枠組みは、市民社会に関する肯定論やNPO・NGO重視論を越えて、市民社会の多面性に目を向けることを可能にするものである。また、市民社会に内在する平等と不平等のダイナミックで、時に逆説的な関係も論じた。このような力学を見据える市民社会論への視座によって、「自由と平等」の公共空間としての市民社会への展望と具体的方途が開けてくるように思われる。

（1）古代ギリシアから日本における市民社会論までわたる市民社会の概念史の文献として、植村（二〇一〇）を参照。

（2）経済領域を市民社会の範囲から排除するという近年の市民社会論の傾向については、岡本（二〇〇四：二二七：二三六、注の33）を参照。

（3）いうまでもなく、身分制社会だけでなく、市場経済の自由放任主義もまた甚大な差異＝不平等を生み出した。杉原泰雄によれば、一九世紀中頃のフランスでは、フランスの賃労働者の平均拘束時間が一日一五時間、実労働時間一三時間から一四時間という苛酷な長時間かつ低賃金労働であった。苛酷な労働と非衛生的で危険な職場は、平均寿命の低下をもたらした。ナポレオンが戦争して平均寿命が低下していた一八〇六年には、フランス人の平均寿命は二八歳であったのにたいして、第一次産業革命が絶頂期を迎えんとする一八四〇年には二〇歳に下落した。また同時期のフランスの乳幼児の死亡率は、ミュルーズ市の調査によると、工場経営者と大商人の子供の誕生時の平均余命は二八歳であるが、織工と製紙工の子供の平均余命は一歳半であった（杉原二〇〇六：二二六―二二七）。

（4）例えば、貧困は持続的に連鎖する。阿部彩の研究によれば、「一五歳時の貧困」が「限られた教育機会」に結びつき、これが「恵まれない職」と「低所得」に連結し、さらには「低い生活水準」（食料、家財・家電、住環境、人間関係）にいたる（阿部二〇〇八：二三）。また貧困は、世代間でも連鎖する。同じく阿部によると、一九九五年の時点での二〇歳から六九歳であった男女の学歴を父親の学歴別にみると、父親が大卒である場合、本人も大卒である割合が六九％、父親が中卒である場合は一四％であり、さらには父親が中卒である場合、子供が中卒である割合が三〇％、高卒が約五〇％で、大卒が一四％である（阿部二〇〇八：二六；吉川二〇〇六）。

（5）平等の脱自然化という考え方は、寺嶋（二〇一一）に負っている。ただし寺嶋の場合、「平等社会の定番であった狩猟採集社会や自給自足的な農耕社会」にたいする素朴平等論的な見方、つまり平等を自然化する見方を脱却し、近現代の社会や制度のなかから平等と不平等の構造を析出する作業を指す（寺嶋二〇一一：一一三）。

（6）平等社会において不平等が問題視され、平等化されるというダイナミズムへのトクヴィルの洞察については、宇野（二〇〇七：第二章）を参照。この種の「弁証法」は、日本における市民社会論において明確に認識されていたといえる。例えば平田清明は、つぎのように述べている。「市民社会に固有な、観念上の自由は、内面の自由であり、観念上の平等は法制上の平等である。それは、現実における事実上の不自由・不平等を、個人の内面に認識させ、法的基準そのものを吟味させる人間精神の観念的法制的保証である。市民社会の自由・平等を積極的に評価しうる者のみが、それを批判しうる者である。そのような批判を成立させるものこそ、市民社会そのものなのである」（平田 一九六九：九三）。同様に、吉田（一九九九：一三三）、今井（二〇〇一：第一章）、篠原（二〇〇三：七六）を参照。

（7）内田義彦の市民社会論に関して、とくに「一物一価」への集中とそれが随伴させる能力主義ないし業績主義への共感の問題については、広岡（一九九五：二八三―三二〇）、鈴木（二〇一〇：一二九―一三二）、植村（二〇一〇：二〇六―二一四）を参照。

なお労働市場において能力以外の要因での差別が存在し、そもそも能力判断が困難であるという指摘（立岩二〇〇四：二二四―二二六）や、経営陣と社員のあいだで拡大する傾向にある賃金格差が個人の生産性の観点からは説明できないという指摘（Piketty 2014: 330-335）を考慮するならば、労働市場における「能力＝力作」主義としての「一物一価」の現実性はきわめて疑わしいといえる。しかし本章が問題視するのは、「一物一価」の欠如ではなく、その論理そのものの問題性である。

（8）市民社会の定義に家族を含めるか否かについては、論者によって異なる。この点は、岡本（二〇〇四：二二六―二二七）に引用された種々の定義を一瞥すると分かる。

（9）産業民主主義については、Walzer（1983: 301-302; 邦訳四四五―四四六）、濱口（二〇〇九：第四章）、熊沢（二〇一三：二三─二四）、Gourevitch（2013）を参照。産業的シティズンシップの変容がいかに移民の社会統合に影響を与えるかについては、ドイツのトルコ系移民について論じた本書の第六章を参照。また、移民の社会統合において労働市場と福祉国家の連関が重要となる点については、日本の事例について論じた木部（二〇一〇）を参照。

（10）経済の領域と市民社会を連関させる市民社会論の試みとして、Cohen and Arato（1992: ch. 9）とWarren（2001: 58）を参照。

（11）二つの傾向をつなぐ例として、日本NPOセンター（二〇〇七）を参照。またこの種の議論の問題性に関しては、植村（二〇一〇：三〇四─三〇七）を参照。

（12）以下の議論は、Pekkanen（2006）に依拠する。

（13）以下の議論は、川村（一九九八）に依拠する。

（14）グローバル市民社会論については、ここでは論じないが、相互作用モデルの視点が有用であるといえる。国際NGOがグローバル市民社会の重要な担い手であることは、事実である。しかし、グローバル市民社会論がNGOを万能視する場合、平等と不平等の逆説をはらむ力学の展開に対応できないのではなかろうか。木部（二〇一二）を参照。

（15）以下の議論の多くは、木部（近刊予定）に依拠している。

（16）福祉供給の機能的等価物については、三浦（二〇〇三）、Estévez-Abe（2008）、宮本（二〇〇八）を参照。

（17）欧米に関しても、ケアの領域で女性が中心となってきた点については、Phillips（2002: 82）を参照。

第五章　差異とシティズンシップ

はじめに

「日本は民族的かつ文化的に同質の国である」との見解が広く受容されてきたことは、衆目の一致するところであろう。日本の政治家は、頻繁にこの見解を公式の場で表明している。典型的な例をいえば、一九八六年に中曽根康弘首相は、日本が二〇〇〇年のあいだ民族的マイノリティのいない「単一民族」からなる同質的な国だったのであり、このことこそが日本の経済的な繁栄にとって不可欠の要素であった、との発言をおこなった(1)。日本を同質のエスニシティからなる国とみなす見解は、例えばJ・ケアレンスやR・ベイナーといった欧米の政治理論家にも、同じように共有されている（Carens 1992: 37; Beiner 2003: 116）。

日本を同質的な国とみる見解は、文化的な多元主義を受け容れようとしない政策を正当化するために頻繁に用いられてきた。日本の政治家が同質的な日本観に言及することの意図は、多くの場合ここにある。後に検討するように、ケアレンスも、こうした日本観に依拠して、移民にたいして制限的な政策を引き出している。

しかしながら、日本が文化的に同質であるとの前提を政策の方針と結びつけることは、経験的な観点と規範的な観点の双方からみて、許容できるものではない。まず第一に、日本が民族的かつ文化的に同質であるとの経験的な前提は、きわめて疑わしいものである。近年、まさにこうした前提が批判的な検討と論争の対象となっており、日本が民族、文化、言語などの点で、一般的に言われるよりもはるかに多様で異質な要素をもってきたことが指摘されている(2)。経験的な前提そのものが間違っている場合、その前提に依拠する判断は無効とならざるをえない。第二に、文化的な同質性を維持し促進すべきであるとの規範的な志向には、批判的な検討が必要である。こうした検討は、近年では「独自のエスニシティと文化をもつ集団の権利にたいする関心が、政治理論家達のあいだで目覚しいまでに高まっている」ことを考慮するならば（Kymlica 2001: 17）、ますます避けられないものとなっている。

本章は、「日本＝同質的な国」という理解とそれに依拠する政策論議を批判的に吟味することを課題とする。この課題は、経験的な次元と規範的な次元という二つの次元にまたがっている。この課題に適合するアプローチは、現存する制度や実践のあり方に注意を払い、そこに埋め込まれた規範的な原理を明らかにする「文脈的なアプローチ」であるように思われる。そうしたアプローチは、M・ウォルツァーやケアレンスに典型的にみられるものである（Walzer 1983; Carens 2000)。経験的な問題に関しては、日本における二つの代表的なエスニック・マイノリティであるアイヌと在日コリアンに焦点を当てて、それぞれの集団に関連する政策や制度を考察する。この考察から、多元主義に配慮する制度的実践としての〈差異化されたシティズンシップ〉(differentiated citizenship）を析出する。規範的な問題に関しては、〈差異化されたシティズンシップ〉の原理を分析したのち、ケアレンスの初期の議論や他の想定される反論に対置することにしたい。私見によれば「差異化されたシティズンシップの概念」は、①シティズンシップをナショナリティから切り離し、②文化的な画一性ではなく多元性を目的とし、③国籍保有者と非保有者のあいだの中間的な地位を積極的に認めるという三点において、シティズンシップについての伝統的で画一的な見方よりも、多元的で安定した社会に適合するものである。

ここで、二つの点を断っておかなければならない。第一は、〈差異化されたシティズンシップ〉の主張には、日本における文化的な多元主義を実際以上に誇張する意図がないという点である。R・シドルは、アイヌに関する公共政策について、「日本は、有意義な多文化主義を受け容れるには、いまだ程遠い状態にある」(Siddle 2003: 460）と主張する。シドルの見解は、たとえ日本における多文化主義を控えめに見積もるものであるとしても、やはりいくらかの真実を含んでいる。事実、〈差異化されたシティズンシップ〉の現実は、徹底したものではない。また、エスニシティと文化の多元主義に配慮する日本の制度や政策の多くは、原理原則の問題として確立されたものではなく、むしろプラグマティックな妥協の産物である。こうした性質をもつ制度や実践は、政治的環境の変化に脆弱であるがゆえ、原理の問題として確立される必要があるのはいうまでもない。したがって本章の意図は、すでに実践されている制度の原理を整合的に提示することだけでなく、右の制度を実際的な妥協の段階を超えて、原理原則の段階へと移行させる必要性を指摘することも含んでいる(3)。

第二に注意すべきは、文脈的なアプローチこそが政治理論の唯一のアプローチである、とは筆者が考えていない点である。むしろ、制度や実践に埋め込まれた〈差異化されたシティズンシップ〉の原理が、より一般的な平等主義的なリベラリズムの原則として理解され、また正当化されうると考えている。だが、同質的な日本観を前提に展開される公的言説の現状を考慮するならば、文脈的なアプローチのほうが、正義の一般理論を用いる場合よりも説得的な議論を展開できるように思われる。

さて本章は、以下のように構成される。第一節では、文化的、社会的および政治的権利の見地から、アイヌや在日コリアンという二つのマイノリティ集団を考察し、民族的・文化的な多元主義に対応する制度的実践を明らかにする。第二節では、〈差異化されたシティズンシップ〉の概念を用いて、第一節で明らかにした制度的実践の原理を論じる。第三節では、これらの分析に基づいて、日本に住む人びとの文化的な同質性という真偽の疑わしい経験的主張と、文化的な同質性の維持を志向する政策を結びつけるケアレンスの議論を、批判的に考察する。第四節では、〈差異化されたシティズンシップ〉にたいする反論を批判的に検討し、社会的な結束を強化する政治的意図と結びついた、文化的な同質性を保持しようとする公共政策が、道徳的な観点ならびに実際的な観点からみて望ましいものではないことを論じる。

一　制度的現実としての多元主義

本節では、日本における代表的なエスニック・マイノリティ集団であるアイヌと在日コリアンに焦点を当てて、文化的、社会的および政治的権利の見地から考察する。ここでは、日本には事実として差異化されたシティズンシップへの明確な要求をもつ多様なエスニック集団が存在するとともに、その多様性に対応する制度的実践が存在することを示すことにしたい。

(1)　アイヌ民族

北海道の先住民であるアイヌは、[4]一七世紀の初頭に幕藩体制の支配構造に組み込まれたのち、西欧型の近代国家を目指す日本政府による——学校制度を筆頭とする——同化政策の対象となった。この政策は、かれらを「文明化」するという理由づけを与えられていたが、政治的なカテゴリーとエスニックなカテゴリーを同一視する国民概念を基盤にするものであった（モーリス・スズキ二〇〇〇：一三六；小熊一九九五：第四章；一九九八：第三章）。同化政策の一環として、一八八九年には、アイヌから民族固有の文化、独自の名前、伝統的な生活様式、父祖伝来の土地を奪う北海道旧土人保護法が制度化されるにいたる。

だが第二次大戦後になると、状況改善のための運動が展開する。こうした運動の中心となったのは、北海道アイヌ協会であった。一九八四年にアイヌ協会は、アイヌ新法案を作成し、旧土人保護法廃止に向けた重要な一歩を進め、その後は国際労働機関（ＩＬＯ）や国連人権委員会の先住民作業部会に代表団を送り、国際的な機関と世論に訴えた。こうした努力の結果、日本政府はついにアイヌを固有の民族として認め、一九九七年には旧土人保護法を廃止するとともにアイヌ文化振興法を制定するにいたった。


このようなアイヌに関する政策の転換とアイヌの現状を、あらためて文化的、社会的および政治的権利の観点から簡潔に考察したい。まず文化的な権利に関していえば、アイヌの人びとの要求は、アイヌが独自の民族的マイノリティ集団であることを公的に承認させる点に集中している。このことは、アイヌ新法案に明確に表われている。法案の序文は、アイヌ民族にたいする歴史的な不正義と人権侵害を訴えたうえで、法案の目的が「アイヌ民族を独自の文化を持つ存在として認識し、民族的な誇りに敬意を払い、民族的な権利を確保すること」にある点を明言している（松本・江川二〇〇一：三一四―三一九）。具体的に法案が要求するのは、アイヌ語の学習と反差別の教育プログラムを学校教育に導入し、大学カリキュラムにはアイヌ研究を組み入れ、さらにはアイヌ研究に関する国立機関を設立するといった一連の政策である。

こうした文化的権利の要求は、アイヌ文化振興法によってある程度まで実現されたといえる。この法律は、その第一項において、「アイヌ文化を促進し、これに関する知識を広く国民に知らせ、広げていく」ための政策をとおして、「アイヌの人々の民族的な誇りが尊重される社会を実現する」ことを主たる目的として位置づけている（同上、三一七）。この立法は、民族的・文化的な同質性の言説からの——たとえそれがおそるおそるの一歩であっても（Morris-Suzuki 2002: 171）——明確な決別を意味する点で、画期的な出来事であった。しかしながらアイヌ文化振興法を批判的に検討するならば、それが功罪相半ばするものであることも明らかである（Siddle 2003: 447）。例えばアイヌ語の学習は、アイヌ語教室やラジオのアイヌ語講座などの試みがあるとはいえ、いまだ学校教育の教育課程に正式に組み込まれておらず、それゆえ学習の機会が限られている（上野二〇一二）[5]。さらに深刻な問題点を指摘するならば、土地と資源にたいする先住民族の権利はいうにおよばず、アイヌの人びとにたいする過去の不正義への言及も謝罪も、この法律には含まれていない（Morris-Suzuki 2002: 171; 花崎二〇〇二：一五五—一五六; Maher 2002: 175）。とはいえ、民族的・文化的な多元主義の見地からすれば、民族的・文化的な画一性を体現するものとして日本を理解する見解とは異なる理解にたつ制度的現実が成立していることの意義を強調しすぎることはなく、この点でアイヌ文化振興法が「着実な前進と成功のしるし」（Maher 2002: 175）であることは否定しがたい。

社会的な権利の観点からいえば、アイヌ民族の要求は、平等な権利の実質的な保障にある。具体的にはこうした保障は、アイヌの生活環境の改善に取り組むための直接的な立法措置を意味する。一九六一年以降に施行されたアイヌを対象とする福祉対策にもかかわらず、過去の不正義、偏見、差別によって、いまだアイヌ民族は社会経済的に不利な立場に置かれている。一九九九年の北海道による公式の統計によれば（北海道環境生活部二〇〇〇：cf. 中村二〇〇八：野崎二〇〇八）、アイヌの人びとのなかで生活保護を受給する者の割合は、アイヌ人口を含む自治体全体における受給者の割合の二倍に達するし、また大学進学率に関してはそれらの自治体全体の平均三四・五％にたいして、アイヌの子供たちの大学進学率は一六・一％である。それゆえアイヌ新法案は、アイヌ民族が直面する社会経済的に不利な状況を鑑みて、アイヌを対象とした自立支援基金の設立など、よりラディカルで包括的な福祉プログラムを要求したのであった（松本・江川二〇〇一：三一四―三一八）。

しかしながらアイヌ文化振興法は、あくまで文化の問題に限定する法であったがゆえに、社会的な権利に関するアイヌの人びとの熱望にも期待にも応えるものではなかった（江川二〇〇一a：一二〇五：大黒二〇〇一a：一五三）。なるほど確かに福祉政策が、ある程度まで生活状況を改善した側面もみられ、とりわけ教育のための財政支援はその好例であろう。中学を卒業し、高校に進学するアイヌの子供たちの割合は、一九七二年の四一・六％から一九九九年には九五・二％まで上昇した。また扶助の必要な人びとに福祉プログラムを仲介するうえで、アイヌ協会が重要な役割を果たしたことも事実である。だが、このようにアイヌを対象とする福祉政策が実行され、ある程度の効果があったといえるとしても、アイヌを対象とするアンケート調査で要望の上位を占めたのが、「差別のない人権尊重の社会の実現」（五〇・二％）や「アイヌ語・アイヌ文化の学校教育への導入」（三二・七％）とならんで、「学力向上の支援」（五一％）と「雇用対策の拡充」（四二・九％）であったという事実は、社会的権利の実質的保障という課題の重みを如実に物語っている（常本二〇〇八）。[6]

政治的な権利の領域では、アイヌの声を反映するための特別な制度的枠組みへの要求は、あまり成功してきたとはいえない。アイヌ新法案は、アイヌ民族に一定の議席を割り当てる集団的代表制度と常設の諮問機関の設置を、国と道の二つの次元で求めていた（松本・江川二〇〇一：三二五－三一六、三一九）。この要求は、アイヌ文化振興法によっては実現されなかったし、とりわけ集団的な代表権に関して、日本国憲法の政治的権利に関する規定に抵触すると主張する日本政府によって断固として退けられた（大黒二〇〇一b：一二二）。常設の諮問機関設置の要求は、内閣官房による「アイヌ政策推進会議」の設置に結実したといえる。こうした機関による政策決定が正統性をもち、かつ効果的なものとなるためには、制度の拡充とともに、アイヌの人びとの多様な声を反映する意見形成のプロセスの確立と集団的エンパワーメントの方途も必要とされるであろう。

(2) 在日コリアン

今日の在日コリアンは、旧植民地臣民とその子孫から構成され、およそ九五万人とされている（金二〇〇四：二九四）。六四万人が登録外国人であり、その他は帰化済みの日本市民か、在日コリアンと日本人のあいだの国際結婚による子供である。第二次大戦後、日本には二〇〇万人のコリアンがいたが、そのほとんどは朝鮮半島へと帰還した。日本政府は、当時日本にいたコリアンに日本国籍を選択させる余地を与えないまま、いくつかの立法措置によって彼らの日本国民としての地位を否定した。まず選挙権の剥奪から始まり、ついで外国人登録の強制、そして一九五二年には旧帝国臣民の日本国籍の一方的な廃棄が実施された。このことから、日本に生きるコリアンは日本の市民と同等の権利を得るために苦闘しなければならなかった（大沼一九九三：二〇〇四）。在日コリアンの存在と努力が、定住外国人一般の権利の拡張に大きく貢献したことは明らかである。そうした努力の主眼は、在日コリアンが「日本社会に生きる住民として権利と機会の平等を確保しながら、民族的なアイデンティティと文化的な遺産を保持する」ことにあった（Kashiwazaki 2000b: 29）[7]。

文化的な権利に関して在日コリアンがおもに要求したのは、文化的差異の公的な承認と支援である。重点が置かれたのは、学校教育に関する問題であり、とりわけ「民族教育」であった。民族教育は、民族の言語、歴史、文化、社会を学ぶことをつうじて、子供達の民族文化的なアイデンティティを涵養する機会として理解されていた[8]。「民族教育」の規範的根拠となったのは、平等な人権を定住外国人にまで拡大せよ、という要求と、植民地時代とその後に蒙った歴史的な不正義を筆頭とする、在日コリアン固有の歴史的な背景を承認せよ、という要求の組み合わせであった。

こうした権利要求に関する好例は、一九九八年の阪神教育闘争五〇周年大会の際に出された「民族教育権利宣言」であろう。この宣言は、一九四八年と一九四九年に日本政府が全国五〇〇にものぼる朝鮮学校を強制的に閉鎖させた歴史的な不正義を強調するだけでなく、国際人権規約および子供の権利条約において明文化された、民族文化的な差異に基づく教育の権利に訴えかけることで、より制度的に保障された形での「民族教育」のあり方を要求した。別言すれば、基本的人権を基盤とする「民族教育」の強調は、集団固有の差異によって文脈化され補完されており、いわばC・テイラー（Tayler 1992）がそれぞれ「普遍主義の政治」と「差異の政治」と呼ぶものを結合させたものにほかならない。

こうした要求に対応する試みが、地方自治体や学校のレベルでなされてきた。ただし日本政府は、消極的な姿勢をとりつづけ、民族学級を課外活動として認めるにとどまった（Iwasawa 1998: 195）。「民族学級」は、在日コリアンの子弟が数多く通う学校において実施されてきた（Maher and Yashiro 1995b; Iwasawa 1998: 195）。この点でもっとも進んでいるのは、二〇〇五年六月に「民族学級」開設一〇〇校達成を祝った大阪市である。結果として、「民族学級」を取り入れている学校——六〇の小学校と四〇の中学校——は、大阪市の全公立小学校・中学校のうち二三％に及ぶことになった（朝日新聞二〇〇五）。

文化的な多様性に積極的に対応する方針は、大阪市教育委員会の「定住外国人のための教育ガイドライン」に表われている。この公的文書は、教育委員会のマイノリティ集団に属する子供たちの民族文化的なアイデンティティ、とりわけ在日コリアンの子供たちのそれを涵養する課題が、国際人権法に明記されてもいる教育の重要な目標であると明言する（大阪市教育委員会 二〇〇一：二九）。この目標は、「二〇〇五年度学校教育ガイドライン」においても再確認されている（大阪市教育委員会二〇〇五：三―四）。このように自治体を中心とする仕方で、教育における民族文化的な多様性への制度的対応が進められてきた。(9)

在日コリアンの社会的な権利に関していえば、国際人権法が、在日コリアンを含む外国人の状況改善にとって重要な影響を与えてきた。一九七九年の国際人権条約および一九八一年の難民条約を日本政府が批准したことで、社会保障法の国籍条項は削除されることになり、その結果として在日コリアンおよび他の定住外国人も国民年金や国民健康保険に加入することが可能となった（Iwasawa 1998: ch. 4; 近藤二〇〇一：一七）。かくして在日コリアンは、社会的権利を享受するにいたっており、確かに未解決の法的および行政的な問題がいくつか残っているが、[10]地方自治体が中心となって残された問題の解決に取り組んできた。[11]

在日コリアンの政治的権利というテーマは、きわめて論争的で激しい議論を呼んでいる。ある報告によれば、地方参政権および国政参政権にたいして、在日コリアンは強く要求しているとされる（宮島二〇〇三：二一〇―二一一）。しかしながら実際には、かれらの政治的権利要求は、おもに地方参政権に関するものであるように見受けられる。このことは、慎重な思考に由来しているかもしれない。つまり、外国人に国政レベルでの参政権を与えることにたいしては、日本の保守的な政治家および政治的な識者による強力な反対が予想されるからである。例えば、在日韓国人を代表する組織である在日本大韓民国民団は、国政参政権でなく地方参政権を主張している。こうした権利要求を支える論拠は、歴史的な不正や人権に関する議論とともに、日本国憲法および地方自治法に記載されている「住民」の概念である。「住民」は、地方自治政府の構成員として理解され、日本国籍保有者としての「国民」とは区別される。この概念は、地方のコミュニティに深く根ざし、地方の政治に参加する権利を付与されるに相応しい「住民」として、在日コリアンの住民を位置づけるものである（民団二〇〇五ａ）。

しかしながら日本の政治エリートは、九〇年代から今日にいたるまで意見の分裂を解決できないままである。自民党政権においても、また民主党政権においても実現に向けた強い意志はみられず、むしろ公的議論の先延ばしが選択されているといってよい。ここでも、地方政治は国政に先んじている。川崎、静岡、浜松、三鷹といった地方自治体は、在日コリアンを含む定住外国人から構成される様々な諮問機関を設置し、定住外国人を政治的・社会的プロセスのなかに組み込んでいくための重要な機会を提供している（宮島二〇〇三：第八章；Asis 2004: 25-26; Tegtmeyer Pak 2000）。二〇〇五年二月の試算（民団二〇〇五b）によれば、一七七の地方自治体が、定住外国人に対して様々な形での住民投票を保障している。二〇〇五年六月に大韓民国政府が永住外国人の地方参政権を認める法案を成立させたことは、確かに近年の韓国や北朝鮮との地政学的な緊張関係という阻害要因があるとはいえ（樋口二〇一四）、より中長期的な観点にたつならば、日本においても同種の立法を求める運動を後押しすることになるかもしれない。

二　差異化されたシティズンシップ

本節では、前節での考察に基づきながら、〈差異化されたシティズンシップ〉の概念を、実践のなかに埋め込まれた一連の原理として素描する。ここでまず、シティズンシップについての伝統的な考え方を一瞥しておきたい。

日本で広く受容されてきた伝統的なシティズンシップ観は、日本が単一民族であり、したがって文化的にも単一であるとの見解と密接に結びついている（Lie 2001: 144; Siddle 2003: 448）。このシティズンシップ観は、①一連の権利と義務によって定義される市民の法的地位、②国家の構成員の法的地位、③民族文化的にみて同質的な政治共同体たる国民国家の構成員であることの三つの要素からなりたっている。このように理解されたシティズンシップは、市民が単一の主権国家と、これと同一の広がりをもつ単一の民族文化的な国民に属すると想定する点で、一元的《ユニタリ》な性質を帯びるものである。(12)〈差異化されたシティズンシップ〉論と対比させるために、伝統的なシティズンシップ論の特徴をいえば、それは(1)国籍との不可分性、(2)民族文化的な画一性、(3)市民と非市民の二者択一的な選択の三点である。これにたいして〈差異化されたシティズンシップ〉観は、(1)シティズンシップと国籍を区別し、(2)文化的な多元主義を受け容れ、(3)国民と国民でない者の二分法を越えて両者のあいだに中間的カテゴリーを認めるものである。以下の行論では、これら三つの特徴を考察することにしたい。(13)

(1) シティズンシップと国籍の分離

伝統的なシティズンシップ論の場合、シティズンシップと国籍は不可分の関係にあり、シティズンシップの諸権利を享受できるのは、国籍保有者に限定される。シティズンシップと国籍をこのように密接に結びつける思考様式からは、外国人が当該の国で全面的な権利の享受を望むとすれば、彼／彼女が帰化を経て国籍を取得するしかなく、取得を選ばないならば権利を制限されたまま生きていくしかない、といった二者択一を迫る発想も当然生じる。これにたいして〈差異化されたシティズンシップ〉論は、シティズンシップと国籍の一体性を問題視し、二者択一の問題としてシティズンシップを理解すべきでないと考える点で、移民研究で知られるS・キャッスルズとA・デヴィッドソンの（Castles and Davidson 2000: 85）の意見に同意する。前節で考察した在日コリアンの事例は、かれらが永住権をもつだけでなく、政治的な権利を除いて日本国籍保有者とほぼ同じ市民的および社会的権利を享受できることを示している。在日コリアンに関わる法的実践が明らかにするのは、永住権をもつ外国籍の居住者にとって、国籍取得が市民的権利と社会的権利の必要条件ではないという点である。したがって、権利がもたらす便益の享受という意味での実質的なシティズンシップは、パスポートに明記されるフォーマルな意味でのシティズンシップ、すなわち国籍から区別される必要がある。

シティズンシップと国籍を分ける考え方のひとつに、スウェーデンの移民研究者であるT・ハマーが、永住権とシティズンシップの広範な諸権利を有する外国人居住者を指す用語として用いた「デニズンシップ」の概念がある（Hammar 1990）[14]。デニズンシップを日本の文脈に当てはめるならば、右で考察した在日コリアンがその典型例となろう。移民研究者の柏崎千賀子によれば、在日コリアンによる権利獲得の運動は、帰化を回避しながら、民族的なアイデンティティを維持するとともに、シティズンシップの諸権利を確保することを目指す「デニズンシップの政治」であった（Kashiwazaki 2000a: 455-460）。在日コリアンの「デニズンシップの政治」や、かれらのニーズに対応する諸制度は、〈差異化されたシティズンシップ〉を支持するものであるといえる。また、近年の移民が一時滞在から定住者へとシフトしつつある傾向を考慮するならば（田島二〇〇〇）、移民の基本的なニーズを満たすためには、国籍を基礎とするシティズンシップ論から〈差異化されたシティズンシップ〉論への転換が必要となる。

なるほど確かに、日本のデニズンにはいかなる参政権もない。しかしすでに議論したように、いくつかの地方自治体は、定住外国人を幅広い政治的・社会的なプロセスに統合するための多様な諮問機関を設置するという手段を講じている。これらの動きは、いわばトクヴィル的な見解に沿うものといえる。トクヴィルは、『アメリカにおけるデモクラシー』において、「誰もが自分のことのようにタウンや地区や州全体の事柄に関心を寄せるのはなぜか」と自ら問いかけて、有名な答えを与えている。それは「誰もがそれぞれの立場で、社会の統治に積極的な役割を果たしている（prend une part active au gouvernement de la société）」からである（Tocqueville 1992［1835］: 271; 邦訳一二一―一二二）。現代のトクヴィル主義者であるR・パットナムは、イタリアの市民的な伝統に関する研究から、同様の見解を引き出している。パットナムによれば、イタリアのいくつかの地域に示される良好な制度的パフォーマンスは、活発な「市民共同体」（civic community）に由来する。この共同体を構成するのは、「ローカルな結社の濃密なネットワーク」、「コミュニティの事柄への活発な参加」、「平等主義を基調とする政治」、「信頼と法遵守」などの特質である。「相互性の規範と市民参加のネットワーク」は、ギルド、相互扶助団体、協同組合、労働組合、サッカークラブ、文学研究会といった「水平的な市民の紐帯」に体現されている（Putnam 1993: 180-181）。こうしたトクヴィル的な観点からみるならば、日本人、デニズン、外国人居住者の政治的・社会的コミュニケーションの実践は、活発な市民参加のためのネットワークの構築に貢献するものといえる。長期的な観点にたつならば、こうした貢献は、デニズンの政治的権利への道程を用意するものとしても期待される。

ところで、右で展開してきた議論にたいしては、帰化手続きを簡略化することによってこそ、定住外国人の問題を解決することができるのであり、〈差異化されたシティズンシップ〉論では解決にならない、という反論もあろう。それゆえ、なぜ〈差異化されたシティズンシップ〉の考えを導入する必要があるのかを、われわれはあらためて問わなければならない。確かに、アカウンタビリティや公正さをより一層確保することが、帰化手続きには求められる。また、いまよりも行政の裁量に任せる余地を縮小し、より迅速な手続きを導入することも求められる。とりわけ在日コリアンの場合、裁量的要素の少ない、正当な権利としての帰化制度への要求も理解できる。こうした見解は、鄭大均によって支持されている。かれの見解では、日本で生まれ育った第二、第三世代の在日コリアンの多くは、国籍としては韓国籍もしくは朝鮮籍であろうとも、コリアンとしての明確な民族的なアイデンティティをもってはいない。このようなアイデンティティと所属のギャップを埋めるものが、日本国籍への帰化である。帰化の結果として、日本はさらに文化的に多様なものとなることが期待されている（鄭二〇〇一）[15]。

右の議論には、一定の妥当性を認めることができる。それは、帰化というシティズンシップの重要な制度を合理的なものに転換することで、シティズンシップのあり方を豊かにする可能性をもつ。しかしながら本章の関心からすれば、〈差異化されたシティズンシップ〉の課題と帰化の課題を区別し、前者のメリットを明確にする必要がある。〈差異化されたシティズンシップ〉論にしたがえば、社会の成員としてまっとうな生活を送るためには、誰もが帰化という手段を選ぶ必要はない。この点で、〈差異化されたシティズンシップ〉論は、社会のメンバーシップのあり方をめぐる可能性をさらに切り開くものである。

(2) 文化的多様性

アイヌの事例は、日本が民族文化的な多様性を公式に承認し、この承認を制度として具体化したことの端的な例となっている。この事例は、ナショナルなシティズンシップ論の支柱である民族文化的な画一性の想定からの決定的な決別を示す。アイヌ民族は、かつては固有の文化を奪われたものの、現在ではアイヌ文化振興法のもと、多文化主義的な権利と呼びうる文化的な権利を有する。このようにみるならば、アイヌの民族文化的ニーズに対応する制度が多文化主義的な原理を体現し、それゆえ民族文化的に同質な政治的共同体を想定してきた伝統的なナショナルなシティズンシップ論と制度的現実のあいだに齟齬があることが理解されよう。

在日コリアンの事例もまた、右の議論を支持する。前節では、地方自治体のレベルで在日コリアンの民族文化的なニーズに対応する実践を考察した。こうした制度的実践の根底にある論理は、国民だけでなく移民も、民族文化的ニーズにたいする制度的対応を求める権利を――まさに「統合の正当な条件」(Kymlicka 2001: 162)として――もつことを意味するものである。むろんこうした制度的対応は、現在のところ十分であるとはいえない。右の論理を徹底させるならば、おそらくさらなる制度的対応となる施策が求められる。例えばW・キムリッカが掲げる施策リストを使っていえば、そうした施策は、①在日コリアンの果たしてきた歴史的・文化的な貢献を明らかにするための歴史や文学に関する公教育のカリキュラムの変更、②在日コリアンを含めたマイノリティ集団に属する子供にたいするバイリンガル教育のプログラム、③人種差別反対の教育プログラムの実施などを含むことになろう（ibid., 163）。このように〈差異化されたシティズンシップ〉論は、文化的な多様性を前提とし、なおかつこの多様性に対応する実践を促進するものである。

しかしながら、ここで注意が必要である。すでにアイヌの社会的な権利について考察したように、文化的な差異を公的に承認することが、現実の不平等や歴史的な不正義に由来する社会的なスティグマの克服に直結するわけではない。実際には、アイヌの人びとがアイヌ協会を設立し、社会的不平等を是正するための特別な法的措置を要求することで、結果としてアイヌを対象とする福祉政策が実現される運びとなった。明らかにこのことは、M・ウォルツァーの「肉とポテトの多文化主義」（Walzer 2004: 38; 邦訳六六）の考えに沿うものである。この考えにしたがえば、集団のエンパワーメントこそが〈承認の政治〉と〈再分配の政治〉を統合し、集団的な不平等と社会的スティグマを克服するうえで鍵となる。同様のことが、在日コリアンの権利闘争の歴史についてもいえる。

(3) 段階的なシティズンシップの概念

〈差異化されたシティズンシップ〉論の第二の特質として、シティズンシップに複数の段階的な違いを認める点が挙げられる。この特質は、すでに述べた第一の特質から生じる。つまり、シティズンシップを国籍から切り離して理解することで、多様なシティズンシップのあり方を構想することが可能となる。例えばアイヌの事例は、特別の文化的な権利をもつ日本国籍保有者のシティズンシップの具体例であり、在日コリアンの事例は、日本国籍を保有しないデニズンがもつシティズンシップを例示している。

このようにシティズンシップに段階的な見方を適用する発想は、西欧で発展してきたもので、この考えにしたがえば、移民による国籍取得は、「外国人からデニズンを経て完全な市民にいたる法的地位の連続体のなかでのひとつの地点」である（Kashiwazaki 2000b: 16; Hammar 1990: ch. 1）。しかしながら日本では、「一時的な外国人居住者からデニズンへ、つぎには市民へといたる道筋」を確立する法的整備がなされていないのが実情である（Kashiwazaki 2000a: 467）。したがって、実践されている事実上の多元主義と公共政策の不十分な部分的対応のあいだには大きな隔たりがある。右で考察したように、たとえそれがおもに地方自治体レベルに限定されるものであっても、在日コリアンの基本的なニーズ――社会保障、教育、政治プロセスへの参加――に応えようとする試みが現に存在している。この事実は、国籍保有者だけでなく外国人居住者や定住外国人も社会の成員であり、広範なシティズンシップの諸権利にたいする請求権をもつ存在である、という段階的なシティズンシップ論の核心的な洞察を裏付けるものにほかならない。

右で考察した三つの特徴は、〈差異化されたシティズンシップ〉論が、従来のナショナルなシティズンシップ論よりも多元的な社会に適している点を示している。〈差異化されたシティズンシップ〉は、(1)シティズンシップを国籍から切り離し、(2)文化的な画一性に代えて多様性を目的とし、(3)国民と国民でない者の二分法を越えて両者のあいだに中間的なカテゴリーを認めることで、民族文化的な多様性を受け容れることができるのである。

三　文化的同質性と政策の正当化

本節では、ケアレンスの議論を取り上げて、日本の文化的な同質性という真偽の疑わしい経験的な前提と文化的な同質性を保護する政策決定とを結びつける彼の見解を批判的に考察する。この考察から、ケアレンスの議論には種々の問題が伏在していることを明らかにしたい。

ケアレンスの議論の出発点は、日本が「非常に同質的な人口を抱えた国」であり、そこに住む人びとは「カナダや合衆国などの諸国の人びとと比べて、共通の文化、伝統、歴史を共有する程度がきわめて高い」という観察である（Carens 1992: 37）。ケアレンスは、この経験的な洞察からつぎの結論を導き出す。

多くの日本人は、日本独自の文化の保持に重大な関心（vital interest）を抱いているかもしれないし、文化の保持がかれらの人生設計にとって決定的な意義をもつとみなしているかもしれない。リベラルな平等主義の観点からいえば、日本の文化が自由で平等な人格としてのすべての人間にたいする尊重と両立可能なものであると――私自身が想定するように――想定するならば、文化の保持にたいする関心は正当な利害関心とみなされる。(ibid.)

ケアレンスは、「多文化主義的な日本になると、まったく違った国になってしまうだろう」と述べたうえで、日本に移民希望者が殺到するという状況に直面した場合に、日本の文化を守るために入国者の数を制限することが必要であるという(ibid.)。明らかにここでの「正当な利害関心」は、道徳的な義務ではなく道徳的な許容性を意味する。

右のケアレンスの議論は、一般化された形の三段論法に再構成することができる。それは、以下のように規範的前提、経験的前提、結論の三つの部分から構成される。

規範的前提：独自の文化を保持する関心に基づいた公共政策は、非常に同質的な人口を抱える国Xにおいて道徳的に許容される。
経験的前提：日本は、非常に同質的な人口を抱えている。
結論：独自の文化を保持する関心に基づく公共政策は、日本において道徳的に許容される。

ここから理解されるように、ケアレンスの結論の当否は、まず第一に同質的な人口という経験的前提に依拠する。ところが前節の考察は、この前提に大きな疑問をなげかけるものである。この考察は、民族文化的な多様性の存在に対応する〈差異化されたシティズンシップ〉の制度的実践を明らかに示していた。民族文化的なマイノリティの存在は、統計の面からいっても無視できるものではない。入国管理局の統計によると、日本には二〇〇三年末までに一九一万五〇三〇人の登録外国人が滞在し、これは日本の総人口の一・五％に及んでいる（法務省入国管理局二〇〇四a）。もし二二万九四一八人の不法滞在者も含めるのならば、二一三万四〇〇〇人の外国人が結果的に日本で暮らしていることとなり、これは日本の総人口の一・七％を構成している。もしアイヌと沖縄を民族文化的なマイノリティ集団として考慮に入れるならば、これはほぼ日本の総人口の三％に達する。[16] さらに銘記されるべきは、日本社会が同質性を低め、さらに多元的になりつつあるという明確な傾向である。グローバルな人口の移動の高まりは日本にも影響を与えており、二〇〇四年の時点での登録外国人の総数は、一九九三年に比べて四五％の増加を示している（法務省入国管理局二〇〇四b）。このように、民族文化的な多様性を保持しようとする制度的実践や統計的な証拠に照らすと、日本社会の高度の文化的同質性というケアレンスの経験的な前提は、明らかに妥当性を欠いている。

なるほど確かに、日本が多様性よりも同質性によって特徴づけられる社会であると主張することは、あくまでも「比較論的」な意味でならば可能かもしれない。例えば、「ヨーロッパにおける移民先進国」（OECD 2004: 45）であるドイツと比べるならば、日本の人口における外国人の割合が一・五％であるのにたいして、ドイツにおけるそれは、総人口の九％にも及ぶ。この意味で、日本社会は多元的であるというよりも同質的であると主張することは可能である。しかしながら、この比較に基づく議論を規範的な問題に組み込むとすると、程度の問題をめぐる困難が生じる。この困難は、恣意的でないやり方で閾値を設定することに関わる種々の問いにある。ある社会が多元的と呼ばれるのには、民族文化的な多様性をもつ人口がどの程度の割合まで増える必要があるのか？　なにがその閾値を正当化するのか？　閾値は、グローバルなパターンの変化と同様に多様なものなのか？　残念ながらケアレンスは、これらの問いについて沈黙している。

さてここで、社会の同質性について判断する閾値が適切に設定されたと仮定しよう。そこでケアレンスの結論を採用しようとすると、あらためて深刻な問いが浮上する。文化的な同質性を保持するための政策を、マイノリティ集団を犠牲にして、マジョリティ集団の利益のために追求することが許されるのは、いかなる理由によるものであろうか？　ここで明白となるのは、マジョリティの優位を達成するためにマイノリティ集団を犠牲にすることを正当化する、なんらかの功利主義的な理由づけをケアレンスが暗黙裡に前提としているという事実である。この種の功利主義的な理由づけは、犠牲を要求されることになるマイノリティ集団の観点からみれば、道徳的に疑わしいものでしかない。日本が完全に同質的な社会――マイノリティ集団が皆無の社会――というわけではない以上、右の功利主義的な計算は、マイノリティ集団に不利益をもたらすことにならざるをえない。

確かにケアレンスは、マイノリティ集団の存在を無視するほどナイーヴに同質性の前提を信じているわけではない。さらにいえばケアレンスは、ただひたすらに文化的な同質性を保持するような政策を主張しているのではない。実際には、難民、在日コリアン、日本の国籍保有者と結婚した外国人について言及しながら、「文化的な同質性を保護したいと思う日本の願望よりも、入国と統合を求める他者からの正当な要求が重視される」という事例がいくつかあることを認めている（Carens 1992: 39-40）。この追加の議論は、一見したところ適切な見解にみえるが、例外を認めることによってさらに錯綜した状況をもたらす。

第一に、決定不可能性の問題が生じる。それは、競合する複数の主張にそれぞれどのように道徳的重要性を割り当てるかという点で、ケアレンスの原理が明らかでないからである。その原理は緊急性か？過去の不正義か？　それとも個人的な親密さか？　さらにいえば、なぜこれらの根拠は、文化的同質性の理由づけを凌駕する理由になるのだろうか？　第二に、政策の方針が一貫性を欠くことになる。ケアレンスの主たる問いは、文化的な同質性を保持するという理由で、日本への入国を制限することは道徳的に許されるのか、というものであった。だがケアレンスの議論は、民族文化的な集団に関係するもろもろの政策全般にたいしても、同様の方針を含意しうる。ひとたび文化的な同質性を保持する政策方針にコミットしたならば、入国管理の問題を超えて、同様の方針をマイノリティ集団に関係する他の諸領域にまで拡大してはいけない理由があるだろうか？

ここでケアレンスは、ジレンマに直面する。ケアレンスが文化的な同質性を目指す政策を入国管理政策に限定することを選択したとしよう。その場合、文化的な同質性を求める閉鎖的な政策と文化的な多様性に対応する政策の両者を同時に追求することを意味する。明らかにこの選択は、理論的にも実践的にも非常に深刻な非一貫性をもたらす。では、民族文化的な多様性を抑制する政策を、マイノリティ集団に関する他の領域にまで拡大することを選択した場合はどうだろうか？　その場合、文化的な同質性という経験的な前提は、政策方針を決定する出発地点ではなく、政策によってもたらされた結果にほかならない。かくしてケアレンスは、マッチポンプ式の議論の性質を帯び、論理的にみて循環論法的で説得力に欠けるものとなる。このようにケアレンスの議論は、経験的な根拠の疑わしさ、閾値の問題、功利主義的な思考、決定不可能性、政策方針の非一貫性などの深刻な問題を抱えることになる。

　ここで、最近の著作でのケアレンスの立場について言及しておく必要があろう。近年のケアレンスは、日本のシティズンシップ政策に関する批判的評価の作業から距離を置くことで、これまで本節で考察してきた立場を放棄しているように見受けられる。ケアレンスによれば、日本と西洋諸国の文化的な違いがあまりに大きいので、例えばドイツの政策を批判するのに比べて、日本の政策を批判する際には「より大きな不安をともなう」（Carens 2000: 31-32; cf. Carens 2013: 307）[17]ことになる。だがケアレンスは、理論の有意性を確保しようとして、理論の射程を過度に制限しているように思われる。とりわけこのことは、ケアレンスの平等主義的な立場を支持するとともに、「制度と実践のなかに埋め込まれた知恵の諸形態に注意を払うこと」をわれわれに促し、かつ「文化とアイデンティティの問題についての承認と支援への競合する要求にたいして繊細なバランス感覚」を要求する文脈的なアプローチを採用する非西洋圏の研究者にとっては、非常に残念なことである。

　筆者は、基本的にケアレンスのリベラルな平等主義と文脈的なアプローチを支持する。事実、本章が採用するアプローチは、抽象的な原理よりも現実の実践に焦点を当てる点で、J・ロールズが『正義論』で展開したような、文脈に中立的なアプローチよりも、明らかにケアレンスの文脈的なアプローチに近い。これまでの分析が示すように、文脈に敏感なアプローチは、日本の事例に適用した場合、文化的同質性の保持を目指す――初期のケアレンスが導きだした――政策方針とは異なった結論をもたらす。〈差異化されたシティズンシップ〉の実践を仮定すれば、それは民族文化的な多様性を可能にする公共政策を促進するものである。規範的な諸問題を適切に考察するうえで有益な――とケアレンスが正しくも主張する――文脈的なアプローチは、ケアレンスの初期の議論とは対照的な経験的かつ規範的な考察を導くのである。

本節では、ケアレンスの議論に焦点を当てて、文化的な同質性という経験的な前提と、そこから引き出された政策方針が、〈差異化されたシティズンシップ〉の原理と現実に照らして擁護しがたいものであることを示した。本章の考察がケアレンスの議論に注目したのは、先に議論した問題がケアレンス固有のものではなく、日本で頻繁にみられる一般的な言説にも妥当するものであり、しかもケアレンスがそうした言説に規範的正当化の明確な論理を与えているからである。

四　文化的な差異と社会的統合

本節では、文化的な同質性を保持するための公共政策が道徳的に許容されるとするケアレンスの議論の規範的な前提を批判的に吟味したい。批判的吟味をとおして、そうした政策が社会的統合を掘り崩してしまう恐れがあり、道徳的および実際的な観点からみて要請されるものではなく、また許容されるものでもないことを示す。この目的のため、〈差異化されたシティズンシップ〉論にたいして予想される反論、とりわけ文化的な同質性とこれを基礎とするナショナルなアイデンティティの諸価値を重要視する反論を批判的に検討する。これらの反論のうち、そうした価値を内在的な価値として扱う議論ではなく、むしろ道具的な価値として捉える議論に焦点を当てるが、それは後者のタイプが日本の公的言説に多くみられるからである。

〈差異化されたシティズンシップ〉への反論の筆頭に、社会的な連帯や統合に関する議論が挙げられよう。この議論によれば、〈差異化されたシティズンシップ〉は社会的統合を侵食する危険性をもつ。では、どうしてそのようなことになるのか？　それは、B・バリーやD・ミラーなどの政治理論家によれば、経済的な再分配や参加民主主義などの重要な社会統合的な目標を促進するためには、ナショナルな連帯が必要であるが、これを可能にするのが、共通の文化を土台として成立する国民としての共通の意識にほかならないからである（Barry 1999: 265; Miller 1995c: 98）。この考え方にしたがえば、〈差異化されたシティズンシップ〉は、共通のナショナルなアイデンティティを解体し、ばらばらのアイデンティティに断片化する点で、国家がおこなう社会統合的な機能にとって不可欠である連帯の心理的基礎を破壊するという危険性をはらむ。

同様の意見は、日本の保守的な政治家のあいだでも共有されている。例えば、国会議員で当時防衛庁長官であった中谷元は、二〇〇一年五月二二日の衆議院憲法調査員会で、「日本の教育も経済も企業もがたついてきて、それを立て直すには、やはり国のためにお互いが協力していこうという、国を愛する気持ちがないと日本の再生がないという事態に至ってきている」との現状認識を示すとともに、「国が国民にたいして国民道徳とか国家意識を高揚する」ことの必要性を訴えている。このように愛国的な感情は、政治経済の諸問題を政治的に解決するうえで必須であり、しかも再分配を可能とする社会的連帯の鍵として理解されている。なぜならば、「例えば税金にしても、医療費にしても、同じ日本の国民のために自分の収入をそれだけ分け与えるマインドが国民に持てるかどうかということがまさしく日本の将来にかかっている」からである（憲法調査会二〇〇一）。

この種の議論は、たとえ社会的な安定と連帯への関心そのものが正当なものであったとしても、批判的検討に堪えうるわけではない。なぜならば、いかにナショナルなアイデンティティが強いとしても、それがかならずしも福祉国家と民主主義の良好な機能に直結するわけではないからである。例えば、B・パレクが指摘するように（Parekh 1999: 314-315）、サッチャー政権がフォークランド紛争をつうじてナショナルなアイデンティティの強化に取り組みつつも、福祉国家の削減にも精力的に取り組んだという事実は、福祉国家の機能的要件としてのナショナル・アイデンティティ論にたいする反証例となる。日本の例でいえば、「小さな政府」を追求した一九八〇年代の中曽根政権も、同時にナショナルなアイデンティティを強調していたことは、想起されてよい（大嶽一九九四）。九〇年代後半から顕著となる日本政治の特徴に言及するならば、ナショナルなアイデンティティの強化と経済的な新自由主義を組み合わせた戦略が顕著であるが（間宮一九九九）、そこには社会保障費を抑制する傾向はあれども、社会的連帯が強化されて再分配政策や福祉国家がより充実したものになったという帰結はみられない。このように、ナショナルなアイデンティティと再分配の社会政策のあいだの関係は、政治理論家や政治家が主張するほど必然的で明確なものとはいいがたい[18]。

文化的な多様性から社会的な分裂が生まれるとの議論も、文化的同質性から社会的統合が生まれるとする議論と同じく、経験的な観点からみて問題なしとしない。こうした議論は、キムリッカが指摘するように（Kymlica 2001: 36）、経験的な証拠による裏付けが弱く、それゆえ「机上の空論」に近い。日本の状況に関していえば、社会的な対立は、文化的な多様性から生じるのではなく、むしろ民族文化的なマイノリティにたいする社会の不寛容な姿勢によって引き起こされているように見受けられる。不寛容は、B・ベッテルハイムとM・ジャノウィッツが人種的な偏見に関する古典的な研究で指摘したように（Bettelheim and Janowitz 1975: ch. 5）、失業や不況、社会保障システムの機能不全、政治不信、物質的および心理的な剥奪といった種々の要因が引き起こす個人的な不安と相関関係にある。ここにおいては、政治経済のシステムの問題から生じる心理的に不安定な状態こそが、社会的統合や多様な人びととの共存を脅かす要因をもたらすものにほかならない。さらにいえば、〈差異化されたシティズンシップ〉に基づく公共政策が存在しないがゆえに、社会的統合と市民の連帯が脅かされる可能性すらありうる。それは、そうした政策がない場合、マイノリティは主流の制度から排除され周縁化されたと感じ、政治的なプロセスからも疎外され、不信感を募らせることになるからである。

ところで、日本の政治家が必要であると主張するナショナルなアイデンティティが、どのような性質をもつものかについて考えてみたい。多くの場合、ナショナルなアイデンティティをめぐるかれらの議論にとって重要なイッシューとなってきたのは、国旗や国歌といった国のシンボルであるといえる。代表的なのは、二〇〇三年一〇月に、東京都の公立高校の卒業式と入学式において国旗国歌へ敬意を払うことを強制とし、これに従わないものを罰するとした、石原慎太郎東京都知事の決定である。結果として、二〇〇四年には二四三人の教師が国旗のまえに起立せず、国歌を斉唱しなかったとして罰せられ、六七人以上の教師が、生徒に国旗への起立と国歌の斉唱の指導を怠ったとして厳重注意を受けた（*New York Times* 2004）。

冷静に考えるならば、国旗国歌を強調するナショナリストの戦略は、社会的な統合に関して三つの点で問題がある。第一に国旗国歌は、キムリッカのいう「ナショナルな集団」の併合（アイヌ、沖縄）、植民地主義（朝鮮半島、台湾）、軍事的な拡張主義（東アジアおよび東南アジア）という近代日本の歴史と不可分である。第二に、ナショナルなアイデンティティの強化のために国旗国歌にたいしての敬意を強めようとするいかなる戦略も、民族文化的なマイノリティからは疑念に満ちた目でみられる可能性がある。これらのシンボルの出自が天皇制と深く繋がっており、しかも天皇制が血統の正しさを象徴するものとして理解されるかぎり、シンボルが体現するものはエスノナショナリズムということになる。したがって、異なるエスニシティを背景にもつマイノリティ集団が、そうしたシンボルにアイデンティティの基盤を見出すことは難しい。日本の帝国主義によって支配され、抑圧された経験のあるマイノリティ集団にとっても、この種の困難は当てはまる。第三に、右で指摘したように国旗と国歌が象徴する国民性の観念が、エスノナショナリズムの性質をもち、単一民族的な日本観と親和的であるとするならば、それは、〈差異化されたシティズンシップ〉の制度的現実と真っ向から対立するものである。一方ではアイヌを独自の民族と認めるアイヌ文化振興法を制定しておきながら、他方ではエスノナショナリズムへの傾斜をもつ政策を推進することは、明らかに政策方針上の一貫性を欠いている。

かくして、ナショナルなアイデンティティと愛国心が日本の存続にとって不可欠である、と日本の政治家が発言する際に、かれらの念頭にある「ナショナルなもの」の性質を考えるならば、現在のような形でのナショナルなアイデンティティの強化の試みが生み出すものは、社会的な結束ではなく分裂と排除ではないかという懸念は拭いきれない。民族文化的なマイノリティが政治制度から疎外されていると感じるかぎり、そうした制度に自己を同一化させることはしないであろうが、その場合には、社会の事実上の構成員のあいだで共有されたアイデンティティが存在しないという結果が生じる。事実、マイノリティを排除すると、市民としての共通のアイデンティティの感覚が困難になることが指摘されている（Kymlica and Norman 2000: 37）。もしある特定の民族文化的なマイノリティのメンバーが、自分たちは差別を受けていると感じる場合、かれらをして所属の感覚をもつことを困難にしているのは、「文化的な差異」そのものではありえない（Mason 1999: 286）。

共通のアイデンティティは、社会の特定の構成員を排除したうえに成立しうるものであろうか？　アイデンティティの共通性を「一般的に共有されている」という意味に厳密に理解した場合、排除によって成立するアイデンティティについて「共通のアイデンティティ」を語ることは、自己撞着であろう。筆者の見解では、社会的な統合を支えうるのは、エスノナショナリズムの性質をもつナショナルなアイデンティティではなく、むしろ活発なコミュニケーションのネットワークであり、これに従事するために必要な自由を保障する憲法原理へのコミットメントである。これまで議論してきたように、すでに日本の地方自治体のいくつかは、定住外国人を政治的および社会的なプロセスに統合するための種々の諮問機関を設置することによって、第二節で触れたトクヴィル的な洞察に基づいて動いている。こうした努力は、多元的な社会を維持していくにあたって、エスノナショナリズムの観念に訴える戦略よりも、はるかに期待できるものである。これにたいして、文化的な同質性を保護し、社会的な統合のためにエスノナショナリズムを強化しようとする公共政策は、道徳的および実際的観点の双方からみて望ましくなく、また実際の機能としても期待できないものである。

むすびにかえて

本章の目標は、民族文化的な多様性に対応してきた日本の公共政策のなかに埋め込まれている〈差異化されたシティズンシップ〉の諸原理を析出して、日本を文化的に同質的な国であるとみなす一般に流布された見解や、この見解に基づくシティズンシップ論に対置させることにあった。さらに本章は、文化的な同質性を保護する政策にたいするケアレンスの擁護論の問題性を指摘するとともに、社会的な統合を理由として〈差異化されたシティズンシップ〉論に向けられる反論の不十分さを示そうとしてきた。考察の結果として、〈差異化されたシティズンシップ〉の実践と、近年の日本の保守派によるエスノナショナリズムやナショナル・アイデンティティの強調とのあいだの乖離が明らかとなった。この乖離は、〈差異化されたシティズンシップ〉を原理の問題としてあらためて確認し、制度として強固なものにする必要性を示唆している。

本章が扱うことのできなかった関連する問題が複数ある。グローバル化する経済がもたらす負の影響のなかで、マイノリティ集団の社会的なシティズンシップをどのようにして保障するのか？　ナショナリスティックな反動現象や東アジアや国際社会における不確定な状況に直面した場合に、多元主義のエートスをどのように促進していけばよいのだろうか？　これらの問いに答えるには、多元主義、対立、結合といったダイナミクスに内在する多様な側面を関係づける理論が必要である。〈差異化されたシティズンシップ〉論は、そうした理論の力強い候補であるように思われる。

（1）同様の発言は、二〇〇一年に平沼赳夫経済産業大臣、鈴木宗男衆議院議員、二〇〇七年に伊吹文明文部科学大臣によって繰り返された。思想的な背景については、Maher（2002: 171）を参照。政治家が主張する「単一民族」がいかなる民族であるかが不明である点については、岡本（二〇一一）を参照。

（2）この点に関しては、Maher and Yashiro（1995a）, Maher and Macdonald（1995）, Denoon *et al.*（2001）、Lie（2001）、マーハ・八代（一九九一）、小熊（一九九五、一九九八）を参照。

（3）多文化主義政策の日本版である「多文化共生」の政策理念には、移民統合政策として種々の問題性（文化および言語への偏重、労働市場と福祉国家にまたがる制度構想の欠如、帰化政策との断絶など）が指摘されうる（木部二〇一〇：Kibe 2014）。日本の移民政策全般については、Kibe and Thränhardt（2010）を参照。

（4）北海道アイヌ協会によれば、北海道には現在、二万三七六七人のアイヌ民族が暮らしている（北海道ウタリ協会二〇〇四）。ただし、北海道から移住したアイヌ民族の数を把握することは、非常に難しい。アイヌ文化促進法成立以前のアイヌの民族運動の歴史的な発展についての詳細な記述は、Siddle（1996）を参照。アイヌに関する民族的・多文化主義的な見地からの考察については、花崎（二〇〇一、二〇〇二）を参照。ちなみに北海道アイヌ協会は一九四六年に設立されたのち、一九六一年の北海道ウタリ協会への改称をへて、二〇〇九年にふたたびウタリをアイヌに名称変更している。なお、ここでは触れなかったものの、日本で最も大きな民族文化的なマイノリティ集団を構成しているのは沖縄の人びとである（一六〇万人）。

（5）アイヌ研究に関する国立機関の設立という要求に関しては、北海道大学アイヌ・先住民研究センターの設立（二〇〇七年）に結実したといえる。

（6）二〇〇七年に国連総会で「先住民族の権利に関する国連宣言」が決議されたことを受けて、また二〇〇八年七月に北海道で開催されるG８サミットに合わせて、同年六月に衆参両議院で「アイヌ民族を先住民族とすることを求める決議」が採択され、「これまでのアイヌ政策を更に推進し、総合的な施策の確立に取り組むこと」が表明された。しかしながらこの決議からは、アイヌ民族の社会経済的な改善に資する具体的な制度と政策の具体的な方向性を読み取ることは困難であるように思われる。

（7）永住権をめぐる議論については、「特別永住権」が導入された一九九一年以降、在日コリアンの永住権が保証されている。

（8）他の重要な権利要求としては、民族学校を卒業した在日コリアンの生徒が、高等教育へのアクセスや就業可能性を狭められないことの必要性が挙げられる（阪神教育闘争五〇周年大会一九九八）。

（9）同様に注記すべきなのは、「各種学校」として認可された他の学校よりも多くの補助金を民族学校に出している地方自治体が存在する事実である（Iwasawa 1998: 128）。むろん、こうした事実は、地方自治体が在日コリアンの多文化的な権利とは相容れない公共政策を採用する可能性を否定するものではない。例えば二〇〇三年一一月、東京都は、朝鮮総連によって運営されている小学校にたいして、四一四〇平方メートルの敷地の返還と借用期限の切れた一九九〇年以来の「不法な」占有に対する四〇億円の支払いを求めて、東京地裁に提訴している（*Japan Times* 2004）。このような状況を考えると、二〇一四年七月、ヘイトスピーチ訴訟において大阪高裁が、「在日特権を許さない市民の会」（在特会）側の控訴を棄却した際に、朝鮮学校に関して「民族教育を軸に据えた学校教育を実施する場として社会的評価が形成されていること」を判断材料として用いたという事実は、画期的な意義を有する。とはいえ、右の判決にもかかわらず、高校無償化制度の対象から朝鮮学校を外すという決定が日本政府によってなされているという現実を考えるならば、法的権利としての民族教育の確立は、いまだ容易ならざる課題であるといわなければならない。

（10）多くの問題のうち、一つは生活保護法である。外国人居住者にたいする生活保護法の適用は、厳密な意味での法的権利の適用ではなく、あくまでも日本国籍保有者への適用に「準拠」したものである（近藤敦二〇〇一：一七―一八；田中二〇〇二：三九―四〇）。このことは、外国籍保有者にたいする社会的権利の保障が脆弱性をはらんでいることを意味する。永住権をもつ外国人であろうとも生活保護法の対象ではないとする二〇一四年七月の最高裁の判決は、この脆弱性を端的に明らかにするものである。

(11) 恰好の具体例として、日本国籍保有者のみが対象となってきた公務員職の問題が挙げられる。今日では、多くの地方自治体が国籍条項を廃止し、在日コリアンについてもその就業の可能性を開いている。近藤によれば、一九九二年には自治体の三〇%ほどが、一般職の公務員に関する国籍条項を廃止している (Kondo 2001: 22)。ただし、東京都管理職管理職国籍条項訴訟 (二〇〇五年最高裁判決) が如実に示すように、国籍条項は「当然の法理」として管理職には適用されている。

(12) B・パレクによれば、伝統的なシティズンシップ概念は「個人と国家のあいだに単一の、かつ無媒介で同質的な関係」によって特徴づけられる。この特徴は、「文化的および民族的アイデンティティ、その他の種々のアイデンティティを抽象し、個人を国家の一員としてのみ把握する」ことに由来する (Parekh 2000: 183)。

(13) I・ヤングは、政治理論に大きなインパクトを与えた論文のなかで、差異化されたシティズンシップの概念を用いて、①参加型民主主義の制度として集団的代表の権利と②抑圧と不利益を解消する手段として集団的な差異に配慮する集団別権利を主張した (Young 1989)。本章での関心は、②の議論と部分的に重なっている。本章が提示する差異化されたシティズンシップの概念は、集団固有の文化的な権利だけでなく、国籍保有としての国民には含まれない集団や個人にたいするシティズンシップの諸権利の保障も目的としており、この点でR・バウベクのいう社会的なシティズンシップにほぼ対応するものである (Bauböck 1998)。

（14）他にも様々な用語が提示されており、“quasi-citizenship”（Castles and Davidson 2000: 85）、“residential and universal citizenship”、“post-national citizenship”、“la nouvelle citoyenneté”、“Niederlassungsrecht”、「永住市民権」（近藤敦二〇〇一：二二九）、「ローカルなシティズンシップ」（樋口二〇〇一）などがある。

（15）日本の帰化および入国管理の政策は、永住資格を許可するまでの居住期間が帰化申請に必要な期間よりも長い点で、欧米でみられる通常のパターンとは異なる。日本政府が永住権の許可による社会統合を進めるよりも、帰化によるシティズンシップの同化政策を好むため、永住のためのハードルは帰化申請のハードルよりも高くなっている（Kondo 2001: 232）。

（16）W・キムリッカによる民族文化的マイノリティの分類によれば、沖縄のようにかつて独自の政治共同体をもっていたが、現在では別の政治共同体に組み込まれたマイノリティ集団は、「ナショナルなマイノリティ集団」として位置づけられる（Kymlicka 2001: ch. 8）。

（17）ただし最近のケアレンスに関していえば、文化的同質性に基づく移民制限論を完全に撤回している（Carens 2013: 286）。また本章の元になった論考にたいするコメントとして、ケアレンスは、日本について論じた自分の議論を今日では放棄していることを、筆者への私信のなかで述べている。

（18）リベラルデモクラシーが存続可能となるためには、単一のナショナルな公共文化が必要である、とする議論の論理構造を厳密に分析して、徹底的に反駁した議論として、Abizadeh（2002）を参照。

第六章　再分配と承認

はじめに

政治理論にとって重要性を増しつつあるテーマのひとつに、移民問題がある。近年、グローバル化によってモノとカネにくわえてヒトの移動が増大し、かつてよりも文化やエスニシティの点で多様な集団の存在が意識され、かつ社会的および政治的な課題として認識されるようになった。しかしながら、政治理論が移民の問題にたいして関心をもつようになったのは、比較的新しいことであり、研究者の数もかなり限られていた。そうした背景のひとつとして、「他の社会から孤立した閉じたシステム」(Rawls

1971: 8）がロールズ正義論の枠組みになったことが端的に示すように、人口の移動を想定しない閉鎖的な政治空間が従来の政治理論の基本的な前提となってきたことを指摘できよう。それゆえ移民の増大とそれに関連する諸問題への関心の社会的高まりは、こうした前提を検討し、移民問題を理論的考察の対象とすることを政治理論に求めることになる。

三つの観点からみて、移民問題は政治理論にとって興味を惹くテーマである。第一に、移民問題は〈平等と差異〉をめぐる根本的な問題に深く関わる。差異を是正すべき格差や不平等として理解し、「他と等しくする」という意味での平等化の対象にすべきか？　差異のもつ実際上の影響や主観的意味が極小化し、マジョリティ集団なみの「平等な」便益を享受できることこそが、平等化の目指すべき目標となるのか？　それとも差異を除去や縮減によって「他と等しく」すべきではなく、むしろ差異の尊重、受容、支援こそが平等の観点から要請されるのか？　差異の受容や強調は、差別や不平等を生み出すという難問をはらんでいないか？　これらの問いは、ジェンダー問題ではよく知られたジレンマであるが（cf. Phillips 1987: 19; 吉澤一九九三：第一章；Bock and James 1992; Frazer 1997: 175-177; 邦訳二六四―二六八）、移民もまた〈平等と差異〉をめぐる問題に深く関わっている。それは、社会の多数派から区別される種々の差異をもつ集団であり、それがために差別、格差、不利益を蒙るからにほかならない。

第二に、移民問題は〈同化と差異〉の問題に関係する。この問題は、第一の観点である〈平等と差異〉の変奏曲であるともいえる。移民政策をめぐる近年の公的言説では、差異の承認である多文化主義よりも移民の社会統合を重視する議論が影響力を増しつつあり、移民研究者のあいだでもそのような見解がしばしば表明されている（Joppke and Morawska 2003; Brubaker 2001; トッド一九九九；cf. Bommes 2005; Alba and Nee 1997）。こうした新しい同化論では、社会統合の要件として移民に文化的差異を捨てさせることが主眼ではなく、移民の社会的包摂にとって重要な教育や労働市場でのチャンスを改善するための文化変容（とりわけ言語修得）が重視され、またマジョリティの文化全体の最大限の受容ではなく、最小限の価値（自由民主主義の基本的価値）の共有が要請される。

第三に、移民問題は〈再分配と承認〉の問題に深く関わっている。この問いの核心は、異なる文化やエスニシティを背景にもつマイノリティ集団がかかえる問題の解決には、これまでの再分配政策が有効であるのか、あるいはむしろ文化的差異の公的承認として多文化主義政策が求められるのか、という点にある。再分配と承認を対比させる枠組みは、N・フレイザーの問題提起によるところが大きい。フレイザーは、社会経済的な不正義には再分配のアプローチが、社会的価値表象の不正義には承認のアプローチが適合し、しかも二つのアプローチがいずれにも還元できないことを、つぎのように表現する。

承認の要求は、ある集団がもつとされる特性に注目し、その価値を肯定するという形をとることが多い。このように承認の要求は、集団の差異化を促進する傾向をもつ。これにたいして再分配の要求は、集団の特性の基礎をなす経済的な仕組みの廃棄を求めることが多い（典型例は、性的役割分業を廃止せよとのフェミニストの要請である）。このように再分配の要求は、集団の脱差異化を促進する傾向をもつ。結論として、承認の政治と再分配の政治は相容れない目標をもつことが頻繁であるように思える。承認の政治は集団の差異化を促す傾向をもち、これにたいして再分配の政治はこの差異化を掘り崩す傾向をもつ。(Frazer 1997: 16; 邦訳二六)[1]

このように承認と再分配の両者を課題とするフレイザーのアプローチに対置される立場として、B・バリーの多文化主義批判がある。バリーは、多文化主義を筆頭とする承認問題への集中が社会経済的な問題を看過し、結果として移民の経済的不平等を放置し、ひいては悪化させるものであると批判する(Barry 2001: ch. 4)。フレイザーは、バリーのように再分配の重要性を強調する立場にたいして、むしろ再分配と承認の相互連関に目を向ける必要性や両者を統合する課題を重視する。なぜならば、「この現実の世界においては、配分の不正義と承認の不正義がそうであるように、政治経済と文化は相互に混ざり合っている」(Frazer 1997: 17; 邦訳二七)からであり、それゆえ「経済的な不利益と文化的な尊重の欠如が広範に絡み合って、悪循環を形成する種々の経路を理論化する作業」(ibid., 12; 邦訳二〇)が求められるからである(cf. Tully 2000; Parekh 2004)。本章は、フレイザーと同じく、承認の問題と再分配の問題の相互関係を重視するアプローチをとる。

こうした三つの観点からみると、移民問題は政治理論にとって興味深いテーマであることが理解されるだろう。本章の考察では、とりわけ三番目の〈再分配と承認〉に焦点を当てることにしたい。むろん、三つの観点がそれぞれに関連していることは明らかであろう。例えば、〈再分配と承認〉は第二の観点である〈同化と差異〉と不可分の関係にある。なぜならば、後者の問題において、社会経済的な平等化としての再分配にとって一定の文化的同化が必要であるという意見と、そうした同化が差異を抑圧するもので、同化しえない差異を劣位に置くことにつながり、むしろ差異の承認が必要であるとする意見が対立するからである。第一の観点である〈平等と差異〉に関していえば、〈再分配と承認〉の問いが究極的にはこの根本問題に属するものであることは自明であろう。それゆえ本章は、〈再分配と承認〉の観点を主軸にすえると同時に、〈同化と差異〉の問題にも関連づけながら考察をすすめ、最終的には〈平等と差異〉をめぐる議論への貢献を意図するものである。

本章では、〈再分配と承認〉の問題に取り組むにあたって、具体的な事例の分析をとおして理論的考察を進めるアプローチを採用する。本章が考察の対象として取り上げるのは、ドイツにおけるトルコ系移民である。それは、〈再分配と承認〉の問題を考えるうえで、この集団がきわめて興味深い事例だからである。周知のようにドイツは、非キリスト教的文化背景をもつ二〇〇万人のトルコ系移民を始めとして、七〇〇万人もの移民を抱えており、そのため移民集団のもつ文化的差異や社会経済的な格差をめぐる種々の政治的議論を展開させてきた(2)。政治理論の観点からみると、非キリスト教国を出身国とするトルコ系移民がかかえる問題やかれらをめぐる公的言説を分析することは、〈再分配と承認〉の理論的考察にとって有益な事例を提供することが期待される。よって本章の主たる目的は、ドイツにおける最大の移民グループであるトルコ系移民に焦点を当てて、トルコ系移民集団が直面する〈再分配と承認〉の問題を分析し、理論上の含意を考察することにある。

ここで、本章が採用する方法論について、一言述べておきたい。考察でまずもって注意したい点は、ドイツの移民政策や移民集団が置かれた制度的文脈とダイナミズムである。確かに、ドイツが組み込まれている欧州統合のプロセスにおいて、加盟諸国間での制度や政策の調和化や収斂化がみられる。しかしまた、そうしたプロセスにもかかわらず、各国がそれぞれの歴史的および政治的文脈において発展させてきた多様な諸制度が存続していることも事実である。まさに移民政策は、そうした多様性の典型的事例といえる。なるほど入国管理政策に関しては、シェンゲン協定を典型とするように――利害の対立をはらみつつも――政策の共通化が見られるが、移民をどのように国内に受け入れるのかという問題に関しては、依然として制度的多様性が顕著である。

ドイツは、このような制度的多様性の顕著な例である。日本に比肩する高度経済成長を遂げて、ヨーロッパの経済を牽引するなか、社会的市場経済や労使の協調的関係を特徴とする独自の制度を発展させてきた。しかもドイツは、全人口の約九%を外国人が占める点で、OECDの表現でいえば「ヨーロッパの移民受け入れ国の筆頭」(OECD 2004: 45) である。日本の約一・五%と比べるならば、移民の多さは容易に理解されよう。ドイツにおける移民受け入れの制度も、独自の制度的文脈に埋め込まれてきた。ドイツは「ガストアルバイター」として移民を地中海沿岸諸国から受け入れてきたが、このシステムは「産業をつうじての移民の統合」を特徴とするものであった。かつての経済成長がもはや過ぎ去った現在、しかもグローバル化によって促進されるヒトの移動という世界共通の問題に直面するなかで、ドイツがどのように固有の制度的文脈から対応しているか、またドイツモデルはどのような困難に逢着しているか、という問いは、きわめて興味深い課題であろう。

このようなドイツ固有の制度的および政治経済的文脈への着目にくわえて、トルコ系移民への着目にもひとつの利点がある。かれらは、ドイツ国籍を取得しないかぎり、非EU市民である。一般的にみて非EU市民は、EU市民とは異なって国家越境的な権利保障を欠くために、ホスト社会へのかれらの統合のされ方には制度的多様性が色濃く反映せざるをえない。トルコ系移民は、イスラム社会の出自にくわえてこうした制度的環境ゆえに、EU市民よりもきわだった差異を帯びた存在とならざるをえない。

本章は、トルコ系移民が置かれたドイツ固有の制度的および構造的文脈に配慮しながら、かれらが直面する〈再分配と承認〉の問題を考察することにしたい。本章がこの考察をとおして明らかにしたいのは、トルコ系移民がかかえる問題の解決には、〈再分配と承認〉のあいだの二者択一ではなく、両者を統合する視点が求められるという点である。さらにいえば、〈承認の政治〉は、たんなる文化的差異の肯定ではありえず、より複雑で多様な課題を担う必要があるという点を、以下の考察で示すことにしたい。なるほど確かにこの主張自体は、すでにフレイザーの議論に触れたことから明らかなように、さほど目新しいことではない。だが、〈再分配と承認〉の理論的問題を具体例の考察をとおして考えることには、たとえその結論が革新的なものでないとしても、政治理論の営みとしての意義があろう。具体的にいえば、そのような作業の理論的な意義とは、個別具体的なものをとおしての一般的なものの検証と精緻化、そして個別具体的なものの理論的な説明と理解の深化にある。

本章の考察は、以下のように進めることにする。まず第一節では、ドイツの移民政策を〈産業的シティズンシップ〉モデルとして特徴づけ、その特質を明らかにする。第二節では、ドイツの〈産業的シテイズンシップ〉が依拠する順調な経済成長という前提条件が脱工業化やグローバル化の影響のため変容していることを説明して、そこから生じる問題として、トルコ系移民を筆頭とする若年層移民の高い失業率と社会的排除の危険を描きだす。第三節は、リベラリズムの非リベラルな用法とパラレル社会論に目を向けることで、移民統合論における同化と排除の論理を明らかにし、脱工業化と〈産業的シティズンシップ〉の後退のなかでトルコ系移民が直面する困難を考察することにしたい。第四節では、これまでの分析に理論的考察をくわえて、文化的差異への一方的な注目が再分配の問題の看過につながり、しかも文化的人種差別《レイシズム》を招来する危険があり、さらには移民とマジョリティ社会を分かつ境界線をめぐる政治が〈承認の政治〉の課題に含まれることを論じる。

一　〈産業的シティズンシップ〉モデル

本節では、ドイツにおける移民統合を〈産業的シティズンシップ〉モデルとして特徴づけたうえで、トルコ人を中心とする移民労働者がどのようにしてドイツ社会に組み込まれていったかを明らかにする。しかしその前に、ドイツのシティズンシップ概念の特徴としてしばしば指摘されてきた血統に基づくネーション観を、なぜここでの分析視角として採用しないのかについて、簡単に触れておきたい。

周知のようにR・ブルーベーカーは、フランスの属地主義と対照的な血統主義的なドイツの国籍法の根源を、血統の出自に基盤をおくネーション観に求めた（Brubaker 1992）。しかしながら民族的ネーション観という分析概念は、東欧諸国からの民族的ドイツ人たる帰還者（アウスジードラー）を受け入れる政策や、移民労働者を一時的滞在者とみなす政策の背景を説明しはするが、移民労働者がどのようにドイツ社会に統合されるのかという問題を解明する手がかりをさほど与えない。なぜならば、国籍上は外国人とみなされる移民の実質的なシティズンシップの権利保障という主題にとって、国籍法を規定する血統主義モデルの射程は、形式的シティズンシップの次元にとどまる点で、十分でないからである。具体的にいえば、国籍付与は移民の社会保障制度への編入にとって必ずしも必要条件ではない。しかも、一方で血統主義に基づく排他的な市民権モデルが存在しつつも、他方でそうしたカテゴリーに当てはまらない大量の移民を事実上受け入れるというのは、説明を要する矛盾であろう（Hollifeld 1992: 200）(3)。

では、ドイツの移民統合を特徴づけるものはなにか？　この文脈で、他のヨーロッパ諸国の主要な移民統合モデルとして、イギリス（およびオランダ）の多文化主義やフランスの共和主義が思い浮かぶ。イギリスでは、エスニック集団の文化的差異を積極的に認める多文化主義政策が採用されてきた（その結果、シーク教徒はオートバイ運転時のみならず、警察や軍隊においてもターバンを着用する文化的権利をもつ）。フランスは、まさに教育現場におけるスカーフ着用の禁止が象徴するように、文化的差異に左右されない平等に基づくフランス市民の創出を重視する共和主義を採用してきた（cf. Thränhardt 2005）。ドイツはいずれのモデルに合致するのであろうか？　あるいは別のモデルなのであろうか？

この問いにたいして、例えばD・トレンハルトは、ドイツを特定のモデルとして同定することは困難とみなし、共和主義モデルと多文化主義モデルの中間形態と位置づける（Thränhardt 2005）。これにたいして本章は、ドイツでは産業をつうじての移民統合が中心的な役割を担ってきた点で、第三のモデルである〈産業的シティズンシップ〉（industrial citizenship）として特徴づけることが適切であると考える。〈産業的シティズンシップ〉とは、T・H・マーシャルの定義にしたがうならば、労働組合の団体交渉権に象徴されるような、産業関係での労働諸条件をめぐる契約を中心とする市民的権利の集合的行使を指す（Marshall 1992: 40; cf. Streeck 1992: 53-56; 1999: 129-130; Imai 2011: 5-6）。本章では、この概念を「産業関係への編入をつうじての諸権利の保障」という広い意味で用いることにする。

〈産業的シティズンシップ〉に基づく移民労働者の統合は、以下の歴史的なプロセスをたどった。五〇年代から一九七三年の石油ショックまでに、ドイツは労働力不足を補い、完全雇用のインフレ圧力を抑制するために地中海沿岸諸国から労働移民を募集してきた。具体的には募集協定を、イタリア（一九五五年）、スペインとギリシア（一九六〇年）、トルコ（一九六一年）、ポルトガル（一九六四年）、チュニジアとモロッコ（一九六五年）、ユーゴスラビヤ（一九六八年）と結んだのである（Joppke 1999: 65）。一九六四年に一〇〇万人目のガストアルバイターがケルン駅に到着した際、ドイツ使用者団体全国連合会の代表が述べた、「ガストアルバイターなしではドイツの経済的成功は不可能であった」との歓迎の辞は、民族的ネーションの理念を後景に退ける経済的観点の比重を明らかにするとともに（ibid., 190-91）、〈産業的シティズンシップ〉をつうじての社会統合を予兆するものであった。

ところで、募集の対象国のなかでもっとも生活水準が低かったトルコにとって、ドイツは絶大なプル効果をもっていた。魅力的な労働市場はイスタンブールや――ヘルマン・シュルツの小説『イスケンダー』が描いたように（Schulz 2001）――のちにはアナトリア地方からトルコ人を引き寄せ、非熟練労働者として採用した。かれらは、ドイツに短期間だけ滞在し、いずれは出身国に帰還する「ガストアルバイター」（Gastarbeiter）として位置づけられた（野中二〇〇七）。労働許可は特定された期間にたいして発行され、更新はドイツ国内の労働市場での必要がある場合に限定された。この政策は、労働移民を労働市場の需要に関連づけることで、その数を制限することを意図したものであった（Bender and Seifert 2003: 45）。

しかし、石油ショックを契機として募集停止となったため、移民労働者の多くが、再入国の困難を予見して、家族を呼び寄せて定住化への道を歩む結果となった。しかも、かれらが従事する産業部門がドイツ人にとって魅力を欠くものであり、移民労働者の代わりとなる労働者をドイツ人に見いだすことは困難である以上、労働市場もかれらを必要とせざるをえなかった（Bender and Seifert 2003: 46）。かれらの定住化は、国外退去、滞在許可、家族呼び寄せをめぐる憲法裁判所の――普遍的人権保護を重視するドイツ基本法を根拠にした――一連の判決によって法的な根拠を与えられるとともに、移民排斥の法案にたいする政治家、慈善団体、労働組合、教会の反対にも支えられ、政府の帰国促進法（一九八三年）や「移民国家ではない」との一九七七年以来の公式的見解にもかかわらず、否定しがたい既成事実となった（Joppke 1999: 63, 72-75, 83-84）。

ガストアルバイターが集中したのは、大量生産をおこなう大企業や産業部門であった（Faist 1993:

322)。ここで重要な点は、移民労働者の大部分を吸収した労働市場が、ドイツ経済の中核たる第二次産業（自動車産業を典型とする製造業）であったことである。この産業部門は、まさに労働組合が影響力をもっており、最大の組合員を擁する金属産業労働組合（IG Metall）の傘下にあった。周知のように、ドイツの政治経済システムは「ドイツモデル」とも呼ばれ、修正資本主義的理念である社会的市場経済と協調的労使関係に基づくネオコーポラティズムを基調とする。このことは、ガストアルバイターの労働市場への編入にとって大きな意味をもつ。なるほど確かに、非熟練労働者として採用されたガストアルバイターが、雇用の階層構造のなかではドイツ人労働者よりも低い位置を占めており、しかもドイツの雇用制度が職業訓練をつうじての資格取得を昇進の要件とすることから、かれらの昇進の可能性が限定されたことは事実である（Bender and Seifert 2003: 45-46）。しかしこのことは、かれらが正規の雇用関係から排除されていたことを意味しない。むしろ労働組合は、労働市場の二重化による影響力低減を阻止するという意図のもと、労働移民を既存の産業関係に積極的に包摂していった（久保山一九九八）。

このような産業関係への包摂は、二つの重要な帰結をともなっている。ひとつは社会保障制度に関係しており、いまひとつは経済民主主義に関わる。

第一に、労働移民は産業に従事することによって、社会保障制度に組み込まれることになる。このことはドイツの社会保障制度の特質と密接に関連している。その特質は、一九世紀のビスマルクによる社会主義対策としての社会政策がそうであったように、保険原理に基づく権利保障が職業上の地位と直結している点にある。ドイツは、エスピン＝アンデルセンの福祉国家の類型にしたがえば、「保守主義的福祉レジーム」のタイプに属する。「通常の」雇用関係を前提とする強制的な社会保険に特徴があり、そこから外れる人びとには特別な残余的制度で対応するという仕組みをとっている（Esping-Andersen 1999: 83; 邦訳一二六; cf. Esping-Andersen 1990）。このように就労の有無が決定的な条件となるのであれば、移民の社会保障制度への編入にとって国籍付与は必要条件とはいえず、ましてや十分条件ではない。ドイツの場合のように、社会的シティズンシップが普遍主義的システムの形態をとらないのであれば、国籍取得と社会権の保障は直結しない。

さらにいえばドイツは、同様に普遍主義的モデルに依拠しないアメリカとも異なる。アメリカは、エスピン＝アンデルセンが指摘するように市場中心の自由主義的モデルを採用する点で、なるほど労働市場への移民のアクセスを容易にするが、ドイツのように雇用を社会保障システムに連動させる公的制度を採用していない（ゆえに四〇〇〇万もの人が健康保険を欠いている）。K・バンティングが指摘するように、ヨーロッパ大陸諸国で支配的な、雇用を基盤とする社会保険制度は——社会民主主義モデルであれコーポラティストモデルであれ——、福祉国家への大衆の支持を維持しながら移民を包摂するうえで上手く機能することができる（Banting 2000: 23, 25）。雇用と社会保険を直結させるドイツの社会保障システムこそは、移民労働者が社会的シティズンシップを享受することを可能にした制度的要因であった。(4)

第二に、移民労働者にとって雇用は、職場における民主主義への参加を意味する。ネオコーポラティズムを特徴とするドイツにおいて、産別労働組合と使用者団体がそれぞれ被用者と使用者を組織し、労働条件をめぐる交渉の協約当事者となる。移民労働者も労働組合に組織されていった。それは、組織化されない労働者の参入による労組の交渉力の低下を防ぐためにも、労組側にとって必然的な要請であった。したがって労組は、移民労働者にたいする組合加入の権利保障のみならず、「同一労働同一賃金」の原則、社会保障上の平等を要求していったのである（久保山一九九八：二五九）。

さらに、労働者の経営参加にとって重要な――工場単位で構成される――事業所委員会（Betriebsrat）の被選挙権に関する国籍要件が一九七二年に取り除かれたことは、重要な意味をもつ。これによって、事業所単位での〈産業的シティズンシップ〉が移民労働者にも十分に保障される道が開かれることになったからである（久保山二〇〇〇：九一）[5]。このことは、労働移民をさらに産業関係へ組み込む契機となった。大企業においては職業訓練生や非熟練および半熟練労働者の採用に関して、公募よりも従業員からの推薦によることが多く、しかも人事での拒否権をもつ事業所委員会を経て採用がおこなわれてきた。まさにこの慣行は、すでに大企業で働く親をもつトルコ系移民の若者にたいして職業訓練と雇用の機会をもたらすものであった（Faist 1993: 323-324; 久保山一九九八：二六四）。このように経済的民主主義の保障は、移民労働者を産業関係に組み込む方向に作用したのである。

以上の考察は、〈産業的シティズンシップ〉モデルが、ガストアルバイターの社会権や労働条件の確保の点である一定の成功を収めたことを示すものである[6]。一九九〇年代初め、帰還ドイツ人にたいするかつての社会政策上の優遇処置が後退するなか、旧ガストアルバイターとその家族が安定した滞在権の保障をつうじて社会的シティズンシップの権利を堅固なものにするという象徴的な対照は、血統主義的モデルの意義の相対的な低下とともに〈産業的シティズンシップ〉モデルをつうじての移民の定着を物語っていよう。それはまた、「まだ一九五〇年代には、民族への帰属が正当な福祉受給者の共同体を定義したが、一九八〇年代にはこの共同体は、GNPに寄与した者たちからほぼ構成されることになった」(Bommes 2000: 106) という経緯を指し示してもいよう。しかしこのことは、かかるモデルの不変的な有効性が保証されていることを意味しない。むしろ次節では、われわれはこのモデルが経験せざるをえない変容と困難とを考察することにしたい。

二 〈産業的シティズンシップ〉モデルの後退

本節では、〈産業的シティズンシップ〉モデルが前提としてきた産業構造の変容を考察して、トルコ系移民を筆頭とする若年層移民の高い失業率と社会的排除の危険性を指摘する。産業構造の変容を論じるのに先立って、まずガストアルバイターの就労パターンの特質を確認しておきたい。

すでに言及したように、ガストアルバイターは基本的に第二次産業に従事した。六〇年代および七〇年代において、ガストアルバイターは基本的に製造業に従事するブルーカラー労働者であり、一九八〇年の時点でかれらの九二・三%、一九八五年で八六・二%がブルーカラーに属し、そのうち四分の三が非熟練および半熟練労働者であった (Faist 1993: 322)。ちなみにドイツ人男性の場合、一九八〇年の時点で四一%が熟練労働者で、三四%がホワイトカラーであったが、一九九九年にはそれぞれ三一%と四四%になり、就労パターンが逆転している。

しかしながら、トルコ人男性の場合、そうした逆転からはほど遠い就労パターンを示している。一九九九年の時点で非熟練および半熟練労働者が七一％、熟練労働者が二三％、そしてホワイトカラーはわずか六％である（Bender and Seifert 2003: 53）。外国人の場合、非熟練および半熟練労働が占める割合は、ドイツ人の倍となる六〇％であり、すでに述べたようにトルコ人の場合さらに一〇ポイント高くなる（Werner 2003: 16）。明らかにこうした就労のパターンはガストアルバイター（なかんずくトルコ人）が産業構造の変化にたいして脆弱であることを示唆する。

では、産業構造の変容とはなにか？ 大まかにいえば、それは脱工業化、グローバル化、テクノロジー化を指す。エスピン＝アンデルセンによれば、第二次産業を中心とする労働市場は、かつては大量の低技能労働者を単純な流れ作業生産に従事させることで吸収してきたが、その時代は終わった。一九七九年から一九九三年のあいだに、ＯＥＣＤ諸国は平均して製造業関連の雇用の二二％——場合によっては三〇％から五〇％——を失ったのである（Esping-Andersen 1999: 103; 邦訳一五六）。グローバル化は、たんにヒト、モノ、カネの移動を高めるだけでなく、高度のテクノロジー化をともなっている。こうして脱工業化とグローバル化は、人的資本や社会資本の点で不利な人びとが失業者や低賃金労働者になるリスクを高めるという結果をもたらす（ibid., 99; 邦訳一五一）。具体的には、経験や技能の不足のために不利を被るのは、非熟練労働者、若年層、女性である（ibid., 102; 邦訳一五五）。さらにいえば、保護規制のある労働市場から排除されるか、もしくは規制緩和された労働市場で低賃金に甘んじるか、というジレンマにそうした労働者は立たされることになる（ibid., 126; 邦訳一八四）。

ドイツの労働市場もまた、EU域内の市場統合を含めてのグローバル化と脱工業化の趨勢にさらされている〈久保山二〇〇三：一五二―一五三〉。したがってドイツの移民統合も、雇用関係を土台とする〈産業的シティズンシップ〉モデルに基づくかぎりにおいて、甚大な影響を受けざるをえない。しかも、すでに述べたように、ガストアルバイターとその家族の多くが第二次産業に従事している以上、この部門での雇用の可能性が低くなるならば、ガストアルバイターの雇用可能性に直接響いてこざるをえない。このことを示すのが、移民の高い失業率である。七〇年代は、外国人労働者の失業率は、ドイツ人労働者とさほど変わらなかったが、八〇年代に入ると上昇しはじめ、八〇年代後半には後者の失業率をはるかにしのぐ状況となった（Hollifield 1992: 86）。一九八三年でのドイツの失業率は六・一％であり、EU加盟国以外からの移民の失業率は一一・九％であるのにたいして、二〇〇〇年にはそれがそれぞれ七・五％、一五・五％となっている。ちなみに、二〇〇〇年のドイツにおけるドイツ人以外のEU市民の失業率は七・三％であり、非EU市民の不利な状況を如実に示している（Werner 2003: 19）。トルコ系移民の失業率は高く、一九八〇年で五・九％だったのが、一九九〇年で一〇・三％、一九九八年には二三・二％にも達している（Bender and Seifert 2003: 61）。

産業構造の変化は、エスピン＝アンデルセンの指摘にもあったように若年層に大きな影響を与える。ホリフィールドも、移民労働者の失業率の上昇の要因として八〇年代の労働市場の不振を指摘すると同時に、かれらの家族や第二世代が労働市場に参入してきたことも関連しているとみる（Hollifield 1992: 86）。統計もこの解釈を支持している。一九九九年の時点でのドイツ人の若者の失業率は七・八％であるのにたいして、非EU市民の若者の失業率は一八・一％にも達しており（Werner 2003: 23）、この統計は、トルコ系移民を中心とする非EU市民の若者の困難な雇用状況を端的に示している。全体の傾向としては、ドイツ人の若者が高等教育を受けることが多くなり、職業教育をとおしての就職が減っている。本来ならば、この傾向は移民の若者に職業教育の機会を提供するはずであろう。しかしながら経済状況の悪化は、そうした機会を抑制する方向に働いている。当然のことながら、スキルをもたないかぎり失業の危険はきわめて高くなる（ibid., 8）。実際、職業教育を必要とするドイツの若者のうち六四％しか職業教育の場を得ていないことはそれ自体問題であるが、移民の場合にはなんと三四％にしかならない（*Zeit* 2006）。このようにみるならば若いトルコ系移民の雇用状況の悪化が浮かび上がってくる。

テクノロジー化も、移民の雇用を困難にしている。経済のグローバル化は、情報テクノロジーの大規模な導入をもたらしたが、同時に新しいスキルと知識を要求する点で、とりわけ移民労働者が取り残される危険を高める。外国人労働者の多くが非熟練労働者として従事してきた製造業や建設業は、総じて雇用が減少傾向にあるだけでなく、リストラや合理化のプロセスをつうじてより高度なスキルや資格を求めるようになってきている。職業訓練を再度もしくは新たに受けるには、教育の基盤や言語力が不可欠であるが、移民労働者の場合、そうした条件が十分に満たされるわけでない（近年の統合政策論が言語の修得を重視する所以が、ここにある）。さらにいえば、第二次産業での余剰労働力を吸収すべき第三次産業は、対面サーヴィス中心の仕事であるため、移民労働者にとっては不利な点が多い。みずからビジネスを起業するとしても、たいていは経済的資本の裏付けを欠くため困難である（Werner 2003: 8-10）。

グローバル化やEU域内の市場統合も、ガストアルバイター第二世代以降の雇用状況を悪化させる要因である。ドイツの労働市場は、グローバル化による競争圧力のもと、高いとされる労働コストの軽減と労働力のフレキシブル化の戦略を展開しており、新たな移民政策と結びついている。具体的にいえば、それは一方では難民を制限しつつ、他方で右の経済的観点から望ましい高技能労働者、業務請負労働者、季節労働者を受け入れる選別的移民政策である（久保山亮はこれを移民政策の「複線化」と呼ぶ（久保山二〇〇三））。かくしてガストアルバイターの第二および第三世代は、第一世代が従事した非熟練労働者を吸収する労働市場では、EU域内の市場統合とドイツの労働市場のフレキシブル化傾向の結果として、東欧からの安い労働力との競合を迫られる（*Süddeutsche Zeitung* 2005）。

この文脈でとくに考慮すべき点は、多くのドイツ企業が安い労働力を求めて生産拠点を海外――とくに東欧諸国――に移転しつつあるという事情である。明らかに海外移転の実行は、ドイツ国内の雇用の喪失を意味するが、移転の意志表明は、労働者側の交渉力の低下を招き、結果的に〈産業的シティズンシップ〉を実質的に後退させる（Streeck 1999: ch. 5）。二〇〇四年のダイムラークライスラー社での労使交渉で、海外と国内の複数の産業立地の競争を会社側が明言して、事業所委員会から一定の譲歩を引き出した事例が象徴するように、かつての〈産業的シティズンシップ〉の重要な制度が労働者利益を代表する機能を困難にする構造的転換が生じつつある（Rehder 2006）。こうした事情は、雇用関係への移民の包摂を手助けしてきた制度的前提が崩れてきていることを示している。(7)

右の考察から、雇用関係に基づく移民統合が大きな困難を抱えていることが理解されよう。安定した雇用を望めない状況は、雇用関係への包摂という〈産業的シティズンシップ〉モデルの土台を切り崩す。このモデルは、正規の雇用関係にある移民を社会保障システムへと組み込むが、労働市場との関係が弱い移民の場合には種々の不都合や不利益を強いる（例えば、拠出期間に左右される年金の受け取り額）。一九九一年から一九九七年の間に、社会保険が適用される職業をもつ外国人の割合が、一一・六％から七・二％に低下したとの報告（Mushaben 2006: 217）は、〈産業的シティズンシップ〉の機能不全を物語るものである。

さらにいえば、「GNPに寄与した者たちから構成される福祉国家」（M・ボメス）という〈産業的シティズンシップ〉モデルの根本理念は、雇用関係に組み込まれない就労可能な者が社会扶助を受ける場合、かれらを社会的コストとして捉える社会的表象につながりかねない。くわえて、一九九〇年の移民法改正以来、ガストアルバイターとその家族は安定した滞在権を保障され、社会保険原理に基づかない社会扶助への権利が保障されたことで、このような社会的表象のリスクは高まる(8)。しかも、教育や職業訓練を必要とする移民の子供や若年層は、過重な社会的コストとして受けとめられるだけでなく、文化的に異質な存在として政治的レトリックの標的にもなり易い。事実、高度なＩＴ技術の保有者を海外から募集する際には、インドの文化がいかにドイツと異なるかについての議論が見られなかったとの指摘は、社会的コストとみなされない場合には、統合の阻害要因としての文化的差異の議論は浮上しないことを示唆している（Hunger 2006: 39）。次節では、トルコ系移民の文化的差異をめぐる公的議論を考察することにしたい。

三　同化と差異の相克

前節では、〈産業的シティズンシップ〉モデルが依拠した前提条件の変化がトルコ系移民の第二および第三世代に労働市場での困難をもたらしている点をみた。本節では、こうした困難を背景に浮上してきた文化的差異をめぐる公的議論を、⑴リベラリズムの非リベラルな用法と⑵パラレル社会論に限定しながら考察することにしたい。

⑴　リベラリズムの非リベラルな用法

〈産業的シティズンシップ〉の機能不全がもたらしている若年層移民の高い失業率と社会的排除の危険性は、移民の社会経済的悪条件の分析と改善という問題関心を喚起する。この連関で近年の移民政策と移民研究において中心となりつつあるのが、移民をいかに社会に統合するかという問題であり、そのための分析視角としての「同化」(assimilation) である。

例えば、移民研究者のJ・ヨプケとE・モラウスカは、ドイツとアメリカの事例を引きながら、西欧の先進諸国では移民統合の意味内容が簡素化 (thinning) していると主張する。具体的には、(1) 言語習得と (2) リベラルデモクラシーの政治的諸価値へのコミットメントが求められるにすぎず、その点で全面的な同化を要求したかつての移民政策とは異なるとされる。かれらの見解によれば、移民の統合とは、移民と従来の住民のそれぞれのライフチャンスを社会経済的な点（雇用、収入、教育等）で平等化することを意味する。このような統合は、多文化主義政策では達成することができず、ゆえにオランダを筆頭に各国でこの政策の放棄を余儀なくさせる（Joppke and Morawska 2003: 6）。とりわけ統合の鍵として注目を集めるのは、言語習得である。ホスト社会で使われる言語の適切な習得は、教育や就職という構造的同化を左右する条件である。これにくわえて、この構造的同化自体が、友人関係、結婚、結社、ネットワーク等への包摂という社会的同化を容易にする条件でもあるがゆえに、言語修得は構造的同化をつうじて社会的同化そのものにまで影響を及ぼすことになる（Bommes 2003: 97; Esser 2006）。

なるほど確かに、社会経済的な条件の平等化という関心自体は正当なものといえる。しかしながら、ドイツの移民統合政策が簡素化の線で展開しているという主張は、現実にそぐわない点がある。あくまでも純理論的に考えた場合、ドイツ語習得が雇用の確保をつうじての社会経済的状況の改善に資することは疑いを容れない。だが、実際の政策論議は、たんに社会経済的動機だけでなく、文化的に異質な存在の社会浸透を抑制して、みずからの文化的連続性を保とうとする文化政治の動機も随伴させている。

ここで考慮すべきは、トルコ系移民を文化的に異質な存在としてみなす言説が後を絶たないという点である。むろん、二〇〇一年の「九・一一」に続いて、オランダの映画監督テオ・ファン・ゴッホ暗殺事件（二〇〇四年）、ロンドン同時爆破事件（二〇〇五年）といった出来事が、文化的差異の無制約な許容がもたらす社会的分裂という危機感を煽る政治スローガンを流布させたことも大きい。これらの出来事は、「イスラム教徒＝テロリスト」とのラベルを付け加えることで、「文化的異質性＝危険」というイメージを植え付ける方向に作用してきた。ある統計調査によると、イスラム教徒をはっきりと拒絶する層の比率に大きな変化はないが（二〇〇三年で三一％、二〇〇五年で三四％）、イスラム教の低い文化的評価の意見が多くなっており（二〇〇三年で約三七％であるが、二〇〇五年では四九・七％）、また「イスラム文化が西洋社会に適合しない」とする意見も、二〇〇三年の六五・九％が二〇〇五年には七四・二％に上昇している（Leibold *et al.* 2006: 4）。

メディアも、トルコ系移民を異質な存在とする文化的表象に寄与している。具体例を挙げていえば、伝統的な道徳観念から逸脱していると判断されたトルコ人の女性が、彼女の家族によって家の恥として殺害された「名誉殺人」事件、女性を抑圧する慣習として非難される、本人の意思とは無関係に親が結婚相手（多くの場合同郷人や親戚）を決める「強制結婚」などは、メディアが熱心に報道する一連のトピックの筆頭に位置づけられるだろう。

こうしたトピックは、なるほど個人の尊厳や自由というリベラリズムの根本的価値の侵害として扱われているが、実際のところ、西欧文明の本質に適合しない異質で遅れた文化集団としてトルコ人移民を際立たせる作用――いな、むしろ多くの場合はあからさまな目的――をもつ。かれらに求められているのは、たんにハーバーマス流の憲法愛国主義へのコミットメントではなく、異質で劣った文化の自己否定である。それは、憲法愛国主義の同化主義的用法ともいうべきものであろう(9)。

リベラルデモクラシーの諸価値へのコミットメントが憲法愛国主義的な装いのもとで同化と排除の論理となる事態を端的に示しているのは、バーデンビュルテンベルグ州が二〇〇六年一月から導入した「帰化希望者との面談ガイドライン」であろう。三〇項目からなるガイドラインには、「あなたの近隣、友人関係もしくは知人関係にある人物が、テロ行為をおこなった、もしくは計画しているということを知りました。あなたはどのような態度をとりますか」、「親が成人した娘に特定の職業に就くことや自分で選んだ男性と結婚することを禁じるということがしばしば聞かれます。あなたは個人的にこうした行為をどうお考えですか」といった質問が含まれている。このガイドラインがイスラム教徒を標的にしたものであることは、一目瞭然である。このようなテストには、社会的偏見が混入しているといわざるをえない。事実、二〇〇五年のアンケート調査で六〇％のドイツ人が、イスラム教徒は総じてイスラム原理主義のテロリストを支持しているとの見方をとっており、さらには六四％が、テロリストが多くのイスラム教徒から英雄とみなされているとの見解を示している（ibid., 5）。それゆえ右のテストは、リベラルデモクラシーの公共的価値への忠誠ではなく、偏見に基づいて個人の思想を問う「信条テスト」（Gesinnungstest）や「イスラムテスト」（İslam testi）であるとしてイスラム教徒に批判されるのは当然であろう（*Hürriet* 2006; *Jüdische Zeitung* 2006; *Süddeutsche Zeitung* 2006; 前田二〇〇七）。

明らかにこうした事態が示すのは、移民統合の意味内容の簡素化というよりも、むしろ同化と排除の憲法愛国主義的偽装である。こうしたテストは、のちにヨプケ自身も認めるように、内心の自由というリベラリズムの基本的な規範から逸脱している（Joppke 2008: 542）[10]。右のテストのもつ排除の論理は、トルコ系移民を直撃する。なぜならば、トルコ系移民二六〇万人のうち約八〇万人がすでにドイツに帰化しており、毎年ほぼ五万人がドイツ国籍を取得し、しかも二〇〇七年の時点ではトルコ人の七五％が帰化条件を満たすことになると予測されるからである（Sen 2006）。しかもこのテストは、帰化手続きの結果はどうであれ、トルコ系移民を文化的かつ社会的に劣位に置く効果をもつことになる。

⑵　パラレル社会論

ところで、移民統合における同化の役割を強調することは、多文化主義にたいする否定的な評価と結びついている。多文化主義批判のひとつの典型は、それが「パラレル社会」（Parallelgesellschaft）の形成を促進させる、というものである。パラレル社会は、文化的異質性を培養して統合の鍵であるドイツ語習得を困難にする問題状況そのものとしてみなされる。統合政策における言語習得の重視は、移民家庭や移民が集住するコミュニティでの移民言語の使用を否定的に評価することに結びつきやすい（cf. Esser 2006）。ドイツでは、エスニシティに基づく組織や制度をゲットーの形成や社会統合の障害とただちに同一視する傾向が根強い（Elwert 1982: 717; Joppke 1999: 209）。かくして多文化主義には、ホスト社会から隔絶した文化的に異質なミクロな社会であるパラレル社会——その典型例とされるのが、トルコ人移民の多いことで知られるベルリンのノイケルン地区やクロイツベルク地区——の形成を促進するという批判が向けられることになる（そうした批判の典型として Tibi 2002 を参照）。

移民がパラレル社会を形成するという考え方は、広く流布している。二〇〇五年のアンケート調査では、六七％のドイツ人が、「イスラム教徒の大部分が他の住民から距離を置こうとしている」との見解をもつ。「ドイツのイスラム教徒は自分たちだけで生活することを望んでいる」とする意見にいたっては、八〇%である（Leibold *et al.* 2006: 5）。こうした調査結果からは、移民集団を閉鎖的なコミュニティとしてみる傾向が看取できる。さらには、このような見方そのものが移民コミュニティの孤立化につながる、いわゆる「自己成就的予言」の可能性も否定できない（ibid., 10）。

「多文化主義＝パラレル社会」という短絡的な構図の問題のひとつは、移民コミュニティがかかえる問題の発生源をきわめて狭い視野でしかみない点にある。この問題を政治経済的な観点から分析したH・ホイザーマンらが強調するところによれば、移民の集住地域は、社会経済的条件が悪化している生活環境地域でもある。ここでの鍵は雇用関係の有無である。つまり、移民が労働市場に組み込まれているかぎり、ある特定の居住地域の集住は、エスニシティ集団内部のインフラ構造や扶助システムを構築する上で有効に作用する。これにたいして移住先のホスト社会との経済的橋渡しとなる労働市場が機能しない場合、空間的に隔離されたコミュニティは社会的孤立を深刻なものにする（Häußerman and Kapphan 2004: 213; cf. Nowak 2006: 80）。社会的孤立は、そもそも脆弱な社会資本的基盤しかもたない移民コミュニティをさらに劣悪な状態へと陥れることになる（cf. Janßen and Plat 2006）。この分析は、エスニックコミュニティを移民の自己隔離としてのパラレル社会の形成と同一視することの不適切さを指弾するものである。

以上、トルコ系移民の文化的差異をめぐる公的議論の考察として、（1）リベラリズムの非リベラルな用法と（2）パラレル社会論に焦点を当ててきた。ここから明らかとなるのは、かれらの文化的差異が社会統合の阻害要因であり、その克服が問題解決の鍵となると考える思潮的傾向である。[11] 次節では、右の考察に理論的分析をくわえることにしたい。

四　再分配と承認

本節では、前節の考察から明らかとなったトルコ系移民が直面する問題状況、とりわけかれらの文化的差異に集中する公的議論の状況を、理論的観点から改めて分析することにしたい。とりわけこの観点から考察したいのは、(1)「文化的差異」への注目が再分配の問題の看過につながるという問題、(2)文化論が偽装された人種差別《レイシズム》につながるという問題、(3)移民とマジョリティ社会を分かつ境界線を変容させる課題の三点である。

(1)「文化的差異」と再分配問題の後退

これまでの考察が示すひとつの重要な点は、トルコ系移民がかかえる社会経済的な不平等を文化的差異の問題として理解する文化論的な物の見方が支配的になりつつあるという事態である。第二節で分析したように、〈産業的シティズンシップ〉が後退し、その社会統合上の有効性が低減していった結果として、トルコ系移民の社会経済上の不利が新たに生じ、かれらの脆弱性が顕在化していった。主流となってきた文化論的な物の見方は、こうした不平等を政治経済の構造に由来するものとしてではなく、むしろ言語や文化的慣習といった文化的差異に起因するものとして捉える。このような理解の仕方は、不平等の背景にある政治経済的な構造を捨象しがちである点で、大いに問題がある。この問題性は、前節で考察した、「パラレル社会」の元凶とみなされた移民の地域的な集住傾向にたいする文化論的な理解と批判に典型的にみられる。文化論的な観点は、トルコ系移民を含めた移民集団の地域的な集住を「パラレル社会」として同定し、文化的差異に起因する孤立主義的で、しかもホスト社会にとって危険な傾向として理解する。しかし前節で言及したホイザーマンらが正当に指摘したように、こうした傾向はもっぱら文化によって規定されているわけではなく、労働市場への参入の困難という社会経済的な要因をもつものである。それゆえ文化論的な理解は、不平等や格差の社会経済的な要因を見落とすという結果を招く。

さらに文化論的な理解は、別種の問題を引き起こす。それは、文化的差異を説明原理とする理解を受け容れることによって、文化論的に説明された当の社会経済的な排除を生み出しかねないという、いわゆる「自己成就的予言」（R・マートン）の問題である。トルコ系移民がマジョリティ社会に溶け込もうとしない文化的に異質な集団であり、教育や労働市場でのかれらのパフォーマンスが芳しくないことの原因もそこにある、との考え方が一般に受容される場合、そうした考え方自体が当の社会経済上の負の帰結をもたらす要因となりうる。

具体例を挙げていえば、F・ババンの報告によると、トルコの急進的なナショナリズムに傾斜したトルコ系移民の若者の出発点には、多くの場合、トルコ人であることをドイツのナショナルなアイデンティティやナラティヴに含めることを認めようとしないマジョリティ社会から排除されたという経験がある。そこから帰結するのは、マジョリティ社会の圧力に抗して生きていくために、先鋭化させたナショナルなアイデンティティを採用するというパターンである（Baban 2006: 192-93）[12]。このパターンがもたらすのは、急進的ナショナリズムへの傾倒による教育や労働市場でのかれらのパフォーマンスの悪化や、それによるかれらのライフチャンスの縮減というさらなる帰結である。「トルコ系移民はドイツ社会にとって文化的に異質な存在であるがゆえにドイツ社会にとけ込もうとしない」という文化本質主義的な認識は、マジョリティ社会から疎外されるという個人的および集団的経験を若き移民にもたらし、このことをつうじて当の事態、すなわちマジョリティ社会から距離をおき、社会経済的不利を悪化させる集団を生み出すことになる。こうした帰結を文化論的に理解しようとするかぎり、移民の若者を労働市場に参入させるための職業訓練の乏しい機会を改善する必要があるという再分配の視点は、完全に忘れ去られることになる。

右の考察から理論的な洞察を引き出すならば、二つの点を指摘することができる。ひとつは、文化的差異の問題に還元できない社会経済的な構造の問題が存在するという洞察である。この洞察は、〈承認の政治〉と〈再分配の政治〉――あるいは〈文化の政治〉と〈社会の政治〉――を分析的に分けることの必要性を裏付けるものであろう。いまひとつは、文化的差異にもとづく価値表象が、社会経済上の不平等をもたらすという洞察である。右のババンの報告が示すように、「トルコ系移民は、マジョリティ社会のリベラルな基本的諸価値を受け容れないがゆえに文化的に異質な存在であり、よって劣った集団である」との価値表象は、当の移民集団をマジョリティ社会から疎外し、教育や労働市場からの社会的排除の起因となりうる。これら二つの洞察を結合させて考察するならば、この考察が、社会経済的な不正義と価値表象の不正義を区別しつつも、「どのように文化と経済がともに作用して、不正義を生み出しているかを理解すること」（Frazer 1997: 3; 邦訳六）を重視して、両者を統合するという理論的課題を掲げるフレイザーの考え方の妥当性を支持することは明らかであろう。簡潔にいえば、文化と経済をめぐる不平等の問題は、両者の区別と連関を要求せざるをえない。

(2) 文化論と人種差別

〈承認の政治〉は、文化的差異とみなされるもののたんなる承認ではありえない。むしろ差異の内実が決定的に重要となる。第三節で考察した強制結婚や名誉殺人といったリベラリズムの諸価値に合致しない行為や慣習が文化的差異の内実として理解されるならば、種々の問題がそこから派生する。例えば、マイノリティ集団のステレオタイプ化や文化の実体化、さらにはホスト社会の「優れた文化」とマイノリティ集団の「劣った文化」という定式化といった問題や、そもそもそうした文化的差異が承認の対象となりうるのか、という問題も生じる[13]。とりわけここで注目したいのは、非リベラルな慣習が実際に暴力を含んでいる場合、どうやって文化の優劣論を喚起せずに、暴力を問題化することができるかという問いである（Razzack 2004: 161）。

多くの場合、問題行動を助長する元凶として非難の矢面に立たされるのは、多文化主義である。しかし、ノルウェーにおけるイスラム系移民での強制結婚に関する研究をおこなったS・ラザックからみてもっと注目されるべき問題であるのは、むしろ人種差別、正確にいえば文化的人種差別《レイシズム》である（ibid., 168）。この人種差別の特色は、暴力が介在する行為や慣習を文化的差異によって説明すること、つまり「暴力を文化としてみなすこと」（culturalization of violence）にある。このような見方は、文化の優劣論を惹起するだけでなく、マイノリティ集団における女性にたいする暴力を文化的差異の表出として自然視することや、暴力にたいする公的サーヴィス（とりわけ警察）の反応の鈍さにつながっていく（ibid., 167）。この人種差別は、文化にたいする尊重という仮面をかぶりつつも、文化的人種差別の論理をひそかに起動させ、女性にたいする暴力への救済の必要性を看過させる。

ラザックにいわせるならば、人種差別でもって女性にたいする暴力と闘うことは不可能である。逆にそうした対応は、逆にホスト社会から非リベラル性を指弾され、コミュニティ存続の危機感をつのらせた移民をして、ますます問題となる行為や家父長的規範を生存戦略として採用させる方向に導きかねない（ibid., 132）。このようにラザックは、文化的人種差別に着目することで、マイノリティ文化の優劣論を喚起することなく、暴力を問題化し、なおかつ暴力に抗する様々なアプローチ（安全な場所の提供、意識変革、教育と就労への機会の確保など）を講じることができると説く（ibid., 168）。ラザックのこうした議論は、〈承認の政治〉を考えるうえでさらなる課題を示す。それは、いかにして人種差別の論理に転化しないように配慮しつつ、文化的差異の承認を可能にするかという理論的課題である。

(3) 差異をめぐる境界線

第三節で考察したように、同化と排除の論理につながるリベラルな価値の非リベラルな用法に抗するためには、どうすべきであろうか？　むろん、トルコ系移民に関して文化的差異の否定的な価値表象をたんに肯定的な表象に置き換えれば、つまり名誉殺人や強制結婚を美徳の発揮あるいは西欧社会にはない文化的価値の貴重な発現として讃えたとしても、問題が解決するわけではない。なぜならば、先にみたように文化論的な理解が随伴させる人種差別の問題性は、これでは回避することはできない。では、どのような有望な方途があるだろうか？

そうした方途として、ホスト社会とトルコ系移民を区別する線引きを変容させる戦略を指摘することができるであろう。簡単にいえばこの戦略の主眼は、そのような区別を可能にする「明瞭な境界線」(bright boundaries）を「曖昧化」(blurring）することにある。近年の移民研究では、エスニシティ、人種、文化、言語、宗教が標識となって「われわれ」と「かれら」を分かつ「明瞭な境界線」が引かれる事例や、そうした境界線が明瞭性を失っていく曖昧化の事例についての研究が展開されている（Zolberg and Woon 1999; Alba 2006)。

トルコ系移民とマジョリティ社会のあいだの境界線については、名誉殺人についてのドイツの新聞記事を調べたA・コルテヴェークとG・ユルダクルの研究が多くの示唆を与えてくれる。この研究によれば、トルコ系移民とマジョリティ社会ないしドイツ人を峻別する「明瞭な境界線」が新聞記事の多くに認められる。そうした境界線は、名誉殺人の要因をエスニシティやナショナリティ（トルコの出自と文化）や宗教（イスラム教）に求めることで成立している（Kortewег and Yoldakul 2009: 229）。しかもこうした「明瞭な境界線」は、実際にメルケル首相の発言がそうであったように、強制結婚と名誉殺人というドイツにおいて許されざる行為や慣習を、異なる価値をもつ複数の社会の並立状態というパラレル社会論をむすびつける議論を促す。ここで注意すべきは、「ドイツは寛容で開かれた国であるが、同時にみずからの文化への配慮をおこなう」とのメルケル発言が示唆するように、移民にはパラレル社会を脱し、マジョリティの文化を受容することが求められるのにたいして、マジョリティのドイツ文化は維持されるべきであるという考えが暗黙のうちに前提とされている（Korteweg and Yurdakul 2009: 230）。

先ほど言及したババンにいわせるならば、このようにナショナルなアイデンティティが文化的な境界線を伴っている場合には、異なる文化をもつとされる集団は、公立学校の教師によるスカーフの着用を宗教的行為として禁止する州政府が多くあることが如実に示すように、シティズンシップの権利を行使する際に種々の不利益や制約を受けることになる（Baban 2006: 195）。ババンのみるところ、ドイツのナショナル・アイデンティティが基盤とするナショナルな文化の理解は、憲法愛国主義の実現によって容易に消滅するものではない（ibid. 194）。かくして、シティズンシップの諸権利を十全に行使しうるためには、ドイツ人としてのアイデンティティの文化的理解を変容させる必要があるが、それはそうした文化的理解に基づく「明瞭な境界線」を曖昧なものに変えていくことにほかならない。

では、どのようにして境界線の曖昧化が可能になるのであろうか？　ババンやコルテヴェークとユルダクルらによる研究をみるかぎり、トルコ系移民とマジョリティ社会を分かつ境界線を曖昧なものにするパターンとして、四つの方途が指摘できるように思われる。それは、①トルコ系移民のステレオタイプ化した表象とは異なる表象の提示、②分けられた二つの領域を結合するアイデンティティの形成、③トルコ系移民とマジョリティ社会を横断する規範としてのリベラルな価値の再定義、④トルコ系移民集団およびマジョリティ社会のそれぞれの内部での分節化を指す。

第一のパターンの典型例となるのは、暴力の犠牲者であり、沈黙を強いられた受動的な人間として描かれがちなトルコ人女性の表象に抗して、積極的に名誉殺人や強制結婚をめぐる公的議論に参加するトルコ人女性の存在である。コルテヴェークとユルダクルによれば、トルコ系移民の出自をもつ女性弁護士でマイノリティの権利擁護運動に従事するセイラン・アテシュがその代表である。アテシュは、一方では多文化主義政策が移民隔離に結びついたと批判しつつ、他方では、トルコ系移民のコミュニティが内部から変化しうること、しかもそれがマジョリティ社会によって押し付けられる価値にしたがうのではなく、みずからの価値によってなしうると主張する(Korteweg and Yurdakul 2009: 232)[14]。アテシュの存在と彼女の発言は、移民をめぐる表象のステレオタイプ化に抗する別種の表象を提示するものといえる。

第二のパターンは、アイデンティティの二重化と複合化である。それは「ドイツ人かつトルコ人としてのアイデンティティ」という「ハイフン付きのアイデンティティ」(ibid., 232)を採用することを意味する。さらにいえばこうしたアイデンティティ形成は、ドイツ人のアイデンティティかトルコ人のアイデンティティかの二者選択を迫るマジョリティ社会に抗するものである(Baban 2006: 199)。こうしたアイデンティティの複合化は、トルコ系移民とマジョリティ社会の明瞭な境界線を曖昧なものに転換するものであり、ババンによれば「ドイツのナショナルな文化の持続的な再構築」につながる行為である(ibid., 199)。

第三のパターンは、リベラルな諸価値、とりわけ人権を西洋やドイツ文化に固有のものであり、トルコ系移民には異質なものであるとする、いわば普遍的価値の特殊主義的理解に抗して、まさに普遍主義的な理解に転換させることに関わる。このパターンの具体例となるのは、「われわれは、トルコの価値やドイツの価値などといったことについて語るのをやめるべきである。ここで問題となっているのは普遍的な人権である(Es geht hier um universelle Menschenrechte)」とのトルコ連盟ベルリン・ブランデンブルクの一員が述べた発言である(Korteweg and Yurdakul 2009: 233)。こうした主張は、とりわけトルコ系移民を批判する文脈において、西洋に属するドイツの専有物であるかのようにみなされるリベラルな諸価値を「われわれ」と「かれら」を横断する規範として再定義して、これに訴える戦略を如実に体現している。

第四のパターンは、第三のパターンからただちに派生するものである。トルコ系移民とマジョリティ社会を貫徹する規範の観点に重点を置く第三のパターンによって、それぞれの集団の内部での分節化が可能となる。つまり、トルコ系移民コミュニティのみならず、マジョリティ社会における女性にたいする暴力を主題化することができ、暴力をふるう男性とそうでない男性というカテゴリー分けは、もはやトルコ系移民固有の問題ではない。逆に、名誉殺人として主題化するかぎり、ドメスティック・バイオレンスがすべての女性にとっての問題として存在する事実に目を閉ざすことになる（ibid., 235; cf. Razack 2004: 168）。第四のパターンは、厳密にいえば「境界線の曖昧化」というよりも、むしろ「境界線の引き直し」（boundary shifting）として捉えるのが適切であろう（Zolberg and Woon 1999: 9）。

以上、トルコ系移民が直面する問題を〈再分配の政治〉と〈承認の政治〉という二つの観点からあらためて考察し、⑴「文化的差異」にたいする一方的な注視が再分配の問題の看過を随伴させるという問題、⑵文化論が文化的人種差別の危険性を内在させている問題、⑶移民とマジョリティ社会を分かつ境界線を変容させる必要性と課題の三点に焦点を当てた。右の考察は、文化的差異の問題への視点の限定がはらむ問題性と、〈承認の政治〉とともに〈再分配の政治〉が不可欠であることを明らかにするものである。[15] さらには、〈承認の政治〉が、たんなる文化的差異の承認や受容に限定されてはならず、文化的差異そのものの表象の再編や再定義に関与する必要があることも、考察をつうじて明らかとなったであろう。

むすびにかえて

本章では、移民問題を政治理論の対象として取り上げ、ドイツにおけるトルコ系移民をめぐる問題に〈平等と差異〉、〈同化と排除〉、〈再分配と承認〉に関わる重要な事例として焦点を当てて考察してきた。第一節では、ドイツの移民統合の特色を〈産業的シティズンシップ〉モデルとして捉えて、このモデルがトルコ系移民を労働市場に包摂するうえで果たした役割を明らかにした。第二節では、脱工業化やグローバル化の影響をきっかけとして、このモデルの有効性が後退した結果、トルコ系移民を筆頭とする若年層移民の高い失業率が生じ、社会的排除の度合いが高まり、同時にかれらの文化的差異への注目が浮上したことを論じた。第三節では、移民統合政策に関する公的議論においてトルコ系移民の文化差異が中心的なトピックとなっている現状を、リベラリズムの非リベラルな用法とパラレル社会論に焦点を当てて分析した。第四節では、トルコ系移民をめぐる公的議論にみられる文化的差異への一方的な注目が、結果として再分配問題の放置に帰着するとともに、さらには文化的人種差別《レイシズム》を惹起させる危険があり、くわえて移民とマジョリティ社会を分かつ境界線をめぐる政治というさらなる課題が〈承認の政治〉に含まれることを論じた。

スイスの作家マックス・フリッシュは、「労働力を求めたのだが、やって来たのは人間だった」(“Man hat Arbeitskräfte gerufen, und es kommen Menschen.”)との有名な言葉を残している(Frisch 1967: 100)。この言葉は、移民もまた人間としての多面的なニーズをもった存在であることの承認を求めるものである。本章の考察から引き出される洞察のひとつは、このような人間としてのニーズをもちつつも、同時に種々の差異をかかえる移民の根本条件ゆえに、かれらが直面する不平等や格差をめぐる議論において、差異への注目が排除の論理や不平等を肯定する論理に転化しかねないという点であろう。いまひとつの洞察として、移民集団とマジョリティ社会の固定化した特徴づけを越えて、両者を横断し、それぞれの内部を分節化する視点の必要性を挙げることができよう。しかしこれらの洞察は、移民をめぐる問題について考えるべき課題のごくわずかに触れたにすぎない。フリッシュが強調した「たんなる労働力ではない、人間としての多面的ニーズをもつ移民」は、グローバル時代の特質をなすだけでなく、差異とそこから帰結する不平等について考える政治理論が積極的に取り組むべき課題と問題を提起するものであり、政治理論のトピックとしての意義を今後ますます増大させることになるであろう。

（1）この箇所の邦訳が文章を欠落させて翻訳しているので、本章の引用文は欠落部分を補っている。

（2）ドイツの移民政策の概要については、トレンハルト（一九九四）、近藤（二〇〇二、二〇〇七）を参照。ドイツにおけるトルコ系移民については、野中（二〇〇七）を参照。

（3）ただし注意しておきたいのは、トルコ系移民をめぐる問題においてドイツのネーション観やナショナルなアイデンティティの性質がきわめて重要であるが、このネーション観やアイデンティティが血統を基礎とするものではなく、文化を基礎とする点である。この問題は第四節で考察することにする。

（4）ただし、長いあいだ生活保護にたいする権利保障は与えられなかった。一九九〇年の外国人法の改正による滞在権と社会権の保障にいたるまでは、失業して生活保護を申請した場合には本国送還の事由となりえた（トレンハルト一九九四：久保山二〇〇三）。

（5）二〇〇一年施行の改正事業所組織法によれば、事業所委員会は、労働条件について使用者に提案することができ、さらには――勤務と家庭生活の両立や雇用における男女同権とならんで――外国人被用者の非差別的処遇についても提言権をもつ（村上・守矢・マルチュケ二〇〇五：二〇三）。なお、“Betriebsrat”は「経営評議会」や「経営協議会」とも訳されるが、あくまでも事業所を単位とする組織であり、企業全体の経営に関わる共同決定機関である「監査役会」(Aufsichtsrat)とは区別する必要がある(同上、二〇〇二)。また、スウェーデンと比べて、工場ごとに構成される事業所委員会は、全国的労働組合にたいして相対的な自律性をもつ(Thelen 1993)。

(6)かれらは九〇年代に入って安定した滞在権と就労の自由を獲得した(cf. 久保山二〇〇三)。

(7)こうした産業の構造転換に呼応する形で、トルコ系移民のエスニックビジネスが展開し、ドイツのGDPへの無視できない貢献をなすまでに成長した(Mushaben 2006)。主として自営業としてエスニックビジネスが発達している事態の評価は、社会保障の観点から注意深くなされるべきであろう。例えば、ホテル業および飲食店での仕事の多くが社会保障制度に組み込まれていないが、そうした仕事の九〇%を外国人が担っているとされる(ibid., 214)。

(8)T・ファイストは、こうした状況を「福祉国家政治のエスニック化」と呼ぶ(Faist 1999)。それは、福祉国家を特徴づける要素として階級的亀裂に加えて、エスニシティの亀裂が前面に出てくるという事態を示している。そこにおいて、階級的亀裂を克服しようとする社会民主主義的な立場が、ナショナリスト的かつポピュリスト的な立場の優勢に直面して、困難に陥ることが示唆されている。

(9)憲法愛国主義は、特定の文化的アイデンティティを社会統合の基盤にしないことから、市民の文化的背景にたいして原理的に中立的であろうとする。しかし、文化が私的な事柄にとどまらず、スカーフ問題が示すように、アイデンティティの表現がナショナルなアイデンティティの包摂/排除の対象となる場合には、あらためて文化と政治の関係を問う視点が必要なのではないかという問題提起が当然のことながら生じる(cf. Baban 2006: 197)。

(10)多文化主義の処方箋が破綻したとみなし、むしろリベラリズムの普遍主義的な価値志向を個別のナショナルな集合的アイデンティティの核として、しかもリベラルな市民と非リベラルな移民集団とに区別する基準として用いる近年の欧米における"particular universalism"の実態と問題については、Joppke（2008）とTriadafilopoulos（2011）を参照。

（11）文化的差異が移民統合の最大の阻害要因であるとする移民批判の議論は、いまだ絶えない。ベルリン州政府の元経済大臣でドイツ連邦銀行の理事であったティロ・ザラツィンがおもに二〇〇九年から二〇一〇年にかけて引き起こしたザラツィン論争はその典型例であろう。本章で詳しく考察する余裕はないが、ザラツィン自身の議論についてはSarrazin（2011）、ザラツィン論争やその影響についてはBellers（2010）、Deutschlandstiftung Integration（2010）、前田（二〇一二）を参照。

（12）一九九四年に緑の党から出馬し、レイラ・オヌル（社民党所属）とともにトルコ人移民の両親をもつ最初のドイツ連邦議会議員となり、その後も緑の党の政治家として華々しい経歴（欧州議会、緑の党共同党首）を重ねるジェム・エズデミルもまた、移民を異質な存在とみなして、かれらを受容しようとしないドイツ社会の風潮が、とりわけトルコ系移民の第二、第三世代をして宗教を筆頭とする文化的差異の自己顕示的な強調へと向かわせる契機になっていると述べる（Özdemir 2002: 24-25）。

（13）女性を差別する文化をもつマイノリティ集団を多文化主義が許容するとして、多文化主義をジェンダーの観点から問題視する議論は、Okin（1998; 1999）やShachar（1998）を参照。Phillips（2007; 2010）は、そうした議論が、文化をステレオタイプ化する本質主義的な見方や、マイノリティの行動を文化に規定されたものとみなす決定論的な見方を孕んでいる点を批判している。本質主義に傾く文化論的アプローチの問題については、Bauböck（2008）も参照。

（14）この主張は、コルテヴュークとユルダクルによる調査インタヴューにおいてなされたものであるが、アテシュ自身の著作での発言と矛盾する点があると思われるので、慎重に扱う必要があるかもしれない。アテシュは、この著作において、名誉殺人を廃絶するために、マジョリティ社会の価値観にトルコ系移民コミュニティで妥当している名誉概念を適応させることが必要であり、この場合には同化を要求することにはなんら問題ない、との見解を示している（Ateş 2007: 94）。

（15）ここから、トルコ系移民が承認と再分配に関わる要求をどのようにおこなっているか、またどのような政治的な組織化がみられるかという、より実際の政治的次元でのさらなる問いが生まれる。この種の分析は、本章ではおこなっていないが、Yükleyen and Yurdakul（2011）を参照。フレイザー自身も、近年では承認と再分配に加えて、政治的な声の反映や政治的主体の問題に関わる「代表」（representation）を第三の理論的柱として打ち出している（Frazer 2008）。承認の観点から社会運動を分析した研究は、Hobson（2003）を参照。

第七章　品位、平等、平和

はじめに

M・ウォルツァーは、著書『寛容について』のなかで、「異なる歴史や文化、アイデンティティをもつ様々な人びとの集団のあいだの平和的な共存」は「善きこと」（Walzer 1997: 2）である、と述べている。ウォルツァーの主張は、差異を背景として生じた昨今の対立を振り返ってみるならば、いっそうの説得力をもつように思われる。例えば、旧ユーゴスラヴィアにおける内戦、フランスの郊外住宅地《バンリュー》での暴動、デンマークを発端として他の多くの国々をも巻き込んだムハンマド風刺画事件は、エスニシティや文化の差異を背景に生じた、ときに暴力的で、ときに流血さえ伴うような紛争である点で、平和的共存の価値を想起させずにはおかないであろう。

だが、平和的な共存の重要性や緊急度を認識する者は、実践的な問いにも直面することになろう。それは、文化的な多元主義という状況のなかで、なにが平和的な社会秩序の条件となるのか、という問いである。この問いは、政治理論にとって重要かつ困難な問題を提起するものである。多文化主義の中心的な政治理論家のひとりであるB・パレクは、つぎのように述べている。すなわち、「平和は、あらゆる社会においてまず第一に望まれているものであり、とりわけ多文化主義的な社会ではそうである。多文化主義的な社会では、深刻な対立を引き起こす傾向があるが、対立を和らげ制御する一群の共有された価値に依拠することができないという事情によって、この傾向に一層の拍車がかかることになる」(Parekh 2000: 207)。この言明は、多文化主義の状況における平和的な共存という課題が直面する理論的かつ実践的な困難を、簡潔に表現している。

本章では、この課題に対応する適切な道徳的かつ政治的な価値として、〈品位ある平和〉(decent peace)の構想を提示する。この構想の基本となる考え方は、いたってシンプルである。それは、他者から屈辱を受けないという意味での「品位」(decency)が、持続性のある平和のための必要条件であり、エスニシティや文化の違いに由来する深刻な対立を緩和させ、解決することができる、というものである。〈品位ある平和〉の構想は、平等主義的な性質をもつ平和の政治道徳を意味する。まず一方で平等主義的な道徳は、人びとを屈辱的でない仕方で平等に扱うという意味で、品位を実現することを目標としなければならない。他方で十全たる平和は、品位をみずからの必要条件に組み込むものでなければならない。したがって品位の観念は、平等と平和を媒介する概念である。さらにいえば〈品位ある平和〉の構想は、多文化主義の挑戦に適切に対応することができる。この構想は、マイノリティ集団に屈辱を与える種々の社会経済的および文化的な事態に敏感であることによって、多文化主義的な文脈における平等と平和への視点を提供することができる。それゆえ〈品位ある平和〉を〈品位ある平等〉と言い換えることも可能である。

本章では、〈品位ある平和〉(decent peace) の観念を理論化する作業を進めるために、二人の思想家に依拠することにしたい。それは、A・マーガリットとJ・ガルトゥングである。イスラエルの哲学者であるマーガリットは、品位の観念を社会的な価値として位置づけて、〈品位ある社会〉(decent society) という構想を発展させた (Margalit 1996)[1]。平和研究の領域で有名なガルトゥングは、〈消極的平和〉と〈積極的平和〉という二つの平和概念を対置させる議論で知られる (Galtung 1969)。本章の目的のひとつは、マーガリットの〈品位ある社会〉の構想とガルトゥングの平和論を考察することによって、マーガリットとガルトゥングのあいだの相互補完的な関係を示すことにある。この相互補完的な関係は、ガルトゥングの〈積極的平和〉の観念が、マーガリットの理論に内在する制度志向的なバイアスを是正するのにたいして、マーガリットの理論が、ガルトゥングの分配的なバイアスを修正するのに貢献するという関係を指す。本章の中心的な命題となるのは、このような補完的関係に基づく〈品位ある平和〉の構想が、多文化主義的な差異の条件下での平和的共存という、ウォルツアーのいう「善きこと」の実現に貢献し、なおかつパレクが指摘する多文化主義的状況が平和的共存にもたらす困難に対応するための有効な理論的視点になるという主張である。

右の主張を展開するために、本章は以下の構成をとる。第一節では、マーガリットの〈品位ある社会〉論をロールズの正義論と比較しながら、品位の観念を平等主義的な政治道徳にとって重要な構成的概念として提示する。第二節では、マーガリットの〈品位ある社会〉の観念とガルトゥングの平和論を結合させた〈品位ある平和〉の構想を素描する。第三節では、〈品位ある平和〉の構想が多文化主義的な状況にどのように対応するかを、日系ブラジル人の事例を用いて考察し、この構想の有効性を示す。むすびでは、〈品位ある平和〉の実践的な含意を手短に議論することで、この章を締めくくることにしたい。

一　品位と平等主義

本節では、自尊（self-respect）の重要性に関するマーガリットとロールズの議論を考察することで、品位の概念を自尊を損なうような屈辱の不在を含意するものとして解釈した場合、この概念が平等主義的な政治道徳の構成概念となることを示す。さらには、マーガリットの自尊概念が、ロールズの自尊概念よりも、平等主義的な政治道徳としてより適切な基礎を提供することを論じる。

まず簡単な問いから始めることにしよう。「品位」（decency）とはなんであろうか？『オックスフォード英語辞典』（*Oxford English Dictionary*）によれば、品位とは、振る舞い（behavior）や礼儀作法

（propriety）に関する社会的規範に合致している状態を指す言葉である。しかしマーガリットにおける品位は、異なる意味をもつ。品位は、「屈辱のないこと」（non-humiliation）を意味する。それゆえ〈品位ある社会〉とは、「制度が人びとに屈辱をあたえない社会」を指す（Margalit 1996: 1）。では、屈辱とはなんであろうか？　マーガリットの見解によれば、屈辱とは、個人の「自尊」（self-respect）を損なう事態を指す。したがって〈品位ある社会〉とは、個人の自尊を損なう制度のない社会を意味する。

　では、どうしてこのように理解された品位が、平等主義的で政治道徳になりうるのか、という問いが提起されよう。この問いに応えるには、品位概念の基礎となっている自尊の重要性を理解する必要がある。[2] 自尊の重要性を理解するために、まずロールズの議論に目を向けることにしたい。ロールズによれば、自尊は二つの側面をもつ。第一に自尊とは、「自分自身に価値があるという感覚」（a person's sense of his own value）であり、「善についての自分の構想や自分の人生計画には達成する価値があるという揺るがない確信」を指す。第二に自尊は、「自分の力の及ぶ範囲にあるかぎり、自分自身が意図するところを実現することができるという自分の能力への確信」である。ロールズによれば、自尊は「おそらく最も重要な基本財」である。なぜなら、「自尊なしには何事もなす価値がなく、もしくはたとえ価値あるものが存在するとしても、それを求めようとする意志をわれわれはもたない」からである（Rawls 1971: 440）。ロールズにしたがって、自尊を最も重要な基本財として、すなわち各人の善の構想や人生設計の有意味性を支えるものとして解釈するならば、ロールズの正義の諸原理（平等な自由、公正な機会均等、格差原理）が構成する平等主義的な正義の政治道徳にとって、いかに自尊が重要であるかが理解されるであろう。

　興味深いことに、マーガリットの自尊概念は、各人の自由や人生設計の有意味性の根拠に関わるロールズの自尊概念とは異なって、「共通の人間性」（common humanity）の観念に基礎づけられている。われわれの自尊の感情と周囲の他者への配慮の基礎となるのは、われわれの共通の人間性である。自尊は、業績に基づく評価と序列化の概念である「自己評価」（self-esteem）とは違って、われわれが人間であるという事実、われわれが「人間のコモンウェルス」（the commonwealth of mankind）に所属するという事実と密接に関連する（Margalit 1996: 123）。われわれの自尊を傷つける屈辱が起こるのは、われわれがこの「コモンウェルス」から拒絶され排除されるときであり（ibid., 105）、それは人間がまるで人間でないかのごとく、「人間ならざるもの」（nonhuman）として扱われるときである（ibid., 108）[3]。よって他者の態度が、自分が「人間のコモンウェルス」に帰属するか否かを決定するうえで不可欠の構成要素となる。われわれが共通の人間性に所属するか否かは、他者がわれわれをどう扱うか、つまり、他のメンバーがわれわれのメンバーシップを承認するかどうかに依存する。このようにマーガリットは、自尊概念を――ロールズとは異なり――善の構想や人生設計を価値あるものにする前提条件としてではなく、人間としての共通性の承認として理解する。

　さて、自尊概念とそれに基づく理論的構想に関して、マーガリットとロールズを比較すると、前者にいくつかの利点が認められる。この利点は、⑴共通の人間性に基づく射程範囲、⑵非配分的要素、⑶否定論的なアプローチの三点に依拠する。

（1）人間性を基礎とする射程範囲

マーガリットの自尊概念は、ロールズの自尊概念よりも広い射程をもつ[4]。マーガリットの場合、自尊の規範は「人間のコモンウェルス」に属する人類全体に適用される。これにたいしてロールズが扱う自尊は、主として「市民の自尊」（the self-respect of citizens）である（Rawls 1996: 319）。よって、ロールズの自尊概念が他者による承認を前提条件にするとしても、承認の対象は同胞市民であり、人類全体ではない[5]。言い換えるならば、ロールズの〈正義に適った社会〉とは、市民が「非市民」（non-citizens）として扱われるという屈辱がない社会を意味する。これにたいしてマーガリットの〈品位ある社会〉は、市民か非市民かを問わず屈辱的な処遇がない社会を指す点で、「平等主義のドグマ」（N・フレイザー）に依拠していない。「平等主義のドグマ」とは、従来の正義論や平等論が、平等主義の対象となる主体として、国内の政治的権利を保有する市民を暗黙の前提としてきたという事態を指す（Frazer 2008: 30）。業績でもなく、また特定の共同体への所属でもなく、人間という一般性に依拠する点で、マーガリットの自尊概念は、高度に「平等主義的な概念」である（Margalit 1996: 48）。

ロールズもマーガリットも、屈辱的扱いや権利剥奪を問題化しうるが、それぞれの観点が異なる。例えば、マーク・トウェインの有名な小説『ハックルベリ・フィンの冒険』のなかの一場面を使って、この違いについて考えてみたい。ハックルベリ・フィンは、蒸気船のシリンダーの暴発事故に遭遇し、サリー叔母さんから負傷者が出たかと訊かれ、「いや、黒人《ニガー》が一人死んだだけです」と答える。「そう、それは運が良かったわね、だって、ときには人間が怪我をすることだって実際にあるんだものね」と、叔母さんは安堵する（トウェイン二〇〇四：四八一）。ハックのさりげない言葉は、むしろさりげないがゆえにこそ、奴隷制度にたいする道徳的告発を示唆する。ハックの言葉に、ロールズならば黒人にたいする市民としての平等な処遇への要求を聴き取り、マーガリットならば「人間のコモンウェルス」からの排除にたいする告発を聴き取るだろう。ただし、いずれの観点も、奴隷解放を要求するという帰結の点では変わらない。

では、一般に不法移民と呼ばれる非正規移民（不法入国、不法残留、不法就労）の場合は、どうであろうか？　不法入国をし、劣悪な労働条件の仕事をみつけ、どうにか生活しているが、様々の権利や法的保護から排除されている移民にたいして、ロールズとマーガリットのそれぞれの理論はどう対応するであろうか？　マーガリットの場合、不法移民にたいしても屈辱を与えないことを要求する。〈品位ある社会〉の構想にしたがえば、移民も人間である以上、「人間のコモンウェルス」から排除し、屈辱を与えることは許されない。マーガリット自身が指摘するように、現代の世界における屈辱のもっとも過酷な例の多くが、社会の基本的な制度に依存しているにもかかわらず、その社会のメンバーでないとみなされる人びとに関わる（ibid., 274）。「不法移民」や政治亡命希望者は、まさにそうした事例の典型例である。

ロールズの場合、対応は明らかではない。特定の政治共同体における公共的文化への依存を強める『政治的リベラリズム』（Rawls 1996）や、国家の範囲を越える仕方での正義論の適用を拒絶する『万民の法』（Rawls 1999）などのロールズ後期の著作を考慮に入れると明らかなように、ロールズが人間一般に正義原理の適用を拡大する解釈に同意するとは思えない。『万民の法』における移民問題に関する議論は、国境線の重要性を強調するもので、入国管理にたいする国家の責任と権利への支持を示しており、それゆえ不法移民にたいする厳しい処遇に必ずしも反対しない（Rawls 1999: 8; 邦訳一〇―一一）[6]。

このようにみるならば、ロールズにたいするマーガリットの利点は揺るがないように思われる[7]。人間性に依拠するマーガリットのアプローチは、メンバーシップをもたない人びとにたいする屈辱の問題にたいして敏感に応答することができるものであり、ロールズのアプローチよりも平等主義的な性質をもち、人類に共通する基本的な平等の観念を明確に表現するものといえる。

(2) 配分的正義に還元できない問題

周知のようにロールズの正義論は、配分問題に焦点を当てており、「なかんずく社会の基本構造の配分的な側面を評価するための基準を提供すること」（Rawls 1971: 9）を主たる目的とするものである。よって正義の主題は、財や資源、権利や義務といった「社会的な基本財」の配分に関わる。配分的なパラダイムに基づく正義論のひとつの問題性は、しばしば社会的不正義が配分的な性質をもたず、配分的正義が非配分的な要素に目を向けない点にある。

まず第一に、本質的に配分に還元できない正義の問題が存在する。前述したようにロールズは、自尊について「おそらく最も重要な基本財」（ibid., 440）であるとした。だが、自尊には自分自身にたいする評価や関係、さらには自分にたいする他者の態度が関係してくるが、こうした関係をめぐる事柄を配分するというのは、非常に奇妙なことである。それゆえロールズは、こうした問題を認識し、のちの著作では基本財のリストに自尊そのものではなく「自尊の社会的基礎」を入れるという修正をおこなっている（Rawls 1996: 181; 2001: 60）。しかしながら、I・ヤングが正しくも指摘したように（Young 1990: 26-27; cf. Schemmel 2011）、正義の配分的なパラダイムでは、社会関係のなかに埋め込まれている非物質的で関係論的な性質をもつ問題に適切に対応できない。「自尊の社会的基礎」にある一定の財を含めてこれを配分するとしても、それはあくまでも自尊に必要な社会関係を成立させるうえで補助的な役割をもつ基本財の配分でしかなく、自尊が埋め込まれた関係そのものではない。(8) ロールズとは異なって、マーガリットの場合、たとえ自尊そのものが配分できないとしても、自尊を傷つける屈辱的な行為や制度に対処することができる。それが可能となるのも、マーガリットの理論が配分問題に限定されずに、屈辱という社会関係の問題を視野に収めているからである。

第二に、配分的なパラダイムは非配分的な要素を含むことが多い。配分の問題には、誰が何を手に入れるかという問いだけでなく、どのようにして手に入れるのかという問いも関連してくる。この問いは、もっぱら財の配分パターンに注目する場合には、容易に無視される。マーガリットは、この問いに関連する分かり易い例を挙げている。エチオピアで飢饉が起きて、飢え苦しんでいる民衆に食料を配ることになった際、救援物資の配給者らは、トラックから「まるで受け取る相手が犬であるかのように」食料を投げ与えた（Margalit 1996: 280）。たとえ正義に適った、しかも効率的な配分であったとしても、明らかにこれは屈辱の事例となる。エチオピア飢饉の例が示すように、配分的正義に適合するとはいえ屈辱を与える仕方での配分の問題は、屈辱に目を向けるマーガリットのアプローチによって適切に指摘することができる。

ここで、マーガリットの〈品位ある社会〉の構想が、配分問題そのものに関してまったく関連性をもっていないのではないか、という批判が提起されるかもしれない。しかし、それは正しい解釈とはいえない。もちろん〈品位ある社会〉の最大の関心が、配分的な正義にあるわけではない。しかし、財とサーヴィスの配分パターンも屈辱の問題になりえる以上、〈品位ある社会〉の構想は配分問題との関連性をもたざるをえない。事実、マーガリットは、貧困、福祉制度、失業などの配分的正義に関わる問題について論じている（ibid., chs. 14, 15）。

〈品位ある社会〉と配分的平等の関係がより明確に論じられているのは、〈品位ある平等と自由〉（decent equality and freedom）の理念を論じた別の論考においてである（Margalit 1997）。この論考によれば、〈品位ある社会〉とは、「屈辱を与える制度的不平等が存在しない社会」を指す（ibid., 148）。例えば、豊かな社会で貧困にあえぐ人間が少数いる状況と、社会全体が貧しく、皆が貧困にあえぐ状況を並べたとしよう。ありうるひとつの見解は、いずれの状況も貧困を抱えていることが問題なのであって、それゆえ富める多数者と貧しい少数者という前者の状況は、道徳的にみてなんら意味をもたない、というものである。これにたいしてマーガリットは、〈品位ある社会〉の観点からみるならば、前者の状況には、貧困の苦しみだけでなく、社会との関係において屈辱の契機が含まれることを指摘する。このように〈品位ある社会〉は、たとえ配分的平等を中心的テーマにするものでないとしても、配分的不平等を社会との関係において問題化することができる。

(3) ネガティヴなアプローチ

ロールズ理論の場合、正義の原理を完全に実現する条件が完備する「理想的理論」（ideal theory）とそうでない「非理想的理論」（nonideal theory）の区別があるが、いずれの場合も正義の実現という積極的な価値の達成が目指されているといえる（Rawls 1971: 244-247）。これにたいしてマーガリットの〈品位ある社会〉は、人びとの自尊を損なうような屈辱がない状態として定義される点で、消極的ないし否定論的な概念である。この定義は、成員すべての自尊が最大限に高められる理想的な社会という積極的な定義とは対極にある。こうした消極的な定義によるアプローチには、四つの利点が認められる。これらの利点は、①道徳、②論理、③認識、④実践に関わる。前者三つの利点は、マーガリット自身が提示するものであり、残りの一つは筆者の考える利点である。

第一の利点は、道徳的次元に関するものである。マーガリットは、「悪を根絶することと善を促進することの重大な非対称性」（Margalit 1996: 4）を強調する。屈辱は自尊を傷つける悪しきものであるから、道徳的にみて緊急度の高いのは、自尊をより高いレベルへと発展させることよりも、屈辱を取り除くことである。非対称性に基づく優先順位の判断は、煩瑣な衒学的なものにみえるかもしれないが、実践的な重要性をもつ。自尊が十分に確立されていない二つの場合を仮定してみよう。ひとつは、人種差別による屈辱の結果として自尊の低下が引き起こされた場合であり、いまひとつは、個人の認識上の錯誤や心理的資質に起因して自尊が低くなっている場合である。マーガリットのアプローチからすれば、自尊を損なう屈辱の除去が優先されるべきであるので、前者の場合は後者の場合よりも道徳的な重さをもつことになる。このようにマーガリットの〈品位ある社会〉は、屈辱の除去という消極的な仕方で社会的価値を達成しようとすることで、自尊の問題にたいする社会的な視点を適切に設定することができる。

第二の利点は、論理的性質に関係する。マーガリットは、自尊が副産物としてのみ生じうるという事情を指摘する（ibid. 4-5）。自発性、夢、睡眠は、直接的な仕方で意図と意識をもって実現することができないがゆえに、副産物としての性質をもつ（例えば、眠りを意図しつづけることは、眠りから遠のく帰結をもたらす）。自尊もまた、なにかに随伴する副次的帰結としての性質を帯びている。なにものかの副産物を社会制度の目標とすることは、理屈が倒錯した行為となる（それは、特定の目的をもつ集団的行為の副産物として「一体感」が生まれるにすぎないにもかかわらず、これを行為の主たる目的に据えるのと同じ不条理である）。

第三の利点は、認識の次元に関わる。マーガリットによれば、尊重よりも屈辱のほうが容易に同定することができる。ここでマーガリットは、病気と健康の関係のアナロジーに依拠する（ibid.）。われわれは望ましい状態を喪失する時に、健康を意識する。これは、傷つけられた状態のほうが、本来の正常な状態よりも認識しやすいことを示している。同様にA・ホネットも、自尊の存在を論証することの困難を指摘している。自尊の存在の同定よりも、自尊の欠如の同定が先行せざるをえない（Honneth 1994: 195）。[9] 自尊の存在を示す言動よりも、自尊を傷つける言動――例えば、誰かの顔に唾を吐きかけること、人種的なマイノリティに差別的な言葉を投げかけることなど――のほうが認識しやすい（Margalit 1996: 5）。自尊の存在と欠如をめぐる認識上の非対称性は、自尊そのものよりも自尊を損なう屈辱に焦点を当てる〈品位ある社会〉のアプローチが、方法論的にみて理に適っていることを示している。

最後の、四つ目の利点は、理想的な状態を具体的に描くことの困難という問題に関するものである。すべてのひとの自尊が実現される状態を理想的な社会として措定することは、容易であろう。これにたいして、その具体的な制度や社会的諸条件の詳細を同定し列挙することは、困難をきわめる。むろん、具体的に概念化することの困難は、社会的理想としての妥当性をかならずしも損なうわけではない。しかし、理想状態を屈辱のない状態として消極的に定義する場合には、理想の状態への接近方法がより実践的で具体的な性質を帯びることになる。[10] 消極的なアプローチを支持するいまひとつの議論は、未来に起こることの予見不可能性が、理想的な終着点を目指す積極的なアプローチへの障害になるという点に関わる。この議論は、われわれの道徳的思考の基本条件に関する特定の理解に依拠している。この理解によれば、そうした基本条件となるのは、完成の終極的な到達点を描く「永遠の相のもと」（sub specie aeternitatis）での視点ではなく、偶然性と変化に満ちた歴史的な地平を完全に超越することのない「時間の相のもと」（sub specie temporis）での視点である。こうした理解に、〈品位ある社会〉にたいするマーガリットの消極的アプローチが適合することは明らかであろう。[11]

以上、マーガリットの自尊概念とこれに依拠する〈品位ある社会〉が、ロールズの理論と比較していくつかの点で望ましい性質をもつことを考察した。ここで提起されるかもしれない疑問に答えることで、本節を締めくくることにしたい。その疑問とは、マーガリットのアプローチは、ロールズが格差原理を正当化するために原初状態論で採用したマキシミン原理〈考えうる最悪の事態を可能なかぎり改善する戦略〉と類似しているのではないか、というものである。こうした特徴づけは、ある面において正しい。マーガリットの理論は、屈辱の除去に目を向ける点で、ある種のミニマリスト的な立場をとっているといえる。

しかし、こうしたロールズとの共通点は、格差原理やマキシミン原理に限定してのみ指摘できることであり、配分問題に目を向けると、両者の違いがはっきりする。なぜならば、マーガリットの〈品位ある社会〉は、すでに右で言及したように、配分的正義の実現を主眼とするロールズの正義論とは違い、屈辱の不在という基本原理が配分による対応策を要求するかぎりにおいて、配分的な正義を実現するものだからである。[12] マーガリットにとってみれば、〈品位ある社会〉が道徳的ミニマリストの立場であることは、なんら非難に値するものではなく、実践的な意図を反映する利点にほかならない。というのも、かれ自身がイスラエル人として、かつ平和活動家としてパレスチナ問題や旧共産圏からの移民の窮状に直面することで、配分的正義の十全たる実現よりも、むしろ屈辱の除去のほうがより道徳的緊急性を有する、と判断しているからである（ibid., ix）。〈品位ある社会〉を特徴づけるミニマリスト的性質やネガティヴなアプローチは、その背景にある道徳的緊急性の考慮に裏付けられたものであるといえる。

二　品位と平和

本節では、マーガリットの〈品位ある社会〉論とガルトゥングの平和論を統合する理論的構想を提示することにしたい。この目的のために、まずマーガリットとガルトゥングのあいだの共通点を考察して、前者の〈品位ある社会〉論が後者の平和論の枠組みに適合することを確認する。つぎに、マーガリットとガルトゥングのあいだの相互補完的な関係を明らかにして、両者を統合する構想の有効性を論じる。ここで相互補完的な関係が意味するのは、マーガリットの〈品位ある社会〉論が、ガルトゥングの〈積極的平和〉の概念がもつ配分的なバイアスを是正し、これにたいして〈積極的平和〉の視点が、個人間の暴力や屈辱の次元も視野に収めることができる点で、〈品位ある社会〉の制度論的な限定性を克服することができるという関係を指す。

マーガリットとガルトゥングのあいだの共通点に目を向けるならば、ネガティヴなアプローチをまず第一に指摘できよう。マーガリットの〈品位ある社会〉が屈辱の不在として定義されたように、ガルトゥングの平和は「暴力の不在」(Galtung 1969: 167) として消極的に定義される。ガルトゥングによれば、「影響を受けることで、人びとの実際の身体的および精神的な面での達成が、潜在的に可能な達成度よりも低くなっている場合、暴力が存在する」(ibid., 168)。平和とは、このような暴力の不在にほかならない。第一節で考察したように、マーガリットにとって〈品位ある社会〉とは屈辱のない社会であり、屈辱とは自尊を損なうものとして定義されていた。屈辱の要素をガルトゥングの枠組みに組み込むならば、先の平和の定義は以下のようになろう。

人間が影響を受けることで、人びとの実際の身体的および精神的な面での達成が、潜在的に可能な達成度よりも低くなっている場合、しかもそれによって自尊が損なわれている場合、屈辱が存在する。

この定式は、ガルトゥングとマーガリットのそれぞれのアプローチが、ともに人間的生の可能性を阻害する要因に焦点を当てる点で、構造的な類似性を有することを示している。理論のより実質的な側面においても、類似点がみられる。前節では、〈品位ある社会〉の構想が——間接的な仕方ではあれ——配分的正義の問題に関係することを論じた。つまり、貧困や失業などの具体的な配分パターンも、屈辱の事例になりうる。まさに配分問題への関心は、ガルトゥングの〈積極的平和〉(positive peace)のひとつの特徴である。事実、ガルトゥングは〈積極的平和〉を社会正義の問題として理解している(ibid. 183)。ガルトゥングは、〈消極的平和〉(negative peace)を、対人的な暴力——つまり暴力を行使する者が同定可能である直接的な種類の暴力——の欠如として定義するのにたいして、〈積極的平和〉を構造的な暴力の不在として概念化する(ibid.)。構造的暴力とは、「構造のなかに埋め込まれた」暴力であり、「不平等な権力として現出し、結果として不平等なライフチャンスとして立ち現われてくる」暴力の形態を指す（ibid., 172）。よって構造的な暴力は、「権力と資源の平等主義的な配分」の核心に触れる問題である（ibid., 183）。このようにみると、配分問題への関心が——たとえマーガリットの場合、それが理論の主眼でないとしても、また、本質的にミニマリストの性質をもつとしても——マーガリットとガルトゥングに共通することが理解される。

しかし、こうした両者の方法論的かつ実質的な共通点とともに、二つの実質的な相違点を指摘することができる。第一の相違点は、ガルトゥングの〈積極的平和〉が、マーガリットが強調する非配分的な要素を十分に理論のなかに取り込んでいない点に関わる。第二の相違点は、マーガリットにおいて、制度の次元には還元できない屈辱の相互行為的な次元、つまり個人的な暴力の有無に関わるガルトゥングの〈消極的平和〉の次元が欠落している点に関わる。

(1) 積極的平和と配分的パラダイム

ガルトゥングの〈積極的平和〉は、かれが〈積極的平和〉と権力と資源についての平等主義的な配分を同一視している点からもうかがえるように、明らかに配分的なパラダイムに基づいている。これにたいして、右にみたように、飢饉の被害者にたいする屈辱的な食糧供給のあり方の問題を指摘するマーガリットは、非配分的な要素も考慮に入れることを要求する。なぜならば、「正義に適った、かつ効率的な仕方で財を配分することだけでは十分ではなく、食料の配分のされ方も考慮に入れなければならない」（Margalit 1996: 281）からである。最近の日本の例でいえば、受給申請時での「恥辱の開示」（Wolff

1998）にくわえて、公的議論における生活保護制度の利用者にたいするバッシングや、自治体レベルでの利用者監視体制の動きなどが示すように、生活保護制度という再分配のシステムは、利用者に屈辱を与えるスティグマ化を強めている（稲葉二〇一三）。マーガリットの〈品位ある社会〉は、〈積極的平和〉の配分的パラダイムが看過してしまいかねない、右の事例が示す屈辱の契機に注意を促す。

実は、屈辱の非配分的な側面に対応する仕方で、ガルトゥングの枠組みを再解釈することは可能である。この再解釈は、ガルトゥングによる暴力の定義では、構造的な暴力がない状態の「肉体的および精神的な面での達成」が、人びとにたいする不正な影響を識別するための判断基準となっている点に目を向ける。飢饉の被害者にたいしてトラックの上から食料を投げ与えることや、生活保護制度の利用者に向けられたスティグマ化といった例にみられる屈辱を伴う配分のやり方が、配分を受ける被害者をして、人間的な尊厳をもって生きることを困難にするのであれば、かれらの精神や身体が実際になすことは、右の判断基準を下回っているはずである。このように考えるならば、非配分的問題を視野に入れることは不可能ではない。したがって、マーガリットの〈品位ある社会〉の問題提起を考慮することによって、ガルトゥングの理論的枠組みの配分的パラダイムへの偏重を修正し、その潜在的射程を拡張することが可能となろう。

(2) 屈辱と相互行為

マーガリットの〈品位ある社会〉の構想は、基本的に制度の次元に関わり、相互行為の次元を対象としない。マーガリットは、制度が人びとに屈辱を与えることのない〈品位ある社会〉を、市民同士が互いに屈辱を与えることがない〈文明社会〉(a civilized society) から区別し、前者を理論化の対象にする(Margalit 1996: 1)。マーガリットによれば、この二つのカテゴリーは分析的にみて別個のものであり、それゆえ「品位なき文明社会」や「品位ある非文明社会」を考えることが可能である。ガルトゥングの枠組みを使って大まかに表現するならば、〈文明社会〉は対人的な暴力の領域に関わる〈消極的平和〉に対応し、〈品位ある社会〉は構造的な暴力の領域に関わる〈積極的平和〉に対応する。この図式から理解されるように、マーガリットの〈品位ある社会〉は、対人的な性質をもつ相互行為の次元で発生する屈辱の問題を考慮に入れていない。

ガルトゥングの観点からすれば、こうした二分法的な思考法は問題がある。ガルトゥングの考えによれば、対人の次元と構造の次元のあいだには、先験的《アプリオリ》な優先順位は――論理的にも、かつ価値評価的にも――存在しない。「社会正義は、対人的な暴力の不在としての平和にたいする追加の飾り物でないし、また対人的な暴力の不在は、社会正義としての平和にたいする追加の飾り物でもない」(Galtung 1969: 185)。ガルトゥングによれば、平和研究が重要な貢献をなしうるとすれば、それは二種類の平和の実現を目指すことによってである (ibid., 186)。

マーガリットに欠如し、ガルトゥングにはみられる、相互行為の次元と制度の次元の双方への理論的対応が、その意義を明確に示すひとつの事例となるのが、民族文化的《エスノカルチュラル》なマイノリティ集団にたいする屈辱的処遇であろう。明らかにこの種の屈辱は、たんに制度的なものに限定にされず、相互行為の次元をも含む。マーガリットの〈品位ある社会〉は、制度的な次元に集中することで、マイノリティが日常的に経験する相互主体的な関係における屈辱を無視するだけでなく、不作為によって結果的にそうした現状を放置するか、場合によっては強化する危険性をはらむ。

相互行為の次元でマイノリティがこうむる屈辱の好例として、小樽温泉の事例を挙げることができる。このケースでは、北海道小樽市の銭湯が、マナーの悪いロシア人船員の施設利用に懲りたため、「外国人の方の入場をお断りします　JAPANESE ONLY」との表示を掲げ[13]、「外国人」とおぼしき外見の人びと、よって一見すると「外国人」のように見える、既に帰化した日本人をも一緒に排除した（Arudou 2004）。この事件そのものは、相互行為の次元での屈辱に相当し、制度の次元を含まないがゆえに、マーガリットの〈品位ある社会〉からみてなんら対応すべき事態とはみなされない。

ただし、制度に限定された〈品位ある社会〉の枠組みを用いて、右の問題に対応することは可能である、という解釈も成り立ちうる。もし相互行為の次元で生じるマイノリティへの屈辱が、人種差別禁止の法整備にたいする政府の不作為によって放置され助長される場合、制度は間接的な仕方でこの種の屈辱に関与していることになろう。先の〈品位ある社会〉と〈文明社会〉という区別を使っていえば、制度の次元に関わる〈品位ある社会〉と相互行為の次元に関わる〈文明社会〉は、なるほど分析的には区別されうるとしても、特定の制度の採用と不採用をとおして実質的には連関している。この考え方を受け容れるならば、〈品位ある社会〉の構想は、制度がもたらす直接的な屈辱のみに焦点を当てることを脱して、相互行為の次元での屈辱を視野に入れることにならざるをえないであろう。このように小樽温泉の事例は、[14] マーガリットの〈品位ある社会〉の制度中心主義を是正し、相互行為の問題も視野に入れるとともに、制度の次元と相互行為の次元の連関にも目を向ける必要性を明らかにしてくれる。[15]

以上、マーガリットの〈品位ある社会〉の理念とガルトゥングの〈積極的平和〉の概念を比較し、両者を接合することで、ガルトゥングにおける配分中心主義的な偏重と、マーガリットの制度中心主義的な偏重の双方が克服可能であることを考察した。マーガリットとガルトゥングの理論を統合し、両者の欠陥を克服する理論的構想を、〈品位ある平和〉(decent peace) と呼ぶことにしたい。この構想は、自尊を損なう屈辱を制度の次元と相互行為の次元の双方から考察するとともに、配分の観点と配分に還元できない社会関係の観点の双方から自尊と屈辱の問題にアプローチするものである。

三 〈品位ある平和〉と多文化主義

本節では、〈品位ある平和〉の構想が多文化主義の問題にどのように対応するかを考察する。この考察では、〈品位ある平和〉の構想が、文化的な差異の承認をめぐる政治を支持するとともに、社会経済的な問題にも目を向けることで、多文化社会で生じる種々の問題にたいする――経済還元主義や文化還元主義に陥らない――総合的な視点を提供しうることを示したい。

さて、〈品位ある平和〉は、どのようにして多文化主義の問題に適切に対処することができるだろうか？　多文化主義の要求がでてくる背景には、社会の制度と実践が、マジョリティの文化的なバイアスを強く反映するがゆえに、民族文化的《エスノカルチュラル》マイノリティ集団にとって不利な共生の条件を課し、それによってマイノリティ集団が周縁化されていると感じるような状況——端的にいえば屈辱の状況——を作り出すという事情がある。C・テイラーによれば、文化的な差異やそれに基づくアイデンティティが承認されない状況は、ひとを傷つけるとともに、「偽りの、歪められかつ縮減された存在様式」(a false, distorted, and reduced mode of being) にひとを押し込める「抑圧の一形態」になりうる (Taylor 1992: 25)。ホネットも、同様の見解を表明する。ホネットによれば、「人間は、病いを患うことで肉体的な生命が危殆に瀕するのと同じように、社会的に侮辱され屈辱を受ける経験によって、みずからのアイデンティティの危機に陥る」(Honneth 1994: 218)。かれらの発言は、マイノリティの文化的差異にたいする承認の欠如が、屈辱の経験につながることを示唆する。

このような議論にたいして、心理的な損傷を社会正義の構成要素にすることを問題視する批判が寄せられるかもしれない (Markell 2003: 18)。だが、この種の反論は、マーガリットには妥当しない。それは、マーガリットの屈辱概念が心理学的な概念ではないからである。屈辱の事態が成立するには、「個人が自分自身の自尊の感情を傷つけられたと考えるに正当な理由づけとなるような行為や条件」の存在が必要となる (Margalit 1996: 9)。つまり、屈辱の心理学的経験そのものではなく、屈辱を受けたと判断するに十分な理由や背景が重視される。別言すれば、屈辱の心理学的な経験は、屈辱の認識根拠になりうるとしても、屈辱の存在根拠ではなく、また発見的価値や証拠的価値をもつとしても、基礎づけ的価値を認められているわけではない。したがってマーガリットの屈辱概念は、心理学的概念ではなく規範的概念である。屈辱の規範的な含意を明らかにするためには、屈辱の事態を社会的な環境のなかで文脈化する作業が求められるのである。

右の考察を念頭に置いて、ここでは「誤承認」（misrecognition）をつぎのように定義したい。[16] 誤承認とはひとつの屈辱の事例であり、個人や集団が「人間のコモンウェルス」から拒否され、社会生活に参加する十全たるメンバーの地位を拒絶される事態である。ここでの焦点は、すでに論じたように、歪められ傷つけられたアイデンティティそのものではなく、アイデンティティの毀損をもたらす社会関係にある。「誤承認」をこのように定義して、屈辱を与える社会状況に目を向けることで、多文化主義の要求を理解して、適切な対応を提示することを、〈品位ある平和〉の構想は重視する。

ここで、ひとつの疑念が提起されるかもしれない。それは、右の議論が〈品位ある平和〉の構想を〈承認の政治〉に限定するものであり、結局のところ、マイノリティに関わる問題のすべてを、承認か誤承認の問題へと還元してしまうのではないか、という疑念である。この疑念は、政治理論における重要な問いのひとつである「承認か、再分配か」という問題に関わる。[17] 右の疑念にたいしては、すでに前節で論じたように、〈品位ある平和〉には非配分的観点と配分的観点の双方が含まれるがゆえに、〈承認の政治〉への一方的な集中にたいする危惧が杞憂であることを指摘したい。

再分配と承認のあいだの関係と連関をどう理解するかという点に関して、〈品位ある平和〉は、フレイザーの主張を受け入れる立場をとる（Frazer 1997: 174; 邦訳二六三）。簡単にいえば、この立場は、①再分配と承認の分析的区別の必要性、②現実における両者の連関パターンの重要性、③両者を統合する規範的観点の意義を積極的に認める。第一に、〈品位ある平和〉の構想は、再分配と承認の問題をどちらかに還元せず、独立した二つの観点としてみなす。つまり、不正義の問題を経済的構造の問題に還元する経済主義にも、またマイノリティ集団の直面する不正義の原因のすべてが文化によって決定されていると説明する文化主義にも与しない（cf. Parekh 2004: 211-212）。第二に、この構想は両者のあいだの関連性にも目を向ける。例えば、承認が再分配によって促進される場合や、誤承認が不均衡な配分状況をさらに悪化させるパターンに注意を払う。第三に、〈品位ある平和〉の構想は、再分配と承認の双方の観点を含み、なおかつ両者の関連性を視野に収める点で、統合的な視点をもつ。

相互に連関しながらも、いずれにも還元できない再分配と承認の問題に対応するには、繊細で慎重なアプローチが必要であるが、〈品位ある平和〉の構想にはこうしたアプローチが可能である。この点を例証するために、日系ブラジル人の事例を取り上げることにしたい。

焦点となる事例は、愛知県豊田市の日系ブラジル人と地元住民のあいだで生じた対立である。ブラジルやペルーに移住した日本人の子孫である日系人の多くが、非熟練労働者として働いているが、たいていの場合、建設業、製造業、サーヴィス業などの労働集約型の——しかもしばしば「きつい、汚い、危険」の「3K」と呼ばれる——産業分野を職場としている。[18] 一九九九年、日系ブラジル人が多く居住する豊田市の保見団地で、ごみ捨て、駐車、騒音などのルールをめぐってブラジル人居住者と日本人居住者の対立が生じ、これが外部の右翼組織を巻き込む形で発展し、ついには機動隊が出動する事態にいたった（江成二〇〇〇：一四七—一四八）。

この事例に関して、日系ブラジル人が、ごみ捨てや駐車に関する日本人コミュニティのルールに従うことなく、かれらのライフスタイルを無思慮にもち込んだことが原因である、との議論が提起された（都築二〇〇四）。この種の議論は、日系ブラジル人を文化的に異質で、手に負えないものとしてスティグマ化する危険性――それゆえ誤承認による屈辱の可能性――をはらむ。こうした文化論的な非難にたいして、日系ブラジル人の文化的な差異やアイデンティティを、日本人とは決定的に異なるものとして公的に認めることが必要である、とする反応もあろう。確かに〈品位ある平和〉の構想は、右の事例に誤承認による屈辱の可能性をみるがゆえに、こうした要求を認めるのにやぶさかではない。

だがこの構想は、問題をすべて誤承認の次元に還元することなく、対立の背後にある社会関係と社会構造への視点を要求する。この視点からは、日系ブラジル人の労働者が、おもに派遣業者によって雇用されるフレキシブルな労働力として労働市場に組み込まれていることが明らかになる。かれらは、不安定な雇用状況を経験し、しばしば夜間の業務についており、それゆえ通常のコミュニティの生活に溶け込むことは困難である。かくして日系人労働者は、地元住民の目には文化的に異質な存在とみなされるだけでなく、不可視で不可解な存在として認知される点で、二重の屈辱を経験することになる。日系ブラジル人にたいする文化論的な批判は、このような社会の構造的要因の影響、とりわけ規制緩和された労働市場の影響を対立の背後にみることができない（梶田・丹野・樋口二〇〇五：二九五―二九九）。この文脈において、純粋に文化論的なアプローチは、現実を説明するというよりも、現実を歪めてしまう危険をはらむ。こうしたアプローチとは対照的に、〈品位ある平和〉の構想は、マイノリティ集団に関する問題のすべてを文化的差異や承認の問題に還元してしまわないことを要求し、マイノリティ集団が社会生活に十分に参与することを妨げる社会経済的な構造的要因に注意深く対処することを要求する。〈品位ある平和〉は、二重の屈辱を生み出す文化的および社会経済的な要因にたいして繊細かつ慎重に対応することによって、承認と再分配を統合する視点を提供するのである。この平等主義的な性質ゆえに、〈品位ある平和〉が〈品位ある平等〉を含意することが明らかとなる。

むすびにかえて

本章の目的は、ガルトゥングとマーガリットの重要な洞察を組み合わせた〈品位ある平和〉の構想を、平等主義的な政治道徳に適合する枠組みとして素描することであった。この素描の試みの一環として、この構想が承認と再分配の二つのパラダイムを統合する視点を提供し、それによって多文化主義の問題にたいして重要な貢献ができること、それゆえ〈品位ある平和〉が〈品位ある平等〉を含意することを考察した。

本章の冒頭で、文化的多元主義という状況における平和的な社会秩序の条件とはなにか、という問いを提起した。〈品位ある平和〉の構想は、右の問いにたいする応答にとって導きの糸となる。この構想によれば、屈辱の不在としての品位を基調とする社会のヴィジョンは、平和的な社会秩序の条件を示すものである。このヴィジョンは、ガルトゥングの〈積極的平和〉と〈消極的平和〉の双方と整合し、社会正義の配分的側面と非配分的側面の両者を含む。

こうした議論にたいして、〈品位ある平和〉の構想がただちに十全たる平和の実現に寄与するのか、という問いが提起されるかもしれない。それにたいする答えは、「然り」か「否」の簡潔な応答ではない。むしろ〈品位ある平和〉には、〈平和のパラドックス〉ともいうべき側面が伴っている。〈品位ある平和〉の構想は、文化的な差異が関係する屈辱の事態にたいして敏感であるがゆえに、承認をめぐる論争、対立、闘争を随伴させざるをえない。したがって〈品位ある平和〉は、対立や闘争の不在という意味での「平和」ではありえず、むしろそうした契機を積極的に含むプロセスのうちにある。

こうしたパラドックスは、政治的次元の不可避性の観点から理解することができる。〈品位ある平和〉を実現しようとする努力は、既得権益や感情と複雑に絡み合った現行の制度と実践にたいする論争と変革の政治を伴う。ウォルツァーにいわせるならば、「政治的な生において恒久的な決着（permanent settlements）はまれである。」それは、論争的な問題について最終的な判断や合意に達することが、不可能であることに由来する（Walzer 2004: 103; 邦訳一七二）。承認の政治は「恒久的な闘争」（ein permanenter Kampf）である、とホネットやJ・タリーが指摘するように（Honneth 1994: 205; Tully 2000）、〈品位ある平和〉の政治も、対立や闘争の契機を含むがゆえに、平和ならざるものなのかもしれない。

しかしここには、もうひとつの、より深い意味での〈平和のパラドックス〉が存在する。完全に平和で、したがっていかなる対立も存在せず、対立の種が根絶された社会の実現を望むとしよう。この社会は、人間らしさの根源と密接につながっている対立の種を根絶することで実現される以上、墓地のように静かではあるが、実際には悪夢の場所であろう。死の静けさに似た平安は、望ましい目標とはいえない（この種の問題は、完全に犯罪のない社会を目的とする社会が、犯罪をひとつでも見逃さないために、実質的には犯罪的な権力を頼みとすることと通底している）。またスピノザが指摘しているように、ある種の平和は市民の恐怖、隷属、無気力に由来する状態かもしれない。スピノザによれば、「あたかも獣のように導かれて、ただ隷属することしか知らない」市民の国家は、「国家」（civitas）ではなく、不毛の地である「荒れ野」（solitudo）にほかならない（Spinoza 2005 [1677]: 136; 邦訳五九）。それゆえスピノザは、「隷属、野蛮、荒れ野」を平和と呼ぶのであれば、「平和ほど人間にとってみじめなものはない」（nihil hominibus pace miserius）と断言する（ibid., 142; 邦訳六五）。

明らかに〈荒れ野としての平和〉は、望ましい社会的価値や目標ではないし、実質的には死んだ平和である。むしろ必要とされるのは、平和を動的なプロセスとして把握することである。平和は死んだ平和ではなく、生きた平和、つまり、衝突や軋轢に対して開かれた平和でなければならない。こうしたパラドックスは、衝突と平和のあいだの弁証法的な関係を明瞭に示してくれる。すなわち平和は、衝突をつうじて阻害され、また同時に獲得されるのである。屈辱に目を向ける〈品位ある平和〉は、〈荒れ野としての平和〉よりも望ましい社会的価値を提示するのみならず、こうしたダイナミックなプロセスにも開かれているべきものであろう。そのかぎりにおいて〈品位ある平和〉の概念は、平等と品位をつうじたダイナミックな平和の可能性を開く構想に貢献するものといえる。

（1）〈品位ある平和〉の概念自体は、マーガリット自身によって採用されているが（Margalit 2006）、この概念の体系的な説明は与えられていない。本章の〈品位ある平和〉は、マーガリットの〈品位ある社会〉論とガルトゥングの平和論を明示的に結合させる構想である点で、マーガリットの〈品位ある平和〉論とは区別される。

（2）自尊概念の概略については、Dillon（1995）を参照。

（3）マーガリットの見方によれば、人間のコモンウェルスからの拒否としての屈辱は、「人間的な自由と自己決定の深刻な縮減」という、もうひとつの屈辱の側面にも連鎖する。マーガリットにいわせるならば、本質的に自由の能力をもつ人間を、「人間でないもの」（non-human）として扱うことは、自己決定を著しく傷つけることと同義である（Margalit 1996: 119）。

（4）『正義論』では、「自尊は、すべてのひとにたいして平等なシティズンシップを公的に認めることによって保障される」（Rawls 1971: 545）と主張している。ロールズの正義論は、「他の社会から隔絶した閉じたシステム」（ibid., 8）を前提にする点で、この「すべて」という言葉が人類全体を指していると解釈することはできない（cf. Kelly 2010: 68）。

（5）ロールズは、『政治的リベラリズム』のなかで、「かれら［市民―引用者］は、社会の通常の、十分に協同する成員であるというだけでなく、そうした成員となり、そのような成員であることを承認されることを望む。このことが、かれらの市民としての自尊を支えている」と述べる（Rawls 1996: 81-82）。

（6）ロールズは、移民が生じる原因がマイノリティの迫害、政治的弾圧、女性差別などにあり、これらは基本的な自由や権利の保障によって解決されることで移民の問題は深刻な問題でなくなると論じる。移民を生み出す飢饉も機能する政府の不在によって起こるもので、良識ある政府の成立によってこの問題は解決できるとされる（Rawls 1999: 8-9; 邦訳一〇―一一）。

（7）誰が市民かという問題にロールズが明確に答えていない以上、市民のカテゴリーを「不法移民」にまで拡大することが可能である、との解釈もあるかもしれない。不法移民を「潜在的な市民」もしくは「将来の市民」と捉えることで、かれらにたいする平等な処遇を正当化することができるかもしれない。ならば、移民がかならずしも定住しておらず、出身国と往復している場合は、どうであろうか？　市民になる見込みに関する判断が重要となり、一時的移民とみなされる場合には、右の対応はかなり難しくなろう。例えば、ロールズの「基本構造」概念に精緻な分析をくわえ、ロールズの正義論の構成要素を発展させて、ロールズが導き出した結論とは異なるグローバル正義を支持する結論を導き出すA・アビザデフの手法を、ここで適用することも可能かもしれない（Abizadeh 2007）。ちなみに、シティズンシップに関する狭い射程範囲の問題を解決するためのもうひとつの方法は、差異化されたものとしてシティズンシップを構想することである。筆者は、この問題について日本における民族文化的集団との関連で議論したことがある（Kibe 2006; 本書の第五章を参照）。

（8）さらにいえば、本節の行論で説明するように、自尊は副産物としての性質をもつ。自尊は、例えば「フランス語を習得する」といった行為の意味での活動によって直接的かつ意図的に獲得される状態ではない（Elster 1983: 100; Margalit 1996: 4-5）。前述したように自尊は、自己にたいする他者の態度にも左右される。だが、ウォルツァーが適切に主張するように、「自分は十分に尊重されていない、と主張したとしても、それによってわれわれが尊重を勝ち取ることはできない」（Walzer 2004: 37; 邦訳六五；cf. Sennett 2003: 260）。ちなみに、市民的権利や経済的状況に関する配分問題がいかに自尊に影響するかについては、Swift（2006: 111-112）を参照のこと。

（9）ホネットの承認論については、木部（一九九六）を参照。

（10）こうした発想法は、神の本質を知ることができないとして、神の本質に属さないものを列挙することによって神の本質に接近しようとする、偽ディオニュシオスによって代表される「否定神学」（theologia negativa）に典型的にみられる（cf. Westerkamp 2006）。

（11）また、諸個人のあいだの完全に強制なき関係や完全なる合理性といったものを具体的に思考することはできず、むしろ実際に経験された強制や阻害を除去し、非合理な事柄を取り除くことならば試みることが可能であるとし、意味の成就ではなく無意味の排除に社会理論の主眼を据えるべきであるとするフランクフルト学派のA・ヴェルマーの考えも、マーガリットの発想に近い（Wellmer 1986）。

（12）マーガリットは、〈品位ある社会〉と〈正義に適った社会〉の関係に関して非常に慎重であり、それゆえ明確さを欠く。〈品位ある社会〉は〈正義に適った社会〉に向う途上にあるのか、〈正義に適った社会〉は必然的に〈品位ある社会〉を意味するのか、といった問いについて、マーガリットの立場ははっきりしない。だが、品位を〈正義に適った社会〉の条件のひとつとしてみなす彼の発言をみるならば（Margalit 1996: 281-282）、きわめて限定されて意味において〈正義に適った社会〉は〈品位ある社会〉の重要な要素を有すると主張することは可能であるかもしれない（ibid., 272）。

（13）正確にいえば、この表示のあとにロシア語で「外国人の方は入場しないで下さい」との表現が続いている。

（14）ようやく日本でも、マイノリティ集団にたいするヘイトクライムやヘイトスピーチの問題が、公的議論に取り上げられるようになったが（安田二〇一二；樋口二〇一四；中村二〇一四）、この問題もまた、自尊を損なう屈辱に取り組む場合に、制度の次元と相互行為の次元の双方を視野に収めることの必要性を示唆しているといえる。

(15) これは、近年展開されている基本構造の性質をめぐる「一元論対二元論」の論争にとって核心的な問題である。二元論者(J・ロールズ、T・ポッゲ、S・シェフラー)は、制度的な枠組みたる基本構造の特別な道徳的重要性を強調し、個人の行為や集団の次元から峻別する。これにたいして一元論者(G・コーエン、L・マーフィ)は、二元論者の立場が制度を重視するあまり、個人の動機づけや集団の行動の道徳的および実践的な重要性への洞察を見落としていると批判する。この論争については、Julius (2003) および Porter (2009) を参照。本章は、平等の問題や平等主義的な正義を考える際に、二つの次元が明確に区別されつつも、相互に連関している側面に目を向けることの重要性に着目する立場にたつ。

(16) この定義は、承認の欠如に関するフレイザーの議論に大いに依拠している。フレイザーによれば、それは「ある個人や集団が、端的に文化的な価値の制度化されたパターンの結果として、社会の相互行為の十全たるパートナーの地位を拒否される」ことを意味する (Frazer and Honneth 2003: 29)。

(17) フレイザーが〈再分配の政治〉と〈承認の政治〉とを鋭く対比させつつ、両者の必要性を説く議論を展開して以来、政治理論家は、文化的な背景の異なる人びとが構成する社会が直面する種々の問題にたいして、再分配と承認のどちらが適切に対処できるのかという問題に取り組んできた (Frazer 1997: ch. 1; Young 1997; Frazer and Honneth 2003)。本書の第六章を参照のこと。

(18) 法務省入国管理局の統計によれば、二〇〇三年の時点では日本に居住する日系ブラジル人は約二六万人で、出身国別の順位では韓国・朝鮮、中国に次いで三番目に多い集団であり(法務省入国管理局二〇〇三:三四)、その後も増加したが、一〇年後の統計ではリーマンショックの影響もあり、約一九万人に減り、出身国別ではフィリピンと入れ替わり四番目に多い集団となっている（法務省入国管理局二〇一三：四七）。

参考文献（外国語文献の場合、本文中での引用の有無に関係なく、邦訳も含めて示した）

［A］

阿部彩（二〇〇八）『子供の貧困』岩波書店。

Abizadeh, A.（2002）"Does Liberal Democracy Presuppose a Cultural Nation? Four Arguments," *American Political Science Review*, vol. 96, pp. 495-509.

———（2007）"Cooperation, Pervasive Impact, and Coercion: On the Scope（not Site）of Distributive Justice," *Philosophy and Public Affairs*, vol. 35, pp. 318-358.

芥川龍之介（一九九六［一九二七］）『河童』（『芥川龍之介全集　第一四巻』）岩波書店。

———（一九九七［一九二七］）『侏儒の言葉』（『芥川龍之介全集　第一六巻』）岩波書店。

Alba, R.（2005）"Bright vs. Blurred Boundaries: Second-Generation Assimilation and Exclusion in France, Germany, and the United States," *Ethnic and Racial Studies*, vol. 28, pp. 20-49.

Alba, R. and Nee, V.（1997）"Rethinking Assimilation Theory for a New Era of Immigration," *International Migration Review*, vol. 31, pp. 826-874.

Anderson, E.（1999）"What Is the Point of Equality?" *Ethics*, vol. 109, pp. 287-337.

Arendt, H.（1977［1963］）*On Revolution*. New York: Penguin. 志水速雄訳『革命について』筑摩書房、一九九五年。

アリストテレス（二〇〇九）田中美知太郎他訳『政治学』中央公論新社。

Armstrong, C.（2002）"Complex Equality," *Feminist Theory*, vol. 3, pp. 67-82.

Arneson, R. J.（1989）"Equality and Equal Opportunity for Welfare," *Philosophical Studies*, vol. 56, pp. 77-93.

———（1995）"Against 'Complex' Equality," in Miller and Walzer（1995）, pp. 226-252.

———（1997）"Egalitarianism and the Undeserving Poor," *Journal of Political Philosophy*, vol. 5, pp. 327-350.

———（1999）"What, If Anything, Renders All Humans Equal?" in D. Jamieson（ed.）, *Singer and His Critics*. Oxford:

Basil Blackwell, pp. 103-128.
——— (2000) "Egalitarian Justice versus the Right to Privacy," *Social Philosophy and Policy*, vol. 17, pp. 91-119.
——— (2001) "Luck and Equality," *Proceedings of the Aristotelian Society*, supp. vol., pp. 73-90.
Arudou, D. (2004) *Japanese Only: The Otaru Hot Spring Case and Racial Discrimination in Japan*. Tokyo: Akashi Shoten.
朝日新聞（二〇〇五）「「民族学級」開設一〇〇校に」、朝刊・大阪地方版、二〇〇五年六月三日。
Asis, M. M. B. (2004) "Not Here for Good? International Migration Realities and Prospects in Asia," *Japanese Journal of Population*, vol. 2, pp. 18-28.
「新しい公共」円卓会議（二〇一〇年）「『新しい公共』宣言」(http://www5.cao.go.jp/entaku/pdf/declaration-nihongo.pdf)。
Ateş, S. (2007) *Der Multikulti-Irrtum*. Berlin: Ullstein.

[B]

Baban, F. (2006) "From Gastarbeiter to 'Ausländische Mitbürger': Postnational Citizenship and In-Between Identities in Berlin," *Citizenship Studies*, vol. 10, pp. 185-201.
Bader, V. (2007) *Secularism or Democracy?* Amsterdam: Amsterdam University Press.
Bader, V. and Engelen, R. (2003) "Taking Pluralism Seriously: Arguing for an Institutional Turn in Political Philosophy," *Philosophy and Social Criticism*, vol. 29, pp. 375-406.
Banting, K. (2000) "Looking in Three Directions: Migration and the European Welfare State in Comparative Perspective," in M. Bommes and A. Geddes (eds.), *Immigration and Welfare*. London: Routledge, pp. 13-33.
Banting, K. and Kymlicka, W., eds. (2006) *Multiculturalism and the Welfare State*. Oxford: Oxford University Press.
Barclay, L. (1999) "The Answer to Keke's Question," *Ethics*, vol. 110, pp. 84-92.
Barry, B. (1995) "Spherical Justice and Global Justice," in Miller and Walzer (1995), pp. 67-80.
——— (1999) "Self-Government Revisited," in R. Beiner (ed.), *Theorizing Nationalism*. Albany, NY: State University of New York Press, pp. 247-77.

——— (2001) *Culture and Equality: An Egalitarian Critique of Multiculturalism*. Cambridge: Polity Press.
——— (2005) *Why Social Justice Matters*. Cambridge: Polity Press.
Bauböck, R. (1998) "The Crossing and Blurring of Boundaries of International Migration: Challenges for Social and Political Theory," in R. Bauböck and J. Rundell (eds.), *Blurred Boundaries, Ethnicity, Citizenship*. Aldershot: Ashgate, pp. 17-52.
——— (2008) "Beyond Culturalism and Statism: Liberal Responses to Diversity," Working Paper 6, *Eurosphere Working Paper Series*, pp. 1-34.
Becker, G. (1993) *Human Capital*, 3rd ed. Chicago: University of Chicago Press.
Beiner, R. (2003) *Liberalism, Nationalism, Citizenship*. Vancouver: University of British Columbia Press.
Bellamy, R. (1999) *Liberalism and Pluralism*. London: Routledge.
Bellers, J., ed. (2010) *Zur Sache Sarrazin*. Münster: Lit Verlag.
Bender, S. and Seifert, W. (2003) "On the Economic and Social Situations of Immigrant Groups in Germany," in R. Alba *et al.* (eds.), *Germans or Foreigners?* New York: Palgrave, pp. 45-67.
Berlin, I. (1999 [1955-56]) "Equality," in *Concepts and Categories*. London: Pimlico, pp. 81-102.
Bettelheim, B. and Janowitz, M. (1975) *Social Change and Prejudice*, 2nd ed. New York: Free Press.
Bobbio, N. (1996) *Left and Right*. Chicago, IL: University of Chicago Press. 片桐薫・片桐圭子訳『右と左』御茶の水書房、一九九八年。
Bock, G. and James, S. (1992) "Introduction: Contextualizing Equality and Difference," in G. Bock and S. James (eds.), *Beyond Equality and Difference*. London: Routledge, pp. 1-13.
Bommes, M. (2000) "National Welfare State, Biography and Migration: Labour Migrants, Ethnic Germans and the Re-Ascription of Welfare State Membership," in M. Bommes and A. Geddes (eds.), *Immigration and Welfare*. London: Routledge, pp. 90-108.
——— (2003) "Der Mythos des transnationalen Raumes. Oder: Worin besteht die Herausforderung des Transnationalismus für die Migrationsforschung?" in D. Thränhardt and U. Hunger (eds.), *Migration im Spannungsfeld von*

Globalisierung und Nationalstaat. Wiesbaden: Westdeutscher Verlag, pp. 90-116.

——— (2005) "Transnationalism or Assimilation?" *Journal of Social Science Education* (http://www.jsse.org/2005-1/transnationalism_assimilation_bommes.htm).

Bowles, S. and Gintis, H. (1998) "Recasting Egalitarianism," in E. O. Wright (ed.), *Recasting Egalitarianism*. London: Verso, pp. 361-397.

Brubaker, R. (1992) *Citizenship and Nationhood in France and Germany*. Cambridge, MA: Harvard University Press.

——— (2001) "The Return of Assimilation? Changing Perspectives on Immigration and Its Sequels in France, Germany, and the United States," *Ethnic and Racial Studies*, vol. 24, pp. 531-548.

Burke, E. (2004 [1790]) *Reflections on the Revolution in France*. London: Penguin Books. 中野好之訳『フランス革命についての省察　上』岩波書店、二〇〇〇年。

[C]

Callinicos, A. (2000) *Equality*. Cambridge: Polity.

Carens, J. (1992) "Migration and Morality: A Liberal Egalitarian Perspective," in B. Barry and R. Goodin (eds.), *Free Movement: Ethical Issues in the Transnational Migration of People and of Money*. University Park, PA: Pennsylvania State University Press, pp. 25-47.

——— (2000) *Culture, Citizenship, and Community*. Oxford: Oxford University Press.

——— (2013) *The Ethics of Immigration*. Oxford: Oxford University Press.

Castles, S. and Davidson, A. (2000) *Citizenship and Migration*. New York: Routledge.

Chambers, C. (2009) "Each Outcome Is Another Opportunity: Problems with the Moment of Equal Opportunity," *Politics, Philosophy and Economics*, vol. 8, pp. 374-400.

Chen, M. (1983) *A Quiet Revolution*. Rochester, VT: Schenkman Books.

千葉眞（二〇一三）「社会保障の劣化と民主主義——ラディカル・デモクラシーの視点から」、田中浩編『リベラル・デモクラシーとソーシャル・デモクラシー』未來社、一六一—一八〇頁。

Christiano, T. (2007) "A Foundation for Egalitarianism," in N. Holtug and K. Lippert-Rasmussen (eds.), *Egalitarianism*. Oxford: Clarendon, pp.41-82.
——— (2008) *The Constitution of Equality*. Oxford: Oxford University Press.
Cochran, D. C. (1999) *The Color of Freedom*. Albany, NY: State University of New York.
Cohen, G. A. (1989) "On the Currency of Egalitarian Justice," *Ethics*, vol. 99, pp. 906-944.
Cohen, J. and Arato, A. (1992) *Civil Society and Political Theory*. Cambridge, MA: MIT Press.

〔D〕

Daniels, N. (1996) "An Argument about the Relativity of Justice," in *Justice and Justification*. Cambridge: Cambridge University Press, pp. 103-119.
——— (2003) "Democratic Equality: Rawls's Complex Egalitarianism," in S. Freeman (ed.), *The Cambridge Companion to Rawls*. Cambridge: Cambridge University Press, pp. 241-276.
Daniels, N., Kennedy, B., and Kawachi, I. (2000) *Is Inequality Bad for Our Health?* Boston, MA: Beacon Press. 児玉聡訳『健康格差と正義』勁草書房、二〇〇八年。
Dann, O. (1975) "Gleichheit," in O. Brunner *et al.* (eds.), *Geschichtliche Grundgebriffe*, vol. 2. Stuttgart: Klett-Cotta, pp. 997-1046.
den Hartogh, G. (1999) "The Architectonic of Michael Walzer's Theory of Justice," *Political Theory*, vol. 27, pp. 491-522.
Denoon, D. *et al.*, eds. (2001) *Multicultural Japan*. Cambridge: Cambridge University Press.
Descartes, R. (1984 [1637]) *Discours de la méthode*. Paris: Vrin. 谷川桂子訳『方法序説』岩波書店、一九九七年。
Deutschlandstiftung Integration, ed. (2010) *Sarrazin*. München: Piper.
ディケンズ、C.(一九五五[一八三七—三九])中村能三訳『オリバー・ツイスト』新潮社。
Dillon, R. (1995) "Introduction," in R. Dillon (ed.), *Dignity, Character, and Self-Respect*. New York: Routledge, pp. 1-49.
Dworkin, R. (1977) *Taking Rights Seriously*. Cambridge, MA: Harvard University Press. 小林公他訳『権利論増補版』木鐸社、二〇〇三年。

———(1985) *A Matter of Principle*. Cambridge, MA: Harvard University Press. 森村進・鳥澤円訳『原理の問題』岩波書店、二〇一二年。
——— (2000a) "Justice in the Distribution of Health Care," in M. Clayton and A. Williams (eds.), *The Ideal of Equality*. Basingstoke: Palgrave Macmillan, pp. 203-222.
——— (2000b) *Sovereign Virtue*. Cambridge, MA: Harvard University Press. 小林公他訳『平等とは何か』木鐸社、二〇〇二年。

［E］

江川直子（二〇〇一ａ）「貧困・差別・権利回復」、松本和良・江川直子編『アイヌ民族とエスニシティの社会学』学文社、一八七―二〇八頁。
———（二〇〇一ｂ）「白老町アイヌ民族の生活構造と文化」、松本和良・江川直子編『アイヌ民族とエスニシティの社会学』学文社、一六一―一八六頁。
Elster, J. (1983) *Sour Grapes: Studies in the Subversion of Rationality*. Cambridge: Cambridge University Press.
——— (1992) *Local Justice*. New York: Russell Sage.
Elwert, G. (1982) "Probleme der Ausländerintegration," *Kölner Zeitschrift für Soziologie und Sozialpsychologie*, vol. 34, pp. 359-76.
Emirbayer, M. (1997) "Manifesto for a Relational Sociology," *American Journal of Sociology*, vol. 103, pp. 281-317.
江成幸（二〇〇〇）「定住化と共生をめぐる課題——ラテンアメリカ出身日系人」、駒井洋編『国際化のなかの移民政策の課題』明石書店、一三一―一五九頁。
遠藤比呂通（二〇〇四）「国家と社会と個人——或は公共について」、藤田宙靖・高橋和之編『樋口陽一古希記念憲法論集』創文社、六四一―六六一頁。
———（二〇〇七）『市民と憲法訴訟』信山社。
エンゲルス、F.（二〇〇〇［一八四五］）浜林正夫訳『イギリスにおける労働者階級の状態　上』新日本出版社。
Esping-Andersen, G. (1990) *The Three Worlds of Welfare Capitalism*. Cambridge: Polity Press. 岡沢憲夫・宮本太郎訳『福

祉資本主義の三つの世界』ミネルヴァ書房、二〇〇一年。
——— (1999) *Social Foundations of Postindustrial Economies*. Oxford: Oxford University Press. 渡辺雅男・渡辺景子訳『ポスト工業経済の社会的基盤』桜井書店、二〇〇〇年。
Esser, H. (2006) *Migration, Sprache und Integration* (AKI-Forschungsbilanz 4). Berlin: Wissenschaftszentrum Berlin für Sozialforschung.
Estévez-Abe, M. (2008) *Welfare and Capitalism in Postwar Japan*. Cambridge: Cambridge University Press.

［F］

Faist, T. (1993) "From School to Work: Public Policy and Underclass Formation among Young Turks in Germany during the 1980s," *International Migration Review*, vol. 27, pp. 306-331.
——— (1999) "Ethnicization and Racialization of Welfare-State Politics in Germany and the USA," *Ethnic and Racial Studies*, vol. 18, pp. 219-250.
Feldman, L. C. (2004) *Citizens without Shelter*. Cornell, NY: Cornell University Press.
Fernández Kelly, M. P. (1995) "Social and Cultural Capital in the Urban Ghetto," in A. Portes (ed.), *The Economic Sociology of Immigration*. New York: Russell Sage Foundation, pp. 213-247.
Frazer, N. (1997) *Justice Interruptus*. London: Routledge. 仲正昌樹監訳『中断された正義』御茶の水書房、二〇〇三年。
——— (2008) *Scales of Justice: Reimagining Political Space in a Globalizing World*. Cambridge: Polity Press.
Frazer, N. and Honneth, A. (2003) *Redistribution or Recognition?* London: Verso. 加藤泰史訳『再配分か承認か?』法政大学出版局、二〇一二年。
Friedman, M. and Friedman, R. (1980) *Free to Choose*. New York: Harcourt. 西山千明訳『選択の自由』日本経済新聞社、一九八〇年。
Frisch, M. (1967) *Öffentlichkeit als Partner*, 3. Aufl. Frankfurt am Main: Suhrkamp.
福沢諭吉（一九八〇［一八六八］）『西洋事情　外編』（『福澤諭吉選集　第一巻』）岩波書店。
———（一九九五［一八七五］）『文明論之概略』岩波書店。

——（二〇〇八［一八八〇］）『学問のすすめ』岩波書店。

【G】

Galtung, J.（1969）“Violence, Peace and Peace Research,” *Journal of Peace Research*, vol. 3, pp. 167-191.
Goodman, N.（1978）*Ways of Worldmaking*. Indianapolis, IN: Hackett. 菅野盾樹訳『世界制作の方法』筑摩書房、二〇〇八年。
Gourevitch, A.（2013）“Labor Republicanism and the Transformation of Work,” *Political Theory*, vol. 41, pp. 591-617.
Granovetter, M.（1985）“Economic Action and Social Structure,” *American Journal of Sociology*, vol. 91, pp. 481-510.
Gustafsson, S.（2000）“Single Mothers in Sweden,” in F. Ackerman *et al.*（eds.）, *The Political Economy of Inequality*. Washington, DC: Island Press, pp. 201-204.
Gutmann, A.（1995）“Justice across the Spheres,” in Miller and Walzer（1995）, pp. 99-119.

【H】

Habermas, J.（1994）*Faktizität und Geltung*, 4. Aufl. Frankfurt am Main: Suhrkamp. 河上倫逸・耳野健二訳『事実性と妥当性 下』未來社、二〇〇三年。
Häußerman, H. and Kapphan, A.（2004）“Berlin: Ausgrenzungsprozesse in einer europäischen Stadt,” in H. Häußermann *et al.*（eds.）, *An den Rändern der Städte: Armut und Ausgrenzung*. Frankfurt am Main: Suhrkamp, pp. 203-234.
濱口桂一郎（二〇〇九）『新しい労働社会——雇用システムの再構築へ』岩波書店。
Hammar, T.（1990）*Democracy and the Nation State*. Aldershot: Avebury. 近藤敦訳『永住市民と国民国家』明石書店、一九九九年。
花崎皋平（二〇〇一）『アイデンティティと共生の哲学』第二版、平凡社。
——（二〇〇二）『共生の触発』みすず書房。
阪神教育闘争五〇周年大会（一九九八）「民族教育権利宣言」四月二五日（http//www.ne.jp/asahi/m-kyouiku/net/aboutus.html）。
Hardin, R.（2005）“From Order to Justice,” *Politics, Philosophy and Economics*, vol. 4, pp. 175-194.

橋本健二（二〇〇一）『階級社会　日本』青木書店。

――――（二〇〇六）『階級社会』講談社。

――――（二〇〇七）『新しい階級社会　新しい階級闘争』光文社。

Hegel, G. W. F.（1995［1833］）*Grundlinien der Philosophie des Rechts*. Hamburg: Felix Meiner. 藤野渉・赤沢正敏訳『法の哲学 II』中央公論新社、二〇〇一年。

Held, D.（2006）*Models of Democracy*, 3rd. ed. Cambridge: Polity Press. 中谷義和訳『民主政の諸類型』御茶の水書房、一九九八年。

樋口直人（二〇〇一）「外国人参政権の日本的構図――市民権論からのアプローチ」、ＮＩＲＡシティズンシップ研究会編『多文化社会の選択』日本評論社、三九―五三頁。

――――（二〇一四）『日本型排外主義』名古屋大学出版会。

平田清明（一九六九）『市民社会と社会主義』岩波書店。

広岡守穂（一九九五）『近代日本の心象風景』木鐸社。

Hirschman, A.（1970）*Exit, Voice, and Loyalty*. Cambridge, MA: Harvard University Press. 矢野修一訳『離脱・発言・忠誠』ミネルヴァ書房、二〇〇五年。

Hirst, P.（1994）*Associative Democracy*. Cambridge: Polity Press.

Hobson, B., ed.（2003）*Recognition Struggles and Social Movements: Contested Identities, Agency and Power*. Cambridge: Cambridge University Press.

北海道環境生活部（二〇〇〇）「平成11年北海道ウタリ生活実態調査報告書」（http//www.pref.hokkai-do.jp/kseikatu/ks-soumu/soumuka/ainu/jittai11.html ）。

北海道ウタリ協会（現北海道アイヌ協会）（二〇〇四）「アイヌの生活実態」（http//www.frpac.or.jp/link/kanrendan_index_f.html）。

Hollifield, J. F.（1992）*Immigrants, Markets, and States: The Political Economy of Postwar Europe*. Cambridge, MA: Harvard University Press.

Holtug, N. and Lippert-Rasmussen, K.（2007）"An Introduction to Contemporary Egalitarianism," in N. Holtug and K.

Lippert-Rasmussen (eds.), *Egalitarianism*. Oxford: Clarendon, pp. 1-37.

法務省入国管理局（二〇〇三）「平成一五年版出入国管理」(http://www.moj.go.jp/NYUKAN/NYUKAN/index.html)。

———（二〇〇四ａ）「本邦における不法残留者数について」(http//www.moj.go.jp/PRESS/040326-2/040326-2.html)。

———（二〇〇四ｂ）「平成11年末現在における外国人登録者数について (http//www.moj.go.jp/PRESS/040611-1/040611-1.html)。

———（二〇一三）「平成二五年版出入国管理」(http://www.moj.go.jp/content/000117967.pdf)。

Honneth, A. (1994) *Kampf um Anerkennung*. Frankfurt am Main: Suhrkamp. 山本啓・直江清隆訳『承認をめぐる闘争』法政大学出版局、二〇〇三年。

Horkheimer, M. (1985 [1967]) "Religion und Philosophie," in *Gesammelte Schriften*, Bd. 7. Frankfurt am Main: Fischer, pp. 187-196.

——— (1985 [1971]) "Schopenhauers Denken im Verhältnis zu Wissenschaft und Religion," in *Gesammelte Schriften*, Bd. 7. Frankfurt am Main: Fischer, pp. 240-252.

Horkheimer, M. and Adorno, T. W. (1969) *Dialektik der Aufklärung*. Frankfurt am Main: Fischer Verlag. 徳永恂訳『啓蒙の弁証法』岩波書店、二〇〇七年。

House, J. S. and Williams, D. R. (2003) "Understanding and Reducing Socioeconomic and Racial/Ethnic Disparities in Health," in R. Hofrichter (ed.), *Health and Social Justice*, San Francisco, CA: John Wiley & Sons, pp. 89-131.

Hume, D. (1966 [1777]) *An Enquiry concerning the Principles of Morals*, 2nd ed. La Salle, IL: Open Court.

Hunger, U. (2006) "Die Rolle von Migrantenselbstorganisationen im Integrationsprozess: Ein demokratietheoretischer Ansatz," in S. Baringhorst, J. H. Hollifield, and U. Hunger (eds.), *Herausforderung Migration*. Münster: Lit Verlag, pp. 33-51.

Hurley, S. (2003) *Justice, Luck, and Knowledge*. Cambridge: Cambridge University Press.

Hürriet (2006) "Türkler, Baden Württemberg'in İslam testi'ne karşı tek ses: Dışlamayı durdurun," 12 February, 2006.

飯田文雄（二〇〇二）「平等」、福田有広・谷口将紀編『デモクラシーの政治学』東京大学出版会、一二七―四三頁。

――――（二〇〇六）「運命と平等」、日本政治学会編『年報政治学二〇〇六―I　平等と政治』木鐸社、一一―四〇頁。

飯島昇藏（二〇〇二）「コミュニタリアニズムの社会正義論」、飯島昇藏・川岸令和編『憲法と政治思想の対話』新評論、二三六―二七〇頁。

生澤繁樹（二〇〇七）「現代正義思想における教育の平等と社会的財の射程」、『教育学研究』第七四巻、一五―二七頁。

池田香代子（二〇〇一）『世界がもし一〇〇人の村だったら』マガジンハウス。

今井弘道編（二〇〇一）『新・市民社会論』風行社。

Imai, J.（2011）*The Transformation of Japanese Employment Relations: Reform without Labor*. Basingstoke: Palgrave Macmillan.

稲葉剛（二〇一三）『生活保護から考える』岩波書店。

井上彰（二〇〇二）「平等主義と責任」、佐伯啓思・松原隆一郎編『〈新しい市場社会〉の構想』新世社、二七五―三三三頁。

――――（二〇〇四）「平等」、有賀誠他編『現代規範理論入門』ナカニシヤ出版、四一―六〇頁。

――――（二〇〇八）「平等・自由・運」、萩原能久編『ポスト・ウォー・シティズンシップの思想的基盤』慶應義塾大学出版会、二一一―二三九頁。

石田雄（一九八九）『日本の政治と言葉　上』東京大学出版会。

Iwasawa, Y.（1998）*International Law, Human Rights, and Japanese Law: The Impact of International Law on Japanese Law*. Oxford: Clarendon Press.

【J】

Jacobs, L. A.（2004）. *Pursuing Equal Opportunities*. Cambridge: Cambridge University Press.
Jacobs, L. R. and Skocpol, T., eds.（2005）*Inequality and American Democracy*. New York: Russell Sage.
Janßen, A. and Plat, A.（2006）"Soziale Netzwerke türkischer Migrantinnen und Migranten," *Aus Politik und Zeitgeschichte*, 1/2, pp. 11-17.
Japan Times（2004）"Tokyo Suit Seeks Site of Korean School: Forcibly Settled during War, Enclave Besieged by New,

Economic Threat," 11 March, 2004.
——— (2005) "Promotion Just for Japanese: South Korean Civil Servant's Suit Fails," 27 January, 2005.
Jencks, C. (1992) *Rethinking Social Policy*. Cambridge, MA: Harvard University Press.
Joppke, C. (1999) *Immigration and the Nation-State: The United States, Germany, and Great Britain*. Oxford: Oxford University Press.
—— (2008) "Immigration and the Identity of Citizenship: the Paradox of Universalism," *Citizenship Studies*, vol. 12, 533-546.
Joppke, C. and Morawska, E. (2003) "Integrating Immigrants in Liberal Nation-States: Policies and Practices," in C. Joppke and E. Morawska (eds.), *Toward Assimilation and Citizenship*. Basingstoke and New York: Palgrave, pp. 1-36.
Jüdische Zeitung (2006) "Die Guten ins Töpfchen: Kritischer Kommentar zu einem besonderen Papier," no. 2 (6), February, 2006.
Julius, A. J. (2003) "Basic Structure and the Value of Equality," *Philosophy and Public Affairs*, vol. 31, pp. 321-55.

[K]
梶田孝道・丹野清人・樋口直人（二〇〇五）『顔の見えない定住化――日系ブラジル人と国家・市場・移民ネットワーク』名古屋大学出版会。
Kaldor, M. (2003) *Global Civil Society*. Cambridge: Polity Press. 山本武彦他訳『グローバル市民社会論』法政大学出版局、二〇〇七年。
Kant, I. (1993 [1783]) "Beantwortung der Frage: Was ist Auflkärung?" in *Schriften zur Anthropologie, Geschichtsphilosophie, Politik und Pädagogik*, Bd. 1. Frankfurt am Main: Suhrkamp, pp. 53-61. 篠田英雄訳『啓蒙とは何か』岩波書店、一九五〇年。
——— (1993 [1798]) *Die Metaphysik der Sitten*. Frankfurt am Main: Surhkamp. 加藤新平・三島淑臣訳『人倫の形而上学法論』、野田又夫編『カント　世界の名著39』中央公論社、一九七九年。

苅谷剛彦（一九九五）『大衆教育社会のゆくえ』中央公論社。
――――（二〇〇一）『階層化日本と教育危機』有信堂高文社。
――――（二〇一四）『増補　教育の世紀』筑摩書房。
Kashiwazaki, C. (2000a) "Citizenship in Japan: Legal Practice and Contemporary Development," in T. A. Aleinikoff and D. Klusmeyer (eds.), *From Migrant to Citizens*. Washington DC: CarnegieEndowment for International Peace, pp. 434-471.
―――― (2000b) "Politics of Legal Status: The Equation of Nationality with Ethnonational Identity," in S. Ryan (ed.), *Koreans in Japan*. London and New York: Routledge, pp. 13-31.
加藤周一（一九九九［一九八五］）「自由と・または・平等」、『加藤周一セレクション　五』平凡社、三三三―三四七頁。
川上憲人・小林廉毅・橋本英樹編（二〇〇六）『社会格差と健康』東京大学出版会。
川上憲人（二〇〇六）「社会疫学」、川上・小林・橋本（二〇〇六）、一―二一頁。
川村晃一（一九九八）「バングラデシュ――ＮＧＯ・市民・国家」、岩崎郁夫編『アジアと市民社会』アジア経済研究所、一六五―二〇七頁。
Keane, J. (1998) *Civil Society*. Cambridge: Polity Press.
―――― (2003) *Global Civil Society?* Cambridge: Cambridge University Press.
Kekes, J. (1997). "A Question for Egalitarians," *Ethics*, vol. 107, pp. 658-669.
Kelly, P. (2010) "Why Equality? On Justifying Liberal Egalitarianism," *Critical Review of International Social and Political Philosophy*, vol. 13, pp. 55-70.
憲法調査会（二〇〇一）「第四回衆議院憲法調査会議事概要」二〇〇一年三月二二日（http://www.shugiin.go.jp/internet/itdb_kenpou.nsf/html/kenpou/chosa/151-03-22.htm）。
木部尚志（一九九六）「ドイツにおけるラディカル・デモクラシー論の現在」、『思想』第八六七号、二〇五―二二五頁。
――――（二〇〇一）「方法論的個人主義とその諸問題――合理選択モデルの批判的考察」、『社会科学ジャーナル』第四六号、一―二〇頁。
――――（二〇一〇）「日本の移民統合政策――福祉国家と労働市場の視角から」、森井裕一編『地域統合とグローバル秩序』

信山社、二〇三一—二三一頁。
———（二〇一一）「どうなる、市民社会」、押村高・中山俊宏編『世界政治を読み解く』ミネルヴァ書房、七五—九四頁。
———（近刊予定）「福祉国家論の展開」、小田川大典編『政治哲学』ナカニシヤ出版。
Kibe, T.（2006）“Differentiated Citizenship and Ethnocultural Groups: A Japanese Case,” *Citizenship Studies*, vol. 10, pp. 413-430.
———（2011）“The Relational Approach to Egalitarian Justice: A Critique of Luck Egalitarianism,” *Critical Review of International Social and Political Philosophy*, vol. 14, pp. 1-21.
———（2014）“Can *Tabunkakyosei* Be a Public Philosophy of Integration? Immigration, Citizenship and Multiculturalism in Japan,” in W. Reinhardt, W. Vosse, and V. Blechinger-Talcott（eds.）, *Governing Insecurity in Japan*. London: Routledge, pp. 71-91.
Kibe, T. and Thränhardt, D.（2010）“Japan: A Non-Immigration Country Discusses Immigration?” in D. Thränhardt and M. Bommes（eds.）, *National Paradigms of Migration Research*. Göttingen: V& R unipress, pp. 233-257.
菊池理夫（二〇〇四）『現代のコミュニタリアニズムと「第三の道」』風行社。
金泰明（二〇〇四）『マイノリティの権利と普遍的人権概念の研究——多文化的市民権と在日コリアン』トランスビュー。
木村草太（二〇〇八）『平等なき平等条項論』東京大学出版会。
Kiniven, O. and Piiroinen, T.（2006）“Toward Pragmatist Methodological Relationalism,” *Philosophy of the Social Sciences*, vol. 36, pp. 303-329.
Knight, J. and Johnson, J.（1997）“What Sort of Political Equality Does Deliberative Democracy Require?” in J. Bohman and W. Rehg（eds.）, *Deliberative Democracy*. Cambridge, MA: MIT Press, pp. 279-319.
Koggel, C. M.（1998）*Perspectives on Equality*. Lanham, MD: Rowman & Littlefield Publishers.
国連開発計画（二〇一〇）『人間開発報告書二〇一〇概要』国連開発計画。
近藤敦（二〇〇一）『外国人の人権と市民権』明石書店。
Kondo, A.（2001）“Citizenship Rights for Aliens in Japan,” in A. Kondo（ed.）, *Citizenship in a Global World: Comparing Citizenship Rights for Aliens*. New York: Palgrave, pp. 8-30.

近藤潤三（二〇〇二）『統一ドイツの外国人問題』木鐸社。

――（二〇〇七）『移民国としてのドイツ』木鐸社。

近藤康史（二〇〇一）『左派の挑戦』木鐸社。

Korteweg, A. and Yurdakul, G.（2009）“Islam, Gender, and Immigrant Integration: Boundary Drawing in Discourses on Honor Killing in the Netherlands and Germany,” *Ethnic and Racial Studies*, vol. 32, pp. 218-238
久保山亮（一九九八）「ドイツ型産業社会とエスニック・マイノリティ――トルコ人第一・第二世代の職業訓練市場及び労働市場への編入」、宮島喬編『現代ヨーロッパ社会論』人文書院、二五七―二八二頁。

――――（二〇〇〇）「福祉国家と移民労働の商品化・脱商品化・再商品化――大陸ヨーロッパ諸国の保守主義レジームを事例に」、『社会政策研究』創刊号、七四―九五頁。

――――（二〇〇三）「ドイツの移民政策」、小井土彰宏司編著『移民政策の国際比較』有斐閣、一一七―一七八頁。

Kukathas, C.（2002）“Equality and Diversity,” *Politics, Philosophy and Economics*, vol. 1, pp. 185-212.

熊沢誠（一九九三ａ）『新編　民主主義は工場の門前で立ちすくむ』社会思想社。

――――（一九九三ｂ）『新編　日本の労働者像』筑摩書房。

――――（二〇〇〇）『女性労働と企業社会』岩波書店。

――――（二〇一〇）『働きすぎに斃れて――過労死・過労自殺の語る労働史』岩波書店。

――――（二〇一三）『労働組合運動とはなにか――絆のある働き方をもとめて』岩波書店。

Kymlicka, W.（1995）*Multicultural Citizenship*. Oxford: Oxford University Press. 角田猛之他訳『多文化時代の市民権』晃洋書房、一九九八年。

――――（2001）*Politics in the Vernacular: Nationalism, Multiculturalism, and Citizenship*. Oxford: Oxford University Press.

――――（2002）*Contemporary Political Philosophy*, 2nd ed. Oxford: Oxford University Press. 千葉眞・岡﨑晴輝他訳『新版　現代政治理論』日本経済評論社、二〇〇五年。

――――（2006）“Left-Liberalism Revisited,” in C. Sypnowich（ed.）, *The Egalitarian Conscience*. Oxford: Oxford University Press, pp. 9-35.

——— (2007) "The Rise and Fall of Multiculturalism? New Debates on Inclusion and Accommodation in Diverse Societies," *International Social Science Journal*, vol. 61, pp. 97-112.

Kymlicka, W. and Norman, W. (2000) "Citizenship in Culturally Diverse Societies: Issues, Contexts, Concepts," in W. Kymlicka and W. Norman (eds.), *Citizenship in Diverse Societies*. Oxford: Oxford University Press, pp. 1-41.

【L】

Lareau, A. (2003) *Unequal Childhoods*. Berkeley and Los Angeles, CA: University of California Press.

Leibold, J. *et al.* (2006) "Abschottung von Muslimen durch generalisierte Islamkritik?" *Aus Politik und Zeitgeschichte*, 1/2, pp. 3-10.

Lie, J. (2001) *Multiethnic Japan*. Cambridge, MA: Harvard University Press.

Lomasky, L. E. (2002) "Classical Liberalism and Civil Society," in S. Chambers and W. Kymlicka (eds.), *Alternative Conceptions of Civil Society*. Princeton: Princeton University Press, pp. 50-67.

Loury, G. C. (2002) *The Anatomy of Racial Inequality*. Cambridge, MA: Harvard University Press.

Luker, K. (1996) *Dubious Conceptions*. Cambridge, MA: Harvard University Press.

【M】

前田直子（二〇〇七）「バーデン・ヴュルテンベルク州の「国籍取得テスト」をめぐって」、『Brücke（獨協大学大学院）』第一八号、八一—一三三頁。

———（二〇一一）「ドイツ移民統合政策のゆくえ——ザラツィン論争をきっかけとして」、『獨協大学ドイツ学研究』第六四号、五三—九三頁。

マーハ、J．C．・八代京子編（一九九一）『日本のバイリンガリズム』研究社出版。

Maher, J. C. (1997) "Linguistic Minorities and Education in Japan," *Educational Review*, vol. 49, pp. 115-127.

——— (2002) "Language Policy for Multicultural Japan: Establishing the New Paradigm," in S. J. Baker (ed.), *Language Policy: Lessons from Global Models*. Monterey, CA: Monterey Institute of International Studies, pp. 164-

180.
Maher, J. C. and Macdonald, G., eds.（1995）*Diversity in Japanese Culture and Language*. London and New York: Kegan Paul International.
Maher, J. C. and Yashiro, K., eds.（1995a）*Multilingual Japan*. Clevedon, Philadelphia, and Adelaide: Multilingual Matters.
———（1995b）"On Being There: Korean in Japan," in Maher and Yashiro（1995a）, pp. 87-161.
間宮陽介（一九九九）『同時代論』岩波書店。
Margalit, A.（1996）*The Decent Society*. Cambridge, MA: Harvard University Press.
———（1997）"Decent Equality and Freedom: A Postscript," *Social Research*, vol. 64, 147-160.
———（2006）"Decent Peace," in G. B. Peterson（ed.）, *The Tanner Lectures on Human Values*, vol. 26. Salt Lake City, UT: University of Utah Press, pp. 208-223.
Markell, P.（2003）*Bound by Recognition*. Princeton, NJ: Princeton University Press.
Marshall, T. H.（1992）*Citizenship and Social Class*. London: Pluto Press. 岩崎信彦・中村健吾訳『シティズンシップと社会的階級』法律文化社、一九九三年。
Marx, K.（1971［1845/46］）*Die deutsche Ideologie*, in *Die Frühschriften*. Stuttgart: Kröner, pp. 339-485. 渋谷正訳『草稿完全復元版　ドイツ・イデオロギー』新日本出版社、一九九八年。
———（1983［1857/1858］）*Ökonomische Manuskripte 1857/1858*. Berlin: Dietz Verlag.
Mason, A.（1999）"Political Community, Liberal-Nationalism, and the Ethics of Assimilation," *Ethics*, vol. 109, pp. 261-286.
的射場敬一（二〇〇四）「平等」、古賀敬太編『政治概念の歴史的展開』第一巻、晃洋書房、二一一—四四頁。
松原隆一郎（二〇〇五）『分断される経済』日本放送出版協会。
松本和良・江川直子編（二〇〇一）『アイヌ民族とエスニシティの社会学』学文社。
松本和良・大黒正伸（一九九八）「二風谷と穂別のウタリ社会」、松本和良・大黒正伸『ウタリ社会と福祉コミュニティ』学文社、一—二三頁。
Mayer, R.（2001）"Michael Walzer, Industrial Democracy, and Complex Equality," *Political Theory*, vol. 29, pp. 237-261.
Mead, L. M.（1986）*Beyond Entitlement*. New York: Free Press.

Menke, C.（2004）*Spiegelungen der Gleichheit*. Frankfurt am Main: Suhrkamp.
Miliband, E.（2005）"Does Inequality Matter?" in A. Giddens and P. Diamond（eds.）, *The New Egalitarianism*. Cambridge: Polity Press, pp. 39-51.
Miller, D.（1995a）"Introduction," in Miller and Walzer（1995）, pp. 1-16.
———（1995b）"Complex Equality," in Miller and Walzer（1995）, pp. 197-225.
———（1995c）*On Nationality*. Oxford: Oxford University Press. 富沢克ほか訳『ナショナリティについて』風行社、二〇〇七年。
Miller, D. and Walzer, M. eds.（1995）*Pluralism, Justice, and Equality*. Oxford: Oxford University Press.
民団（在日大韓民国民団）（二〇〇五ａ）「地方参政権運動とは?・」（http://mindan.org/ sidemenu/sm_sansei12.php）。
———（二〇〇五ｂ）「永住外国人に対する住民投票の現況」（http://mindan.org/sidemenu/sm_sansei128.php）。
Minow, M.（1990）*Making All the Difference*. Ithaca, NY: Cornell University Press.
三浦まり（二〇〇三）「労働市場規制と福祉国家」、埋橋孝文編『比較の中の福祉国家』ミネルヴァ書房、一〇九—一三三頁。
宮島喬（二〇〇三）『共に生きられる日本へ』有斐閣。
宮本太郎（二〇〇八）『福祉政治——日本の生活保障とデモクラシー』有斐閣。
Modood, T.（2005）*Multicultural Politics*. Edinburgh: Edinburgh University Press.
モーリス・スズキ、T.（二〇〇〇）大川正彦訳『辺境から眺める——アイヌが経験する近代』みすず書房。
Morris-Suzuki, T.（2002）"Immigrants and Citizenship in Contemporary Japan," in J. Maswood and H. Miyajima（eds.）, *Japan: Change and Continuity*. London: Routledge Curzon, pp. 163-178.
Mulhall, S. and Swift, A.（1996）*Liberals and Communitarians*, 2nd ed. Oxford: Blackwell. 谷澤正嗣・飯島昇藏他訳『リベラル・コミュニタリアン論争』勁草書房、二〇〇七年。
村上淳一・守矢健一・H. P. マルチュケ（二〇〇五）『ドイツ法入門　第６版』有斐閣。
Murray, C.（1984）*Losing Ground*. New York: Basic Books.
Mushaben, J.（2006）"Thinking Globally, Integrating Locally: Gender, Entrepreneurship and Urban Citizenship in Germany," *Citizenship Studies*, vol. 10, pp. 203-227.

【N】

Nagel, T. (1979) "Equality," in *Mortal Questions*. Cambridge: Cambridge University Press, pp. 106-127. 永井均一訳『コウモリであるとはどのようなことか』勁草書房、一六七―二〇一頁。

―――― (1991) *Equality and Partiality*. Oxford: Oxford University Press.

中村一成（二〇一四）『ルポ　京都朝鮮学校襲撃事件』岩波書店。

中村康利（二〇〇八）「社会保障の現実と課題」、小山内透編『二〇〇八年北海道アイヌ民族生活実態調査報告書――現代アイヌの生活と意識』北海道大学アイヌ・先住民研究センター、四九―五八頁。

New York Times (2004) "Tokyo's Flag Law: Proud Patriotism, or Indoctrination?" 16 December, 2004.

「日本21世紀ビジョン」に関する専門調査会（二〇〇五）『新しい躍動の時代――深まるつながり・ひろがる機会』(http://www5.cao.go.jp/keizai-shimon/minutes/2005/0419/item10.pdf)。

日本ＮＰＯセンター編（二〇〇七）『市民社会創造の10年――支援組織の視点から』ぎょうせい。

「二一世紀日本の構想」懇談会（二〇〇〇）『日本のフロンティアは日本の中にある――自立と協治で築く新世紀』講談社。

野中恵子（二〇〇七）『新版　ドイツの中のトルコ』柘植書房新社。

Nowak, J. (2006) *Leitkultur und Parallelgesellschft: Argumente wider einen deutschen Mythos*. Frankfurt am Main: Brandes & Apsel.

野崎綾子（二〇〇三）『正義・家族・法の構造転換』勁草書房。

野崎剛毅（二〇〇八）「教育不平等の現実と教育意識」、小山内透編『二〇〇八年北海道アイヌ民族生活実態調査報告書――現代アイヌの生活と意識』北海道大学アイヌ・先住民研究センター、五九―七一頁。

Nozick, R. (1974) *Anarchy, State, and Utopia*. New York: Basic Books. 嶋津格訳『アナーキー・国家・ユートピア』木鐸社、一九九五年。

【O】

ＯＥＣＤ（二〇〇五）『世界の社会政策の動向』明石書店。

OECD (2004) *Trends in International Migration: SOPEMI 2003 Report*. Paris: OECD.

――― (2011) *Society at a Glance 2011: OECD Social Indicators*. Paris: OECD.

Özdemir, C. (2002) *(K) eine Frage der Kultur*. Freiburg im Breisgau: Belchen Verlag.

小熊英二（一九九五）『単一民族神話の起源』新曜社。

―――（一九九八）『日本人の境界』新曜社。

岡本雅享（二〇一一）「日本人内部の民族意識と概念の混乱」、『福岡県立大学人間社会学部紀要』第一九号（二）、七七―九八頁。

岡本仁宏（一九九七）「M・ウォルツァー」、田口富久治・中谷義和編『現代の政治理論家たち』法律文化社、二三六―二六〇頁。

―――（二〇〇四）「市民社会」、古賀敬太編『政治概念の歴史的展開』晃洋書房、二一三―二三九頁。

Okin, S. M. (1989) *Justice, Gender and the Family*. New York: Basic Books. 山根純桂・内藤準・久保田裕之訳『正義、ジェンダー、家族』岩波書店、二〇一三年。

――― (1998) "Feminism and Multiculturalism: Some Tensions," *Ethics*, vol.108, pp. 661-684.

――― (1999) "Is Multiculturalism Bad for Women?" in J. Cohen *et al.* (eds.), *Is Multiculturalism Bad for Women?* Princeton, NJ: Princeton University Press, pp. 9-24.

沖浦和光・徳永進編（二〇〇一）『ハンセン病――排除・差別・隔離の歴史』岩波書店。

大川正彦（一九九五）「ウォルツァー」、藤原保信・飯島昇藏編『西洋政治思想史 II』新評論、四四六―四六二頁。

大黒正伸（二〇〇一ａ）「アイヌ民族の日常的リアリティ」、松本和良・江川直子編『アイヌ民族とエスニシティの社会学』学文社、一三四―一六〇頁。

―――（二〇〇一ｂ）「エスニシティとしてのアイヌ民族」、松本和良・江川直子編『アイヌ民族とエスニシティの社会学』学文社、一〇六―一三一頁。

大沼保昭（一九九三）『単一民族の神話を超えて　第二版』東信堂。

―――（二〇〇四）『在日韓国・朝鮮人の国籍と人権』東信堂。

大阪市教育委員会（二〇〇一）「在日外国人教育基本方針」(http//www.korea-ngo.org/minzoku/4policy.htm)。

―――（二〇〇五）「平成17年度学校教育基本方針」(http//www.city.osaka.jp/kyouiku/sinsei/index.huml#shishin)。

大嶽秀夫（一九九四）『自由主義改革の時代』中央公論社。
Ortega y Gasset, J.（2007［1914］）*Meditaciones del Quiote*. Madrid: Catedra. 長南実訳『ドン・キホーテをめぐる省察』（『オルテガ著作集　1』）白水社、一九九八年。

【P】

Parekh, B.（1999）"The Incoherence of Nationalism," in R. Beiner（ed.）, *Theorizing Nationalism*. Albany: State University of New York Press, pp. 295-325.
———（2000）*Rethinking Multiculturalism: Cultural Diversity and Political Theory*. Cambridge, MA: Harvard University Press.
———（2004）"Redistribution or Recognition? A Misguided Debate," in S. May *et al.*（eds.）, *Ethnicity, Nationalism, and Minority Rights*. Cambridge: Cambridge University Press, pp. 199-213.
Parft, D.（1998）"Equality or Priority," in A. Mason（ed.）, *Ideals of Equality*. Oxford: Blackwell, pp. 1-20.
Pekkanen, R.（2006）*Japan's Dual Civil Society*. Stanford, CA: Stanford University Press. 佐々田博教訳『日本における市民社会の二重構造』木鐸社、二〇〇八年。
Phillips, A.（1987）"Introduction," in A. Phillips（ed.）, *Feminism and Equality*. New York: New York University Press, pp. 1-23.
———（1994）"Dealing with Difference: A Politics of Ideas or a Politics of Presence?" *Constellations*, vol. 1, pp. 74-91.
———（1999）*Which Equalities Matter?* Cambridge: Polity.
———（2002）"Does Feminism Need a Conception of Civil Society?" in S. Chambers and W. Kymlicka（eds.）, *Alternative Conceptions of Civil Society*. Princeton: Princeton University Press, pp. 71-89.
———（2004）"Defending Equality of Outcome," *Journal of Political Philosophy*, vol. 12, pp. 1-19.
———（2006）"'Really' Equal," *Journal of Political Philosophy*, vol. 14, pp. 18-32.
———（2007）*Multiculturalism without Culture*. Princeton, NJ: Princeton University Press.
———（2010）*Gender and Culture*. Cambridge: Polity.

Piketty, T. (2014) *Capital in the Twenteeth-First Century*. Cambridge, MA: Harvard University Press.

プラトン（一九七九）藤沢令夫訳『国家　上』岩波書店。

———（一九九三）森進一・池田美恵・加来彰俊訳『法律　上』岩波書店。

Pojman, L. (1997) "On Equal Human Worth: A Critique of Contemporary Egalitarianism," in L. Pojman and R. Westmoreland (eds.), *Equality*. Oxford: Oxford University Press, pp. 282-299.

Porter, T. (2009) "The Division of Moral Labor and the Basic Structure Restriction," *Politics, Philosophy and Economics*, vol. 8, pp. 173-199.

Portes, A. (1998) "Social Capital," *Annual Review of Sociology*, vol. 24, pp. 1-24.

Powers, M. and Faden, R. (2006) *Social Justice*. Oxford: Oxford University Press.

Putnam, H. (1987) *The Many Faces of Realism*. La Salle, IL: Open Court.

Putnam, R. D. (1993) *Making Democracy Work*. Princeton, NJ: Princeton University Press. 河田潤一訳『哲学する民主主義』NTT出版、二〇〇一年。

——— (2000). *Bowling Alone*. New York: Simon & Schuster. 柴内康文訳『孤独なボウリング』柏書房、二〇〇六年。

【R】

Rae, D. *et al.* (1981) *Equalities*. Cambridge, MA: Harvard University Press.

Rakowski, E. (1992) *Equal Justice*. Oxford: Oxford University Press.

Rawls, J. (1971) *A Theory of Justice*. Cambridge, MA: Harvard University Press. 川本隆史他訳『正義論　改訂版』紀伊國屋書店、二〇一〇年。

——— (1996) *Political Liberalism*, 2nd ed. New York: Columbia University Press.

——— (1999) *The Law of Peoples*, Harvard University Press. 中山竜一訳『万民の法』岩波書店、二〇〇六年。

——— (2001) *Justice as Fairness: A Restatement*. Cambridge, MA: Harvard University Press. 田中成明他訳『公正としての正義　再説』岩波書店、二〇〇四年。

Razack, S. (2004) "Imperilled Muslim Women, Dangerous Muslim Men and Civilized Europeans: Legal and Social Re-

sponses to Forced Marriages," *Feminist Legal Studies*, vol. 12, pp. 129–174.
Rehder, B.（2006）"Legitimitätsdefizite des co-managements: Betriebliche Bündnisse für Arbeit als Konfliktfeld zwischen Arbeitnehmen und betrieblicher Interessenvertretung," *Zeitschrift für Soziologie*, vol. 35, pp. 227-242.
Roemer, J.（1993）*Theories of Distributive Justice*. Cambridge, MA: Harvard University Press. 木谷忍・川本隆史訳『配分的正義の理論』木鐸社、二〇〇一年。
———（1998）*Equality of Opportunity*. Cambridge, MA: Harvard University Press.
———（2003）"Defending Equality of Opportunity," *Monist*, vol. 86, pp. 261-82.
Rosenblum, N.（1998）*Membership and Morals: The Personal Uses of Pluralism in America*. Princeton, NJ: Princeton University Press.
Rousseau, J.-J.（1965［1755］）*Discours sur l'origine et les fondements de l'inégalité parmi les homes*, in *Oeuvres complètes*, vol. 3. Paris: Gallimard, pp. 109-223. 本田喜代治・平岡昇訳『人間不平等起源論』岩波書店、一九七二年。
———（1965［1762］）*Du contrat social*, in *Oeuvres complètes*, vol. 3. Paris: Gallimard, pp. 347-470. 桑原武夫・前川貞次郎訳『社会契約論』岩波書店、一九五四年。
Rustin, M.（1995）"Equality in Post-Modern Times," in Miller and Walzer（1995）, pp. 17-44.

［S］

Saint-Simon, H. de.（1825）*Nouveau Christianisme*. Paris: Bossange Pére. 森博訳「新キリスト教」、『産業者の教理問答』岩波書店、二〇〇〇年、二三五―三二三頁。

齋藤純一（二〇〇〇）『公共性』岩波書店。

———（二〇〇一）「社会の分断とセキュリティの再編」、『思想』第九二五号、二七―四八頁。

坂本義和（一九九七）『相対化の時代』岩波書店。

Sarrazin, T.（2011）*Deutschland schafft sich ab*, 20. Aufl. München: Deutsche Verlags-Anstalt.

佐藤俊樹（二〇〇〇）『不平等社会日本』中央公論社。

Scanlon, T. M.（2003）"The Diversity of Objections to Inequality," in *The Difficulty of Tolerance*. Cambridge: Cambridge

University Press, pp. 202-218.
Scheffler, S.（2003）“What Is Egalitarianism?” *Philosophy and Public Affairs*, vol. 31, pp. 5-39.
———（2005）“Choice, Circumstances, and the Value of Equality,” *Politics, Philosophy and Economics*, vol. 4, pp. 5-28.
Schemmel, C.（2011）“Distributive and Relational Equality,” *Politics, Philosophy and Economics*, vol. 11, pp. 123-148.
Schmitt, C.（2003［1928］）*Verfassungslehre*, 9. Aufl. Berlin: Duncker & Humblot. 阿部照哉・村上義弘訳『憲法論』みすず書房、一九七四年。
Schulz, H.（2001）*Iskender*. München: Piper.
Segall, S.（2007）“Is Health Care（Still）Special?” *Journal of Political Philosophy*, vol. 15, pp. 342-361.
盛山和夫（二〇〇六）『リベラリズムとは何か』勁草書房。
Sen, A.（1995）*Inequality Reexamined*. Cambridge, MA: Harvard University Press. 池本幸生他訳『不平等の再検討』岩波書店、一九九九年。
———（1996）“On the Status of Equality,” *Political Theory*, vol. 24, pp. 393-400.
———（1999）*Development as Freedom*. New York: Anchor Books. 石塚雅彦訳『自由と経済開発』日本経済新聞社、二〇〇〇年。
———（2004）“Why Health Equity?” in S. Anand *et al.*（eds.）, *Public Health, Ethics, and Equity*. Oxford: Oxford University Press, pp. 21-33.
———（2010）*The Idea of Justice*. London: Penguin. 池本幸生訳『正義のアイディア』明石書店、二〇一一年。
Sen, F.（2006）“Ausgrenzung durch Einbürgerungstests: Fragebögen schrecken Zuwanderer ab und machen aus ausländischen Mitbürgern wieder Fremde,” *Süddeutsche Zeitung*, 25/26 March, 2006.
Sennett, R.（2003）*Respect in a World of Inequality*. New York: Norton.
Shachar, A.（1998）“Group Identity and Women’s Rights in Family Law: The Perils of Multicultural Accommodation,” *Journal of Political Philosophy*, vol. 6, pp. 285-305.
渋谷博史（二〇〇三）「基軸国アメリカが示す福祉国家モデル」、渋谷博史・渡瀬義男・樋口均編『アメリカの福祉国家システム』東京大学出版会、一二一—一五四頁。

嶋津格（二〇一一）『問いとしての〈正しさ〉』ＮＴＴ出版。

篠原敏雄（二〇〇三）『市民法学の可能性』勁草書房。

Siddle, R.（1996）*Race, Resistance and the Ainu of Japan*. London and New York: Routledge.

———（2003）"The Limits to Citizenship in Japan: Multiculturalism, Indigenous Rights and the Ainu," *Citizenship Studies*, vol. 7, pp. 447 - 462.

Sidgwick, H.（1981［1907］）*The Methods of Ethics*, 7th ed. Indianapolis, IN: Hackett.

Skocpol, T.（2003）*Diminished Democracy*. Norman, OK: University of Oklahoma Press. 河田潤一訳『失われた民主主義』慶応義塾大学出版会、二〇〇七年。

Smith, P.（2002）"Justice, Health, and the Price of Poverty," in R. Rhodes *et al.*（eds.）, *Medicine and Social Justice*. Oxford: Oxford University Press, pp. 301-312.

Spinoza, B.（2005［1677］）*Tractatus Politicus*, in *Œuvres*, vol. 5. Paris: Presses Universitaires de France. 畠中尚志訳『国家論』岩波書店、一九七六年。

Stark, A.（2002）"Beyond Choice," *Political Theory*, vol. 30, pp. 36-67.

Stinchcombe, A.（1972）"The Social Determinants of Success," *Science*, vol. 178, pp. 603-604.

Streeck, W.（1992）*Social Institutions and Economic Performance*. London: Sage Publications.

———（1999）*Korporatismus in Deutschland*. Frankfurt am Main: Campus.

Süddeutsche Zeitung（2005）"Ausländer gegen Inländer," 12 September, 2005.

———（2006）"Die Deutschmacher," 4 May, 2006.

杉原泰雄（二〇〇六）『憲法と国家論』有斐閣。

杉本貴代栄（一九九七）『女性化する福祉社会』勁草書房。

鈴木佳代（二〇〇三）「社会的不平等と一〇代の性」、青木紀編著『現代日本の「見えない」貧困』、一一一―一三二頁。

鈴木信雄（二〇一〇）『内田義彦論――ひとつの戦後思想史』日本経済評論社。

Swift, A.（1995）"The Sociology of Complex Equality," in Miller and Walzer（1995）, pp. 253-280.

———（2006）*Political Philosophy: A Beginner's Guide for Students and Politicians*. 2nd ed. Cambridge: Polity Press.

有賀誠・武藤功訳『政治哲学への招待』風行社、二〇一一年。

［T］
橋木俊詔（一九九八）『日本の経済格差』岩波書店。
Tajima, J. (2000) "A Study of Asian Immigrants in Global City Tokyo," *Asian and Pacific Migration Journal*, vol. 9, pp. 349-364.
高原基彰（二〇〇九）『現代日本の転機――「自由」と「安定」のジレンマ』日本放送出版協会。
竹内章郎（二〇〇一）『平等論哲学への道程』青木書店。
Tamir, Y. (1993) *Liberal Nationalism*. Princeton, NJ: Princeton University Press. 押村高他訳『リベラルなナショナリズムとは』夏目書房、二〇〇六年。
田中宏（二〇〇二）『在日コリアン権利宣言』岩波書店。
田辺明生（二〇一〇）『カーストと平等性――インド社会の歴史人類学』東京大学出版会。
丹野清人（二〇〇七）『越境する雇用システムと外国人労働者』東京大学出版会。
立岩真也（二〇〇四）『自由の平等――簡単で別な姿の世界』岩波書店。
Taylor, C. (1992) "The Politics of Recognition," in A. Gutmann (ed.), *Multiculturalism and the Politics of Recognition*. Princeton, NJ: Princeton University Press, pp. 25-73. 佐々木毅他訳『マルチカルチュラリズム』岩波書店、五三―六二頁。
Tawney, R. H. (1964) *Equality*, 4th ed. London: George Allen and Unwin.
Tegtmeyer Pak, K. (2000) "Foreigners Are Local Citizens too: Local Governments Respond to International Migration in Japan," in M. Douglass and G. S. Roberts (eds.), *Japan and Global Migration*. London: Routledge, pp. 243-274.
鄭大均（二〇〇一）『在日韓国人の終焉』文藝春秋。
Temkin, L. (1993) *Inequality*. Oxford: Oxford University Press.
寺嶋秀明（二〇一一）『平等論――霊長類と人における社会と平等性の進化』ナカニシヤ出版。
Thelen, K. (1993) "West European Labor in Transition: Sweden and Germany Compared," *World Politics*, vol. 46, pp. 23-

49.
Thränhardt, D.（2003）“Der Nationalstaat als migrationspolitischer Akteur,” in D. Thränhardt and U. Hunger（eds.）, *Migration im Spannungsfeld von Globalisierung und Nationalstaat*. Wiesbaden: Westdeutscher Verlag, pp. 8-31.
———（2005）“Integrationspolitik richtet sich nach der Tradition,” *terra cognita*, vol. 7, pp. 88-93.
トレンハルト、D.（一九九四）「ドイツ——宣言なき移民国」、宮島喬他訳『新しい移民大陸ヨーロッパ』明石書店、二三三—二六四頁。
Tibi, B.（2002）*Islamische Zuwanderung: Die gescheiterte Integration*. Stuttgart and München: Deutsche Verlags-Anstalt.
Tilly, C.（1998）*Durable Inequality*. Berkeley and Los Angeles, CA: University of California Press.
トッド、E.（一九九九）石崎晴己訳『移民の運命』藤原書店。
Toqueville, A. de（1992［1835］）*De la Démocratie en Amérique I*, in *Œuvres*, vol. 2. Paris: Gallimard. 松本礼二訳『アメリカのデモクラシー　第一巻（下）』岩波書店、二〇〇五年。
———（1992［1840］）*De la Démocratie en Amérique II*, in *Œuvres*, vol. 2. Paris: Gallimard. 松本礼二訳『アメリカのデモクラシー　第二巻（上）』岩波書店、二〇〇八年。
Triadafilopoulos, T.（2011）“Illiberal Means to Liberal Ends? Understanding Recent Immigrant Integration Policies in Europe,” *Journal of Ethnic and Migration Studies*, vol. 37, pp. 861-880.
常本照樹（二〇〇八）「アイヌ政策についての要望」、小山内透編『二〇〇八年北海道アイヌ民族生活実態調査報告書——現代アイヌの生活と意識』北海道大学アイヌ・先住民研究センター、一〇五—一〇七頁。
都築くるみ（二〇〇四）「外国人集住都市の現実から」、『市民政策』第三六号、四四—五五頁。
Tully, J.（2000）“Struggles over Recognition and Distribution,” *Constellations*, vol. 7, pp. 469-482.
トウェイン、M.（二〇〇四）大久保博訳『ハックルベリ・フィンの冒険』角川書店。

［U］
植村邦彦（二〇一〇）『市民社会とは何か——基本概念の系譜』平凡社。
上野昌之（二〇一二）「アイヌ民族とアイヌ語学習——先住民族の言語権の視点から」、『埼玉学園大学紀要（人間学部篇）』

第一二号、二三一―二四三頁。

内田龍史（二〇〇五）「ジェンダー・就労・再生産」、部落解放・人権研究所編『排除される若者たち』解放出版社、六六―八五頁。

内田義彦（一九八八a）「日本思想史におけるウェーバー問題」（『内田義彦著作集　第五巻』）岩波書店、三―八五頁。

――――（一九八八b）「知識青年の諸類型」（『内田義彦著作集　第五巻』）岩波書店、八七―一二八頁。

――――（一九八八c）「サン・シモンの新研究」（『内田義彦著作集　第五巻』）岩波書店、二二九―二五九頁。

――――（一九八八d）「アダム・スミスと日本の思想状況」（『内田義彦著作集　第五巻』）岩波書店、一九六―二二八頁。

宇野重規（二〇〇七）『トクヴィル――平等と不平等の理論家』講談社。

宇野重規・井上彰・山崎望編（二〇一二）『実践する政治哲学』ナカニシヤ出版。

【V】
van der Veen, R. J.（1999）"The Adjudicating Citizen," *British Journal of Political Science*, vol. 29, pp. 225-258.
Vonnegut, K.（1997［1961］）"Harrison Bergeron," in L. Pojman and R. Westmoreland（eds.）, *Equality*. Oxford: Oxford University Press, pp. 315-311. 伊藤典夫訳「ハリスン・バージロン」、『モンキー・ハウスへようこそ　1』早川書房、一九八九年、二七―三九頁。

【W】
Waldron, J.（1991）"The Substance of Equality," *Michigan Law Review*, vol. 89, pp. 1350-1370.
――――（1993）"Social Citizenship and the Defense of Welfare Provision," in *Liberal Rights*. Cambridge: Cambridge University Press, pp. 271-308.
――――（2002）*God, Locke, and Equality*. Cambridge: Cambridge University Press.
Walzer, M.（1980［1973］）"In Defense of Equality," in *Radical Principles*. New York: Basic Books, pp. 237-256.
――――（1983）*Spheres of Justice*. New York: Basic Books. 山口晃訳『正義の領分』而立書房、一九九九年。
――――（1987）*Interpretation and Social Criticism*. Cambridge, MA: Harvard University Press. 大川正彦・川本隆史訳『解

釈としての社会批判』風行社、一九九六年。
——— (1988) "Socializing the Welfare State," in A. Gutmann (ed.), *Democracy and the Welfare State*. Princeton, NJ: Princeton University Press, pp. 13-26.
——— (1994) *Thick and Thin*. Notre Dame, IN: University of Notre Dame Press. 芦川晋・大川正彦訳『道徳の厚みと広がり』風行社、二〇〇四年。
——— (1995) "Response," in Miller and Walzer (1995), pp. 281-297.
——— (1996) *What It Means to Be an American*. New York: Marsilio. 古茂田宏訳『アメリカ人であるとはどういうことか』ミネルヴァ書房、二〇〇六年。
——— (1997) *On Toleration*. New Haven, CT: Yale University Press. 大川正彦訳『寛容について』みすず書房、二〇〇三年。
——— (2002) "Equality and Civil Society," in Chambers, S. and Kymlicka, W. (eds.), *Alternative Conceptions of Civil Society*. Princeton: Princeton University Press, pp. 34-49.
——— (2004) *Politics and Passion*. New Haven, CT: Yale University Press. 齋藤純一・谷澤正嗣・和田泰一訳『政治と情念』風行社、二〇〇六年。
——— (2004 [1990]) "The Communitarian Critique of Liberalism," in Walzer (2004), pp. 141-163.
——— (2007) *Thinking Politically*. New Haven and London: Yale University Press. 萩原能久・齋藤純一監訳『政治的に考える』風行社、二〇一二年。
——— (2007 [1984]) "Liberalism and the Art of Separation," in Walzer (2007), pp. 53-67.
——— (2007 [1986]) "Justice Here and Now," in Walzer (2007), pp. 68-80.
——— (2007 [1993]) "Exclusion, Injustice, and the Democratic State," in Walzer (2007), pp. 81-95.
Warren, M. (2001) *Democracy and Association*. Princeton, NJ: Princeton University Press.
渡辺雅男（二〇〇四）『階級！』彩流社。
Wellmer, A. (1986) "Über Vernunft, Emanzipation und Utopie: Zur kommunikationstheoretischen Begründiung einer kritischen Gesellschaftstheorie," in *Ethik und Dialog*. Frankfurt am Main: Suhrkamp, pp. 175-221.

——— (1993) *Endspiele*. Frankfurt am Main: Suhrkamp.
Werner, H. (2003) *The Integration of Immigrants into the Labour Markets of the EU* (IAB Labour Market Research Topics, no. 52). Nürnberg: Institute for Employment Research of the Federal Employment Services.
West, C. (2001) *Race Matters*, 2nd ed. New York: Vintage Books. 山下慶親訳『人種の問題』新教出版社、二〇〇八年。
Westerkamp, D. (2006) *Via negativa: Sprache und Methode der negativen Theologie*. München : Wilhelm Fink.
White, S. (2007) *Equality*. Cambridge: Polity Press.
Wilkinson, R. (2005) *The Impact of Inequality*. New York and London: New Press. 池本幸生・片岡洋子・末原睦美訳『格差社会の衝撃』書籍工房早山、二〇〇九年。
Williams, B. (1973) "The Idea of Equality," in *Problems of the Self*. Cambridge: Cambridge University Press, pp. 230-249.
Wilson, W. J. and Taub, R. P. (2006) *There Goes the Neighborhood*. New York: Vintage Books.
Wolff, J. (1998) "Fairness, Respect, and the Egalitarian Ethos," *Philosophy and Public Affairs*, vol. 27, pp. 97-122.
——— (2011) *Ethics and Public Policy*. London: Routledge.
Wolff, J. and de-Shalit, A. (2007) *Disadvantage*. Oxford: Oxford University Press.
Wolin, S. S. (1989) "Contract and Birthright," in *The Presence of the Past*. Baltimore, MD: Johns Hopkins University Press, pp. 143-44. 木部尚志訳「生得権と契約」、千葉眞他訳『アメリカ憲法の呪縛』みすず書房、二〇〇六年、第八章。

【Y】

山田昌弘（二〇〇四）『希望格差社会』筑摩書房。
———（二〇〇六）『新平等社会』文藝春秋。
八代尚宏（一九九九）『雇用改革の時代』中央公論新社。
安田浩一（二〇一二）『ネットと愛国』講談社。
吉田克己（一九九九）『現代市民社会と民法学』日本評論社。
吉川徹（二〇〇六）『学歴と格差・不平等』東京大学出版会。

吉澤夏子（一九九三）『フェミニズムの困難』勁草書房。

Young, I. M. (1989) "Polity and Group Difference: A Critique of the Ideal of Universal Citizenship," *Ethics*, vol. 99, pp. 250-274. 施光恒訳「政治体と集団の差異――普遍的シティズンシップの理念に対する批判」、『思想』第八六七号、一九九六年、九七―一二八頁。

——— (1990) *Justice and the Politics of Difference*. Princeton, NJ: Princeton University Press.

——— (1997) "Unruly Categories: A Critique of Nancy Frazer's Dual Systems Theory," *New Left Review*, vol. 222, pp. 147-60.

——— (2000) *Inclusion and Democracy*. Oxford: Oxford University Press.

——— (2001) "Equality of Whom?" *Journal of Political Philosophy*, vol. 9, pp. 1-18.

Yükleyen, A. and Yurdakul. G. (2011) "Islamic Activism and Immigrant Integration: Turkish Organizations in Germany," *Immigrants and Minorities*, vol. 29, pp. 64-85.

[Z]

Zeit (2006) "Was man wissen sollte," 4 May, 2006.

Zhou, M. (2005) "Ethnicity as Social Capital," in G. C. Loury *et al.* (eds.), *Ethnicity, Social Mobility, and Public Policy*, Cambridge: Cambridge University Press, pp. 131-159.

Zolberg, A. and Woon, L. (1999) "Why Islam Is Like Spanish: Cultural Incorporation in Europe and the United States," *Politics and Society*, vol. 27, pp. 5-38.

あとがき

筆者は、日本において不平等の問題が注目されるようになった二〇〇一年頃から、平等の問題に取り組み始めた。そうした取り組みのきっかけとなったのは、平等についての公的議論や、センやコーエンらが活発に展開していた平等をめぐる政治理論だけでなかった。当時、小学生であった娘が、ある日、なぜバングラデシュは貧しく、なぜ日本は貧しくないのか、と訊いてきた。その頃筆者は、バングラデシュに寺子屋を作るNGOに関わっており、現地に行ってきたばかりであった。娘の質問は、小学生らしい素朴で、それゆえ根本問題を衝く道徳的直観から発しており、貧富の差を生み出した因果関係を問うと同時に、そうした不平等の道徳的な根拠を問うものであった。貧富の歴然たる差が道徳的に許され、正当なものとみなされうるのか、もし正当なものでないとしたら、この状況が放置されているのはどうしてなのか、と。彼女の父親は、どう答えたかについて記憶が定かではない。しかし、この問いがひとつのきっかけとなって、他の研究テーマを中断して、平等の政治理論に取り組むことを決意した。

筆者がこの決意を周りに表明して以来、「平等の問題はとても難しいよ」という指摘や助言ないし忠告を、幾度となく耳にしてきた。本書を完成させた現在、あらためてその指摘の正しさを痛感する。本書が扱った範囲は、平等に関わる重要な問題の一部でしかない。ましてや娘の問いへの十分な答えとなりうる理論は、提示できていない。本書がなしえたことは、せいぜいのところ、娘の問いや現代社会が直面する平等の問題について、規範的な観点から考えるための小さな一歩を踏み出すことでしかないであろう。

本書を構成する各章は、序論を除いて、これまで発表してきた論考を基にしており、加筆や修正を経たうえで、ここに収められている。とくに第四章、第六章、第七章には大幅な加筆と修正をおこなった。初出は以下の通りである。

序論　書き下ろし

第一章「ウォルツァーの多元的平等論――プリズムのなかの平等」、『政治思想研究』第一〇号、二〇一〇年、一九二―二二一頁。

第二章「平等主義的正義への関係論的アプローチ――〈運の平等主義〉の批判的考察を手がかりに」、『思想』第一〇二二号、二〇〇八年、六一―八〇頁。

第三章「平等の公共的自己反省――脱多元化への対抗戦略」、齋藤純一編『公共性の政治理論』ナカニシヤ出版、二〇一〇年、二三―四〇頁。

第四章「どうなる、市民社会」、押村高・中山俊宏編『世界政治を読み解く』ミネルヴァ書房、二〇一一年、七五―九四頁。

第五章 "Differentiated Citizenship and Ethnocultural Groups: A Japanese Case," *Citizenship*

Studies, vol. 10（2006）, pp. 485-502.

第六章　「ドイツにおける移民統合政策と多文化主義――再分配と承認の相克」、植田隆子・町野朔編『平和のグランドセオリー・序説』風行社、二〇〇七年、九一―一一一頁。

第七章　"Decency, Equality, and Peace: A Perspective on a Peaceful Multicultural Society," in Y. Murakami, N. Kawamura, and S. Chiba（eds.）, *Building New Pathways to Peace*, University of Washington Press, 2011, pp. 65-80.

本書の完成に漕ぎ着くまでに、多くの方にお世話になった。共同研究や論文集の企画に声をかけて下さった齋藤純一、押村高、千葉眞、村上陽一郎の諸先生方に感謝申し上げたい。煩わしい雑事や学内政治のなかでよろめきがちな研究への意欲を支え、励まして下さったかつての同僚、最上敏樹先生にも感謝の意を表明したい。また、「政治理論」をはじめとする筆者担当の授業を履修し、積極的に参加し議論した国際基督教大学の学生諸君や、資料収集を助け、新しい文献の情報を教えてくれた助手やティーチングアシスタント（ＴＡ）の皆さんにも多くを負っており、感謝したい。ＴＡのひとりである毛利智氏（東京大学総合文化研究科博士課程在籍）の下訳のお陰で、もともと英語で発表した論文であった第五章および第七章を本書に収めることが可能となった。毛利氏の協力にあらためて感謝したい。

現代政治理論の研究を始めたばかりで、どうなるか分からぬ駆け出しの研究者であった頃の筆者に声をかけて、「政治理論のパラダイム転換」研究会にお誘い頂き、また遅々と進まぬ執筆を激励して下さったのは、千葉眞先生と古賀敬太先生のお二人だった。この研究会に参加されたメンバーや講師の方々からも、多大な刺激と支えを与えられた。厚く感謝申し上げる次第である。能力不足と怠惰にくわえて、いかなる注文でも引き受ける零細企業のごとき研究者生活を送る身であるため、本書の執筆は遅れに遅れた。風行社の犬塚満氏は、原稿の完成までなんと一〇年以上も待って下さった。ここに氏の最大級の寛大さと忍耐にたいして、最大級の感謝を表するものである。最後に、論文執筆中の尋常ならざる精神状態の直接的な被害者となってきた家族にも、感謝しなければならないだろう。

平等主義を生き方《エートス》として体現する三名の身近な人間に、本書を捧げることにしたい。ひとりは祖父である。明治憲法発布の年に熊本の不知火で生まれた祖父は、零落士族の父を幼い頃に亡くしながらも、兄達のお陰で長崎のミッションスクールで英語を学び、将来は貿易商となるはずが、そこでキリスト教と出会って伝道者の道を選んだ。賀川豊彦の神戸新川でのスラム伝道に参加した神学生時代を経て牧師となり、韓国併合から六年目の年に朝鮮半島の北端、咸興に赴任したのちは、おもに九州各地の農村、城下町、炭坑町で伝道生活を送った。祖父は、まさに文字通りの——愛着をこめて呼ばれる——田舎牧師であった。少年時代に晩年の祖父と一緒に生活した筆者は、人と接する際の分け隔てのない「田舎牧師」の姿を忘れることができない。

平等主義のもうひとりの体現者は、義母である。満州で生まれて北海道の網走で育ったことに起因すると思われる、大陸的な大らかさと予見しがたい大胆さをもった義母の平等主義は、博愛精神の発露とともに、どこに行っても友を作る並外れた能力と連動していかんなく発揮された。彼女の日常生活の少なからぬ部分が、年齢、政治的信条、国籍の点できわめて多様性に富んだ友人との交流に占められていた。残念ながら昨年末、癌はわれわれから義母を、義母からは傑出した能力のさらなる発揮の機会を奪った。義母は、筆者にとって——おそらく彼女の友人の多くにとっても——平等と博愛の精神のひとつの範型《パラデイグマ》である。

最後のひとりは、妻である。母親譲りと思われる彼女の平等主義の精神は、偏屈、常識知らず、無鉄砲の三拍子が揃った夫がもたらす幾多の困難にも拘らず、苦労多き留学生活とともに始まった結婚当初から今日にいたるまで、家族の共同生活を支え豊かなものにしてきた。平等を主題とする研究がこのような形に結実したのは、筆者のほぼすべての論考の第一読者かつ手厳しい批評家である彼女の支えによるところが大きいが、彼女の平等主義的な性格と問題意識から影響を受けた結果でもあるといえる。

本書を平等主義の精神をもつ三人に、祖父米倉次吉と義母小森谷慈子には思い出の印として、妻紫には感謝の印として捧げることを、どうかお許し頂きたい。

二〇一四年八月下旬　夏の終わりを虫の音が告げ知らせる武蔵野の森にて

木部尚志

《人名索引》

[サ]

[タ]

[ナ]

[ハ]

[マ]

[ヤ]

[ラ]

《事項索引》

[タ]

[ナ]

［ハ］

［マ］

［ヤ］

［ラ］

木部　尚志（きべ・たかし）

1964年福岡県生まれ。国際基督教大学教養学部卒業、早稲田大学政治学研究科修士課程修了、DAAD（ドイツ学術交流会）奨学生およびEKD（ドイツ福音主義教会）社会奉仕事業部奨学生を経て、テュービンゲン大学にて社会科学博士号（政治学）取得。青山学院女子短期大学専任講師を経て、現在、国際基督教大学教授（政治学）。政治理論、政治思想史専攻。

著書および主要論文

Frieden und Erziehung in Martin Luthers Drei-Stände-Lehre (Frankfurt am Main: Peter Lang, 1996)；『ルターの政治思想』（早稲田大学出版部、2000年）；"Can Tabunkakyosei Be a Public Philosophy of Integration?" in W. Reinhardt *et al.* (eds.), *Governing Insecurity in Japan* (London: Routledge, 2014)；「多文化の共存」(『岩波講座　政治哲学第6巻 政治哲学と現代』、2014年)。

平等の政治理論
——〈品位ある平等〉にむけて——

2015年2月27日　初版第1刷発行

著　者　木部尚志
発行者　犬塚　満

発行所　株式会社 風行社
〒101-0052 東京都千代田区神田小川町 3-26-20
電話 03-6672-4001／振替 00190-1-537252

印刷・製本　モリモト印刷株式会社
装　丁　狭山トオル

 ISBN978-4-938662-76-9

シリーズ『政治理論のパラダイム転換』発刊にあたって

二〇世紀末から世界は大きな変動期に入っていったが、政治理論の世界も大きな転換期にさしかかっている。アレクシス・ド・トクヴィルは、古典的名著『アメリカにおける民主主義』(一八三五年、一八四〇年)の序文において、注目すべき時代観察を書き記している。「それ自体がきわめて新しい社会には、新しい政治学が必要とされる。」二一世紀初頭の今、このトクヴィルの指摘は、われわれの時代的な観察および実感と呼応しているように思われる。

主権的国民国家、権力政治、支配と被支配のメカニズム、利益政治、議会主義、政党政治など、これまで既存の政治理論のパラダイムを組み立ててきたさまざまな制度や理念的前提が、グローバルな規模で挑戦を受け、激動する社会と政治の現実に対してズレを示し始め、既存の認識枠組みでは十分に説明できない「変則性」(anomalies/トーマス・クーン)を示し始めている。環境問題、情報化社会の出現、グローバリゼーション、民族紛争、テロリズムと報復戦争の悪循環、持てる者と持たざる者との地球規模の構造的格差など、現代世界は大きな変容を示している。しかし、現今の政治学の状況は、こうした世界の激動に相即する新たな認識枠組みおよび分析枠組みを必ずしも構築し得ているわけではない。つまり、今日の政治学は、新たな政治理論のパラダイムを取得し得ているわけではなく、その具体的形姿を示し得ているわけでもない。事実、現今の政治学は、いまだに政治理論のパラダイム転換を模索する途上にあり、しかもそうした摸索の試みの初期の段階にあるといえよう。

本シリーズは、こうした激動する社会と政治の現実および知の今日的展開を踏まえつつ、政治理論のパラダイム転換にむけて、政治学の諸種の基本概念やイデオロギーや制度構想の再検討を行うさまざまな試図を表している。本シリーズにおいて再検討と再吟味に付されるテーマには、主権国家、市民社会論、平等、環境、生命、戦争と平和、市民的不服従、共和主義、コミュニタリアニズム、リベラリズム、デモクラシー、ナショナリズム、連邦主義などである。本シリーズは、こうした再検討の作業を通じて、三つの課題を追求しようと試みている。第一の課題は、政治理論ないし政治思想の基本概念、イデオロギー、制度構想の変容過程を仔細にフォローしつつ、その意味内容を精確に認識することである。第二の課題は、第一の作業を踏まえて、そのような基本概念、イデオロギー、制度構想が、現代においてどのような意味合いと役割を持ち得ているのかを、種々の角度から具体的に問い直し、今日の社会、政治、世界に対して行動および政策の規範や指針や方向づけを提示することである。そして第三の課題は、とりわけ日本の現状を問い直しつつ、日本の社会状況および政治状況に対して、分析と批判、方向づけと提言を行っていくことである。こうして本シリーズの目標は、政治理論の分野において新しい知のパラダイムを模索していく過程で、幾多の啓発的かつ果敢な理論的試みを示していくことにほかならない。

（シリーズ編者）千葉　眞／古賀敬太